Religiöse Landschaften

Herausgegeben von
Johannes Hahn
unter Mitwirkung von
Christian Ronning

Veröffentlichungen
des Arbeitskreises zur Erforschung
der Religions- und Kulturgeschichte
des Antiken Vorderen Orients
und des Sonderforschungsbereichs 493
Band 4

Alter Orient und Altes Testament
Veröffentlichungen zur Kultur und Geschichte des Alten Orients
und des Alten Testaments

Band 301

Herausgeber

Manfried Dietrich • Oswald Loretz

Beratergremium
R. Albertz • J. Bretschneider • St. Maul
K.A. Metzler • H. Neumann • U. Rüterswörden
W. Sallaberger • G. Selz • W. Zwickel

2002
Ugarit-Verlag
Münster

Religiöse Landschaften

Herausgegeben von
Johannes Hahn
unter Mitwirkung von
Christian Ronning

Veröffentlichungen
des Arbeitskreises zur Erforschung
der Religions- und Kulturgeschichte
des Antiken Vorderen Orients
und des Sonderforschungsbereichs 493
Band 4

2002
Ugarit-Verlag
Münster

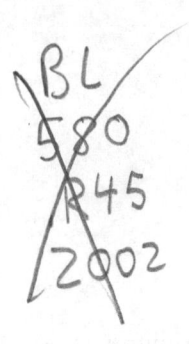

Religiöse Landschaften
hrsg. von Johannes Hahn unter Mitwirkung von Christian Ronning
Veröffentlichungen des Arbeitskreises zur Erforschung der Religions- und
    Kulturgeschichte des Antiken Vorderen Orients und des Sonderforschungs-
    bereichs 493, Band 4
AOAT Bd. 301

© 2002 Ugarit-Verlag, Münster

Alle Rechte vorbehalten
All rights preserved. No part of this publication may be reproduced,
stored in a retrieval system, or transmitted, in any form or by any means,
electronic, mechanical, photo-copying, recording, or otherwise,
without the prior permission of the publisher.

Herstellung: Weihert-Druck GmbH, Darmstadt

Printed in Germany

ISBN 3-934628-31-1

Printed on acid-free paper

Vorwort

„Religiöse Landschaften" lautete der Obertitel einer Ringvorlesung, die der „Arbeitskreis zur Erforschung der Religions- und Kulturgeschichte des Antiken Vorderen Orients" (AZERKAVO) an der Westfälischen Wilhelms-Universität Münster im Wintersemester 1997/98 durchführte. Der Veranstaltungsort dieses Zyklus' von insgesamt acht Vorlesungen, das Westfälische Landesmuseum für Kunst und Kulturgeschichte in Münster, war dabei gewählt geworden, um der inner- wie außeruniversitären Öffentlichkeit einen Einblick in die Forschungen der im Arbeitskreis zusammengeführten Wissenschaftsfächer zu vermitteln.

Der interdisziplinäre Forschungsverbund AZERKAVO umfaßte zu diesem Zeitpunkt die Disziplinen Ägyptologie/Koptologie, Altorientalistik, Alte Geschichte, Archäologie, Bibelwissenschaften, Byzantinistik, Kirchengeschichte, Klassische Philologie und Soziologie. Inzwischen ist aus ihm der Sonderforschungsbereich 493 „Funktionen von Religion in antiken Gesellschaften des Vorderen Orients" unter Beteiligung weiterer Fächer – Judaistik, Indogermanistik, Islamwissenschaft – erwachsen, dessen intensive Arbeit und bislang vorgelegten Ergebnisse die Fruchtbarkeit des mit der Gründung des AZERKAVO verfolgten Zieles eindrucksvoll unter Beweis stellen: nämlich die Erforschung der Kulturen des Antiken Vorderen Orients im Verbund der hier arbeitenden altertumswissenschaftlichen Disziplinen und im Austausch mit auswärtigen Forschern zu fördern.

Der vorliegende Band enthält nun – in überarbeiteter und teils erheblich erweiterter Form – sieben der in der Ringvorlesung gehaltenen Vorträge, ergänzt durch einen Beitrag von G. de Callataÿ, der im selben Semester im Rahmen des AZERKAVO vorgestellt wurde.

Religiöse Landschaft – dieser Begriff führt unmittelbar in die Religionswissenschaft, zu deren klassischen Inhalten die Frage nach Heiligkeit, und hier auch der Heiligkeit von Ort und Raum zählt. Das Bestreben des Menschen bzw. sozialer Gruppen, die natürliche Umgebung, das Siedlungsgebiet, überhaupt die geographische Umwelt strukturiert wahrzunehmen und räumliche Gliederung als symbolische Ordnung zu fassen und auszugestalten, ist ein kulturanthropologisches Faktum. Die Schaffung sinnhafter (natur)räumlicher Beziehungen fällt dabei in vormodernen Kulturen in besonderem Maße der Religion zu: Die komplexen Symbolsysteme von Religion vermögen Orientierung im Raum zu vermitteln und zu sichern; sie konfigurieren Objekte und Ereignisse in Raum (und in Zeit). Raum und Landschaft eignen sich umgekehrt im Kontext von Religion in besonderer Weise auch zur Repräsentation symbolischer Ordnungen. Deren Abbildung in der alltäglichen Umwelt, in heiligen Stätten, materiellen Gegenständen und eben in der Landschaft als natürlichem Raum gestattet zugleich ihre Manifestation über die Zeit hinweg und sichert so auch die Fortexistenz von Religion.

Das Thema „religiöse Landschaften" fällt im engeren Sinne in den Untersuchungsbereich der Religionsphänomenologie, die sich der Bestimmung, Ordnung und dem Vergleich religiöser Phänomene widmet. Die folgenden Untersuchungen bieten dieser Disziplin reiches Material für komparatistische Zwecke, indem sie religions- und kulturgeschichtliche Fallstudien über einen weiten geographischen Raum und einen nicht weniger weitgespannten Zeithorizont liefern. Der hier erfaßte Raum reicht von Mesopotamien bis nach Nordeuropa, der zeitliche Bogen erstreckt sich vom zweiten vorchristlichen Jahrtausend bis in die Neuzeit. Reale und imaginäre Landschaften, Texte und Bilder bilden Ausgangspunkte der folgenden Studien: In den Blick genommen werden Gärten, Gestirne, Gipfel und Grotten, aber ebenso Stadt und Land, Tempel und Kulte. So entfaltet sich in diesen Untersuchungen ein beeindruckend weites Spektrum von Imaginationen, Konzepten und Realisierungen von religiöser Landschaft – und in diesen zugleich in markanten Beispielen Religion in Funktion.

Die Durchführung der Ringvorlesung wurde seinerzeit unterstützt und mitgetragen vom Westfälischen Museum für Archäologie und seinem Leiter, PD Dr. Hartmut Polenz. Der vorliegende Band entstand unter maßgeblicher Mitarbeit von Christian Ronning, der hierbei von Simone Eßlage, Katrin Haghgu und Ruth Tieskötter unterstützt wurde. Ihnen allen sei für Ihre tatkräftige Mithilfe herzlich gedankt.

Münster, im Herbst 2002

Johannes Hahn

Inhaltsverzeichnis

MANFRIED DIETRICH
Der „Garten Eden" und die babylonischen Parkanlagen
im Tempelbezirk 1

BRUNO JACOBS
Bergheiligtum und Heiliger Berg. Überlegungen zur Wahl
des Nemrud Dağı-Gipfels als Heiligtums- und Grabstätte 31

ROBERT WENNING
Petra in Jordanien, Zentrum der Nabatäer.
Eine Stadt als „religiöse Landschaft"? 49

HANS-PETER MÜLLER
Die Kunst der Selbstverwandlung in imaginären Landschaften.
Zur Vorgeschichte von Vergils „Arkadien" 69

GODEFROID DE CALLATAŸ
Die astrologische Geographie in der Antike 85

KLAUS STÄHLER
Saturnia terra. Bilder heiliger Landschaften 105

JOHANNES HAHN
„Die Tempel sind die Augen der Städte".
Religiöse Landschaft und Christianisierung in Nordsyrien 141

DIETER METZLER
Zwischen Kythera und Thebais.
Antike in Gartenparadiesen der Neuzeit 181

STELLENREGISTER 217
NAMENS- UND ORTSREGISTER 221
SACHREGISTER 225

Der „Garten Eden"
und die babylonischen Parkanlagen im Tempelbezirk

Vom Ursprung des Menschen im Gottesgarten, seiner Verbannung daraus und seiner Sehnsucht nach Rückkehr dorthin

Manfried Dietrich

0. Vorbemerkung

Die Ringvorlesung RELIGIÖSE LANDSCHAFTEN hat mich dazu angeregt, über das Verhältnis des alttestamentlichen „Gartens Eden" zu den babylonischen Tempelgärten nachzudenken, das durch die Ausführungen im 2. Kapitel der Genesis nahegelegt wird. Dies hat mich zu dem Thema *Der „Garten Eden" und die babylonischen Parkanlagen im Tempelbezirk* geführt.

Bei der Durchsicht der Texte zu diesem Thema gewann ich schnell den Eindruck, daß es reichlich oberflächlich gewesen wäre, bei Betrachtungen zu Anlage und Ausstattung altorientalischer Gärten[1] - ob nach Vorstellungen des Alten Testaments oder nach denen der kontemporären Umwelt - stehen zu bleiben. Denn in allen einschlägigen Texten steht nicht der Garten als topographische Einrichtung im Mittelpunkt des Interesses, sondern das mit ihm verbundene Geschehen. Ein Musterbeispiel dafür ist der Genesis-Text über den „Garten Eden"[2]: Denn dieser Text beschreibt, daß es Gott nicht um die Anlage irgendeines Gartens bei „Eden" ging, sondern um die Einrichtung eines überschaubaren Lebensraumes für das Geschöpf Mensch.

Wie wir aus dem weiteren Verlauf der Urgeschichte wissen, mußte Gott den Garten vor seinem Geschöpf wegen des 'Sündenfalls' wieder verschließen - Gen. 3:23-24[3]:

---

[1] Vgl. die umfassende Darstellung von J.-C. Margueron 1998 sowie den knappen Überblick von K.L. Gleason 1997, beide mit weiterführender Literatur: 79 bzw. 384-385.

[2] In Gen. 2:8 ist vom „Garten in Eden" die Rede, ansonsten wird der Landschaftsname auf den Garten übertragen: „Garten Eden"; vgl. B. Kedar-Kopfstein 1986, 1098-1099.

[3] Die Bibelstellen sind nach der Einheitsübersetzung der NEUEN JERUSALEMER BIBEL zitiert.

> [23] *Gott, der Herr, schickte ihn aus dem Garten von Eden weg, damit er den Ackerboden bestellte, von dem er genommen war.* [24] *Er vertrieb den Menschen und stellte östlich des Gartens von Eden die Kerubim auf und das lodernde Flammenschwert, damit sie den Weg zum Baum des Lebens bewachten.*

Diese Feststellung bedingt, daß wir mit dem Begriff „Garten Eden" nicht nur die Erschaffung des ersten Menschenpaares, sondern auch dessen Vertreibung aus der ursprünglichen Heimat verbinden.

Aus diesem Grunde hielt ich es für nötig, das Thema *Der „Garten Eden" und die babylonischen Parkanlagen im Tempelbezirk* in einem weiteren Horizont zu sehen. Dies soll durch den Untertitel *Vom Ursprung des Menschen im Gottesgarten, seiner Verbannung daraus und seiner Sehnsucht nach Rückkehr dorthin* ausgedrückt werden. Meine Ausführungen umfassen somit im wesentlichen die folgenden beiden Punkte:
1. „Der Gottesgarten nach Aussagen des Alten Testaments und mesopotamischer Texte" und
2. „Die Erschaffung des Menschen im Gottesgarten nach Aussagen des Alten Testaments und mesopotamischer Texte".

In den Schlußbetrachtungen (3.) werde ich mich dem Thema „Die Verbannung des Menschen aus dem Gottesgarten und seine Sehnsucht nach Rückkehr dorthin" zuwenden.

1. Der Gottesgarten nach Aussagen des Alten Testaments und mesopotamischer Texte

Zunächst unterbreite ich zwei alttestamentliche Texte, die den „Garten Eden" - hier beschränke ich mich auf den Gottesgarten und lasse den Palastgarten unberücksichtigt - zum Thema haben, dann wende ich mich dem biblischen Paradies und seiner Lokalisierung und schließlich der Lage des Paradieses nach einer muslimischen Tradition (1.1) zu. In einem nächsten Punkt greife ich das Thema „Gottes- und Königsgärten Mesopotamiens" auf (1.2) und schließe den Abschnitt mit einem Zwischenergebnis (1.3) ab.

1.1. *Der „Garten Eden" im Alten Testament, das biblische „Paradies" und seine Lokalisierung; die Lage des Paradieses nach einer muslimischen Tradition*
1.1.1. *Der „Garten Eden" im Alten Testament*

Wenn wir das Begriffspaar „Garten Eden" hören, dann denken wir unwillkürlich an den alttestamentlichen Bericht über die Erschaffung des ersten Menschenpaares - Gen. 2:7-18:

> [7] *Da formte Gott, der Herr, den Menschen aus Erde vom Ackerboden und blies in seine Nase den Lebensatem. So wurde der Mensch zu einem lebendigen Wesen.*

⁸Dann legte Gott, der Herr, in Eden, im Osten, einen Garten an und setzte dorthin den Menschen, den er geformt hatte. ⁹ Gott, der Herr, ließ aus dem Ackerboden allerlei Bäume wachsen, verlockend anzusehen und mit köstlichen Früchten, in der Mitte des Gartens aber den Baum des Lebens und den Baum der Erkenntnis von Gut und Böse.

Nun folgt der Abschnitt der Paradies-Geographie:

¹⁰Ein Strom entspringt in Eden, der den Garten bewässert; dort teilt er sich und wird zu vier Hauptflüssen. ¹ Der eine heißt Pischon; er ist es, der das ganze Land Hawila umfließt, wo es Gold gibt. ¹² Das Gold jenes Landes ist gut; dort gibt es auch Bdelliumharz und Karneolsteine. ¹³ Der zweite Strom heißt Gihon; er ist es, der das ganze Land Kusch umfließt. ¹⁴ Der dritte Strom heißt Tigris; er ist es, der östlich an Assur vorbeifließt. Der vierte Strom ist der Euphrat.

Nach diesem Ausflug in die Geographie fährt der Text im Schöpfungskontext fort:

¹⁵ Gott, der Herr, nahm also den Menschen und setzte ihn in den Garten von Eden, damit er ihn bebaue und hüte. ¹⁶ Dann gebot Gott, der Herr, dem Menschen: Von allen Bäumen des Gartens darfst du essen, ¹⁷ doch vom Baum der Erkenntnis von Gut und Böse darfst du nicht essen; denn sobald du davon ißt, wirst du sterben.

¹⁸ Dann sprach Gott, der Herr: Es ist nicht gut, daß der Mensch allein bleibt. Ich will ihm eine Hilfe machen, die ihm entspricht.

Anschließend folgt der Bericht über die Erschaffung der Tiere und der Frau; nach dem 'Sündenfall' im Zusammenhang mit dem Genuß der Früchte vom 'Baum der Erkenntnis' werden die beiden ersten Menschen aus dem Garten vertrieben.

Das Alte Testament ruft jedoch, wenn es von einem „Garten Eden" - oder einfach „Eden" - spricht, auch Vorstellungen des Glücks wach. [4] Der Grund dafür ist nicht zuletzt die Überlieferung, daß der Mensch hier vorzeiten erschaffen worden ist und mit diesem göttlichen Akt eine heile, glückliche Welt des Ursprungs verbindet. Rein formal kann sich die Verbindung des Glücks mit dem „Garten Eden" auch auf die Tatsache stützen, daß die Konsonantenfolge des Namens „Eden", '*DN*, auf eine Vokabel weist, die in etlichen semitischen Sprachen - einschließlich des alttestamentlichen Hebräischen [5] - die Grundbedeutung „(in Wonne) schwelgen, ein Wohlleben führen" hat. Dies eröffnet die Möglichkeit, den „Garten Eden" als einen Ort der Wonne und des Ergötzens zu sehen.

Dafür ist die Einleitung zur Fluchrede über den 'König von Tyrus', Ez. 28:11-19, ein bemerkenswertes Beispiel, in der der Prophet Ezechiel mit der reichen Hafenstadt Tyrus am Mittelmeer und seinem stolzen Herrscher ins Gericht geht. Diese Rede unterstreicht nämlich auf eindrucksvolle Weise den besonderen Charakter dieses Gartens und beschreibt ihn gewissermaßen als Märchenland:

¹² Menschensohn, stimm die Totenklage an über den König von Tyrus und sag zu ihm:

---

[4] B. Kedar-Kopfstein 1986, 1101; H.N. Wallace 1992, 282-283.

[5] L. Koehler / W. Baumgartner, ³1967-90, 748-749.

*So spricht der Herr:
Du warst ein vollendet gestaltetes Siegel, / voll Weisheit und vollkommener Schönheit.
[13] Im Garten Gottes, in Eden, bist du gewesen. / Allerlei kostbare Steine umgaben dich:
Rubin, Topas, dazu Jaspis, / Chrysolith, Karneol und Onyx, / Saphir, Karfunkelstein und Smaragd.
Aus Gold war alles gemacht, / was an dir erhöht und vertieft war,
all diese Zierden brachte man an, / als man dich schuf.
[14] Einem Kerub mit ausgebreiteten, schützenden Flügeln gesellte ich dich bei. / Auf dem heiligen Berg der Götter bist du gewesen. / Zwischen den feurigen Steinen gingst du umher.
[15] Ohne Tadel war dein Verhalten / seit dem Tag, an dem man dich schuf, / bis zu dem Tag, an dem du Böses getan hast.*

Der Wortlaut der hiernach folgenden Fluchrede interessiert uns im gegebenen Zusammenhang weniger.

1.1.2. Das biblische Paradies

Die Septuaginta hat das Begriffspaar „Garten Eden" nicht nur im Schöpfungsbericht, sondern auch sonst mit *paradeisos*, von dem unser Wort „Paradies" stammt, wiedergegeben und damit dem hebräischen Wort *gn* „Garten" die Dimension eines (Landschafts-)Parks verliehen[6]; *paradeisos* ist dem Altiranischen *pairidaēza* entlehnt und könnte etwa mit „Umwallung, umzäunter Garten, Park" übersetzt werden. Gemeint war damit konkret ein gepflegter, weiträumiger Garten, der sich mit seinen Wasseranlagen, Bäumen und Zierpflanzen deutlich von der wasserarmen, kargen, steppen- und wüstenartigen, staubigen Umwelt abhob und nach seiner aufwendigen Einrichtung nur durch intensive Pflege erhalten werden kann.[7]

Die Kultur des iranischen Paradies-Gartens hat sich über Jahrtausende erhalten und läßt sich an vielen Orten des Vorderen Orients und des östlich angrenzenden indischen Subkontinents heute noch bewundern - als Beispiel sei auf den Park in Shiraz hingewiesen, dessen Zentrum das Mausoleum des Dichters Hafez (ca. 1327-1390) bildet (**Abb. 1**).

Im Altertum waren derartige Gärten in erster Linie für die Freude und Erholung von Königen oder Göttern und ihrer Priesterschaft vorgesehen. Ihre Exklusivität als Lustgärten wurde durch hohe, wohlbewachte Zäune und Mauern unterstrichen, die die überirdisch schönen und erquickenden Anlagen

---

[6] In Cant. 4:12-15 treten die beiden Begriffe *gn* „Garten" und *prds* „Park" nebeneinander und sind dadurch unterscheidbar, daß der *gn* weniger umfangreich ist und durch Brunnenwasser versorgt werden kann, während der *prds* eher einen (Landschafts-)Park meint, den Bewässerungskanäle durchziehen, vgl. O. Loretz 1999.

[7] Siehe dazu beispielsweise die Ausführungen bei W. Fauth 1979, 6.

Der "Garten Eden" und die babylonischen Parkanlagen im Tempelbezirk 5

den Blicken und der Begehr Außenstehender entzogen - ein sprechendes Beispiel bietet die unten abgebildete Miniaturmalerei, die den Palast- und Landschaftsgarten eines Moghul-Fürsten Nordindiens im 18. Jh. wiedergibt (**Abb. 2**). Das verlieh den Gärten das Flair des Geheimnisvollen.

Abb. 1
Park um das Mausoleum des Dichters Hafez in Shiraz/Südiran
(Aufnahme: Manfried L.G. Dietrich, 1976)

Abb. 2
Palast-Landschaftsgarten eines Moghul-Fürsten in Nordindien
(nach einer Postkarte des Museums für Indische Kunst, Berlin)

Die exklusive Nutzung der umwallten Gärten durch Götter und Könige trifft auch auf den oben zitierten Passus der Genesis zu: Auch wenn dies nicht eigens betont wird, ist der „Garten Eden" von Gen. 2:7-18 für Gott reserviert.

In diesem Zusammenhang ist darauf hinzuweisen, daß in den Steppenregionen des Vorderen Orients Mauern auch dazu dienen, die Nutzpflanzen gegen Unbilden der Natur wie Sandstürme abzuschirmen. Der Dattelpalmenhain der Palmyra-Oase ist dafür ein gutes Beispiel - **Abb. 3**:

Abb. 3
Südwestansicht des Bel-Tempels von Palmyra
mit einem von Mauern geschützten Dattelpalmenhain
(Aufnahme: Manfried L.G. Dietrich, 1990)

1.1.3. *Die Lokalisierung des biblischen Paradieses*

Was die Lokalisierung des biblischen „Gartens Eden" betrifft, so sehen sich die Interpreten nahezu unüberwindlichen Schwierigkeiten gegenübergestellt. Denn der Lauf der beiden in der Paradies-Geographie zuerst genannten Flüsse, des Pischon und Gihon (Gen. 2:11-13), kann nach der heute gültigen Meinung der Exegeten nicht festgelegt werden [8]. Besser steht es dagegen mit dem Lauf der beiden letztgenannten, des Tigris und Euphrat (Gen. 2:14): Hier besteht Konsens, daß Tigris und Euphrat die beiden Flüsse sind, die das südliche

---

[8] Vgl. M. Dietrich 2001 mit Unterbreitung eines neuen Vorschlags.

Mesopotamien, den heutigen Süd-Irak, umschließen.

Für eine präzisere Lokalisierung des „Gartens Eden" hilft dies aber kaum weiter: Da die beiden Ströme einen langen Lauf haben, bietet die Angabe ihrer Namen ohne einen zusätzlichen Hinweis auf eine bestimmte Lokalität nur einen sehr vagen Anhaltspunkt für die Beantwortung der Frage nach der Lage des „Gartens Eden".

1.1.4. Die Lage des Paradieses nach einer muslimischen Tradition

Während die biblischen Überlieferungen keine Anhaltspunkte für die genaue geographische Lage des Paradieses bieten, ist dies bei einer muslimischen anders - sie gibt ihren Gläubigen ein klares Bild: Das Paradies lag im Bereich des kleinen südiraqischen Ortes Qurna nahe dem Zusammenfluß von Tigris und Euphrat - **Abb. 4**:

Abb. 4
Blick auf den Zusammenfluß von Tigris (im Vordergrund)
und Euphrat (im Hintergrund, von rechts kommend)
(Aufnahme: Manfried L.G. Dietrich, 1974)

Verläßt man Qurna in Richtung Norden, dann trifft man in den Außenbezirken auf einen alten, „heiligen" Baum, unter dem eine Tafel mit folgendem Text aufgestellt ist - **Abb. 5, Abb. 6**:

> *„An dieser heiligen Stelle, an der der Tigris auf den Euphrat trifft, wuchs eben dieser heilige Baum unseres Vaters Adam, der auf Erden das Symbol für den Garten Eden ist. Abraham hat zwei Tausend Jahre v. Chr. hier gebetet."*

Abb. 5   Abb. 6
Der „heilige" Baum von Qurna mit Inschrifttafel
(Aufnahmen: Manfried L.G. Dietrich, 1974)

Also lokalisiert die hier aktive muslimische Tradition das Paradies und damit den „Garten Eden" mit seinem „heiligen Baum" an dieser Stelle und vermittelt jedem Passanten das Gefühl, heiligen, urgeschichtlichen Boden zu betreten. Besagte muslimische Tradition nimmt die alttestamentliche Angabe „im Osten" (Gen. 2:8), die ihr sicher bekannt war, somit wörtlich und zeigt für ihre Gläubigen mit dem Finger auf einen für jeden zugänglichen und einsichtigen geographischen Punkt.

Für den alttestamentlichen Historiker und Bibel-Geographen dient diese muslimische Lokalisierung jedoch keineswegs als Beweis dafür, daß das Paradies des Alten Testaments tatsächlich an dieser Stelle gelegen war.

Die Unsicherheit für eine plausible Lokalisierung des „Gartens Eden" wird dadurch verstärkt, daß sein Name nicht an einen der schriftlichen Überlieferungen Mesopotamiens angeschlossen werden kann, der ihm gleich oder ähnlich wäre: Warum erwähnen die zahlreichen einheimischen Quellen keinen Garten oder Landstrich, keine Gegend dieses Namens, der vorzeiten so bekannt war, daß sich sein Ruhm bis nach Palästina ausbreiten konnte? [9] Sollten die Bewohner dieser Gegend etwa nicht geahnt haben, daß in ihrer Reichweite ein

---

[9] Die Herleitung aus dem sumerischen EDIN, das mit dem akkadischen *sēru* „Steppe, offenes Land" geglichen wird, ist problematisch, vgl. L. Koehler / W. Baumgartner, ³1967-90, 749a: *'dn* II; B. Kedar-Kopfstein 1986, 1099-1100; H.N. Wallace 1992.

Fleckchen Erde lag, das westliche Religionsgemeinschaften - seien sie nun kontemporär oder jünger - als das Paradies und den Ort der Menschenschöpfung betrachtet haben?

1.2. Gottes- und Königsgärten Mesopotamiens

Zahlreiche Texte der mesopotamischen Literatur geben uns zu verstehen, daß die Kulturträger zwischen Tigris und Euphrat Gärten liebten und als einen Hort der Erholung und Freude pflegten - nicht selten waren die Gärten auch Thema der bildenden Kunst. [10] Solche Gärten wurden von den Archäologen allenthalben in den Palast- und Tempelanlagen ausgemacht. Sie waren also allgemein üblich, trugen aber nicht den mythologischen Glanz wie der alttestamentliche „Garten Eden". Nachfolgend zeige ich einige Beispiele auf und widme mich dabei zunächst den Palastgärten, anschließend den Tempelgärten.

Bevor ich jedoch mit dem Palastgarten beginne, muß ich seine Einbeziehung in die Betrachtungen rechtfertigen: Nach mesopotamischem Verständnis war der König kein einseitig profaner Würdenträger, sondern die rechte Hand seines Gottes. Ihm oblag es, die Schöpfung, zu der auch das ihm anvertraute Volk gehörte, im Sinne des Schöpfers zu wahren - dafür ist die schützende Mauer Symbol - und zu mehren. Unter diesem Aspekt waren die Palastgärten gemäß dem „Urbild-Abbild-Denken" ein Spiegel der Schöpfung - vergleichbar etwa mit den ägyptischen Gärten [11]. Die im Garten angelegten Wasserläufe, die hier gepflegten Pflanzen und gehegten Tiere fanden sich nicht zufällig zusammen, sondern sollten - unter dem Aspekt der religiösen Motivation - die von der Schöpfung vorgegebene Weltordnung widerspiegeln. [12]

1.2.1. *Palastgärten*

Die Herrscher Assyriens und Babyloniens waren stets bestrebt, ihre Welt und Residenzen mit Gärten zu schmücken. [13] So legten sie Gärten innerhalb des Palastareals an, die von den Palastmauern umschlossen waren und offenbar

---

[10] Siehe E. Ebeling 1957-71; J.-C. Margueron 1998. — Bemerkenswert ist, daß sich das übliche sumero-babylonische Wort für „Garten" (GIŠ.SAR = *kirû(m)*), zunächst auf einen „Baum-, Obstgarten" bezieht (AHw. 485; CAD K 411-415). Dementsprechend steht hier, wie die Darstellungen der bildenden Kunst zeigen, naturbedingt die Dattelpalme im Mittelpunkt. Ist von einem *kirû(m)* außerhalb Babyloniens die Rede, dann ist die Palette der Gartenbäume selbstverständlich breiter, vgl. z.B. J.-C. Margueron 1998, 60; E. Ebeling 1957-71, 148.

[11] W. Helck 1977; D. Wildung 1977.

[12] K. Stähler 1997; M. Novák 1997, 185-186. — Hier ist ein Hinweis auf den modernen Zoo in Jerusalem angebracht, der eine Heimat für alle Tiere bietet, die in der Bibel erwähnt werden; so soll der zoologische Horizont der Bibel gezeichnet werden.

[13] Siehe u.a. A.L. Oppenheim 1965; D.J. Wiseman 1983; E. Frahm 1997, 277; ders. 2001, 141-152; vgl. M. Liverani 1997, 88.

ihrer Rekreation dienten. Beispiele für solche Gärten gibt es vielerorts, wie die Ausgrabungen ergeben haben [14] - es sei lediglich auf den „Palmenhof" im altbabylonischen Palast von Māri (18./17. Jh.) [15] oder den „Baumgarten" im Nordostbereich des Palastes von Ugarit (13.-11. Jh.) verwiesen, zu dem der Herrscher von seinen Privatgemächern aus direkt Zugang hatte - **Abb.7**:

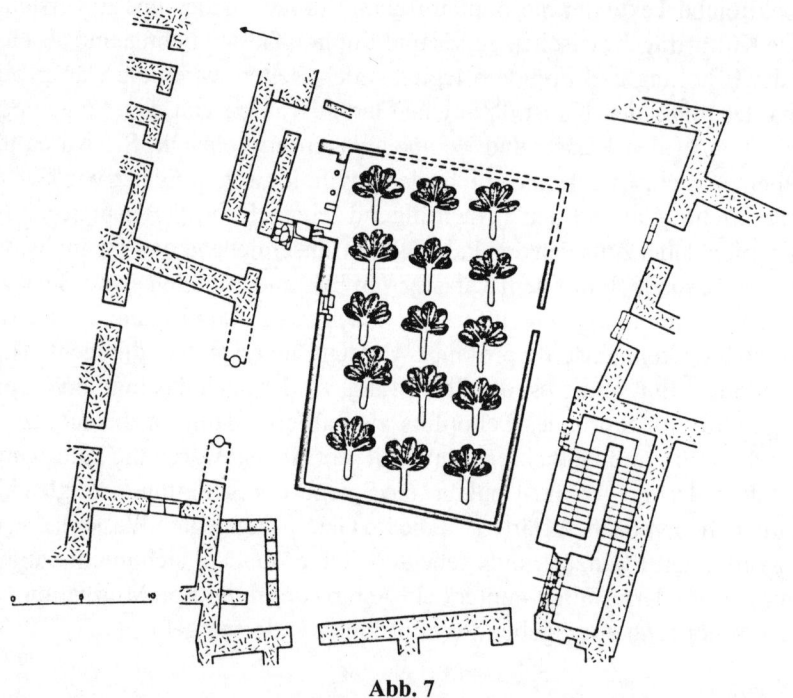

Abb. 7
Der Palastgarten von Ugarit
(nach J.-C. Margueron 1998, 73: Abb. 22)

Die Residenzen wurden aber auch mit Gärten außerhalb des Palasts versehen, die, wie entsprechende Hinweise aus dem 1. Jahrtausend verdeutlichen, mit Plantagen, kunstvollen Pavillons und Wasserläufen ausgestattet werden konnten und öffentliche Parks oder Landschaftsparks waren [16]. Als Hüter der Schöpfung konnten sich die Herrscher hier sogar als Gartenbauarchitekten oder als Gärtner betätigen. [17]

Einer der bekanntesten Texte dafür, daß der König einen Palastgarten anlegte und darin auch mit seinem Volk Feste zu feiern beabsichtigte, ist die

---

[14] J.-C. Margueron 1998, 68-74.
[15] Siehe dazu J.-C. Margueron 1998, 68-71.
[16] Vgl. etwa J.-C. Margueron 1998, 51-61, 71-74; K.L. Gleason 1997, 383; M. Novák 1997, 182-188.
[17] Vgl. W. Fauth 1979; K. Stähler 1997; ders. 2001, 135-140; M. Novák 1997, 182.

Der "Garten Eden" und die babylonischen Parkanlagen im Tempelbezirk 11

Einleitung zu dem *Streitgespräch zwischen Dattelpalme und Tamariske*, einem schöngeistigen Werk der mesopotamischen Literatur - der Wortlaut der Textzeugen aus dem 13. Jh. aus Assyrien und Syrien ist folgender[18]:

¹ *An jenen* (fernen) *Tagen,*
   in jenen (fernen) *Nächten,*
   in weit entfernt (zurückliegenden) *Jahren,*
² *als die Götter das Land fest gegründet hatten,*
   Wohnstätten gebaut hatten für die fernen Menschen (der Vergangenheit),
³ *als sie aufgetürmt hatten die Berge,*
   die Flüsse gegraben hatten, das Leben des Landes,
⁴ *haben die Götter des Landes eine Versammlung einberufen:*
   Anu, Ellil (und) *Ea* (die Hochgötter) ⁵ *berieten sich* ⁴ *einmütig -*
⁵ *in ihrer Mitte saß Šamaš,*
   dazwischen saßen (auch) *die Muttergöttinnen.*
⁶ *Vor Zeiten war die Königsherrschaft im Lande noch nicht geschaffen,*
   und die Herrschaft war den Göttern übereignet.
⁷ *Die Götter gewannen lieb das schwarzköpfige Volk,*
   sie gaben ihm einen König ⁸ *über das Land,*
   Kiš (in Mittelbabylonien) *übergaben sie ihm gänzlich zur Verwaltung.*
Der König pflanzte in seinem Palast ¹⁹ *eine Dattelpalme* ²⁰,
   ⁹ *in ihrer* (nächsten) *Umgebung füllte er* (den Boden) *mit einer Tamariske.* ²¹
Im Schatten der Tamariske wird das Festmahl ¹⁰ *angerichtet,*
   im Schatten der Dattelpalme die Trommel geschlagen ²².
¹¹ [. . .] *jubelt das Volk,*
   der Palast [. . .]! ²³

Die Andeutung am Ende des zitierten Abschnittes erinnert an die Reliefszene aus dem Palast Assurbanipals in Ninive (7. Jh.), aus dem das ausgelassene Treiben des Volks geradezu herausklingt (**Abb. 8**):

---

[18] Zum Abschnitt Z. 1-8a siehe M. Dietrich 1995, 61-63; zum gesamten Abschnitt vgl. auch C. Wilcke 1989.

[19] Der Text aus Tell Ḥarmal (17. Jh.) hat hier „in seinem (Palast-)Hof" (*ki-sà-li-šu*).

[20] Dieser Zeilenabschnitt ist im Textvertreter aus Syrien verlorengegangen.

[21] Wörtl.: „füllte er eine Tamariske".

[22] Die Übersetzung folgt der versuchsweisen Rekonstruktion des Abschnitts anhand der älteren Version aus Tell Ḥarmal (17. Jh.): ⁸ [*i-na sí-*]*li gi-š* [*i-ma-ri-im up-pu-u*]*m? la-pí-it*, die jüngeren Texte aus Assyrien und Syrien sind in diesem Abschnitt schlecht erhalten und scheinen einen abweichenden Wortlaut zu haben.

[23] Die Textzeugen brechen dort ab, wo offenbar ein Volksfest innerhalb des Palastareals beschrieben wird.

Abb. 8
Neuassyrisches Relief aus dem Nord-Palast Assurbanipals zu Ninive:
Zuschauer beim Fest der Löwenjagd
(aus: E. Strommenger 1962, Abb. 246)

Sargon, der Urgroßvater Assurbanipals, ließ zwischen 717 und 707 seine Residenzstadt Dūr Šarrukīn, „Sargonsburg", 18 km nördlich von Ninive im Bereich von Bergquellen bauen und sie mit einem Landschaftspark umgeben. Die Schilderungen dieses Vorhabens bringen das Bemühen des Herrschers zum Ausdruck, seine Residenz nach den seinerzeit üblichen Möglichkeiten und Vorstellungen in die Natur einzubinden.

Die Inschriften haben diesbezüglich folgenden Wortlaut [24]:

[36] ... Der erfahrene König, [37] der beständig Pläne erwägt, die Gutes (bewirken), der sein Augenmerk auf die Besiedlung brachliegender Steppengebiete [38] sowie auf die Kultivierung des Ödlandes (und) auf das Anpflanzen von Obstgärten [39] richtete: Damals errichtete ich über der Quelle am Fuß des Berges [40] Musri, oberhalb von Ninive, eine Stadt und gab ihr den Namen Dūr-Šarru-ukīn. [41] Einen Park, eine genaue Nachbildung des Amanus-Gebirges, in dem alle aromatischen Bäume [42] des Ḫatti-Landes (d.h. Syriens) (und) sämtliche Obstbaumsorten des Gebirges angepflanzt sind, legte ich um sie herum an.

Ein weit verbreiteter Typ von Gartenanlage waren im 1. Jahrtausend die „Hängenden Gärten", d.h. Gärten in Hanglage. Die berühmtesten sind die „Hängenden Gärten" von Babylon, deren Rekonstruktion nicht recht gelingen will. [25] Anders steht es mit den „Hängenden Gärten" von Ninive: Da wir für sie eine Reliefdarstellung aus dem Ninive-Palast Assurbanipals haben, kann man sich über ihre Anlage ein klares Bild machen (7. Jh. - **Abb. 9**).

Ein besonderes Anliegen bei der Bepflanzung und Ausstattung der Gärten und Parks war, wie Texte zu verstehen geben, einerseits, die von der Schöpfung vorgegebene Vielfalt der Natur in einem überschaubaren, mitunter sogar engen Raum zusammenzufassen. Andererseits lag es den Königen, die von sich sagten, daß sie „von Sonnenaufgang bis Sonnenuntergang die vier Ränder (der Welt)" beherrschten [26], auch daran, die Besonderheiten entfernter Regionen ihres Reichs dadurch gegenwärtig zu haben, daß sie deren Pflanzen- und Tierwelt in ihren Parks ansiedelten. [27] So wurden, wie besonders gut für die neuassyrischen Herrscher des 1. Jt.s v. Chr. nachweisbar, botanische Gärten mit allen nur denkbaren - auch exotischen, wie die Inschriften des Herrschers Sanherib, des Sohns und Nachfolgers Sargons, zu verstehen geben [28] - Bäumen und Sträuchern gezogen; Tiere selbst aus dem Osten (Indien) oder dem Süden (Afrika) wurden in zoologischen Gärten der Landschaftsparks gepflegt - da wäre beispielsweise an die Haltung von Löwen in Freigehegen für die kultisch-religiös motivierte Löwenjagd zu erinnern, die im 7. Jh. gerne auf den Reliefplatten des Assurbanipal-Palastes zu Ninive abgebildet wurde.

---

[24] A. Fuchs 1994, 66.304: Inschrift auf den Stierkolossen, Z. 36b-42; vgl. die verwandte Passage daselbst 77-78.309: „Kleine Prunkinschrift", Z. 27-28.

[25] J.-C. Margueron 1998, 74-79. — St. Dalley (1994) stellt sich sogar die Frage, ob die „Hängenden Gärten" von Babylon nicht auf einer Fehltradition der klassischen Autoren beruhen, die sie mit denen von Ninive verwechselt haben könnten. J. Reade (2000, 195-217) plädiert neuerdings eindringlich für die Lage der „Hängenden Gärten" in Babylon und lokalisiert sie auf dem sogenannten „Westlichen Vorwerk" des Palasts; hier dürfte nach seinen Recherchen auch Alexander d. Gr. gestorben sein.

[26] Siehe z.B. A. Fuchs 1994, 298:4-7, 300:4-7.

[27] Siehe z.B. E. Frahm 1997, 277-278; für die Repräsentation beispielsweise der süd-babylonischen Landschaft in Parkanlagen des Sanherib siehe J.A. Brinkman 1995, 29.

[28] Vgl. D.J. Wiseman 1983, 141-142; E. Frahm 1997, 277-278; M. Novák 1997, 182-184.

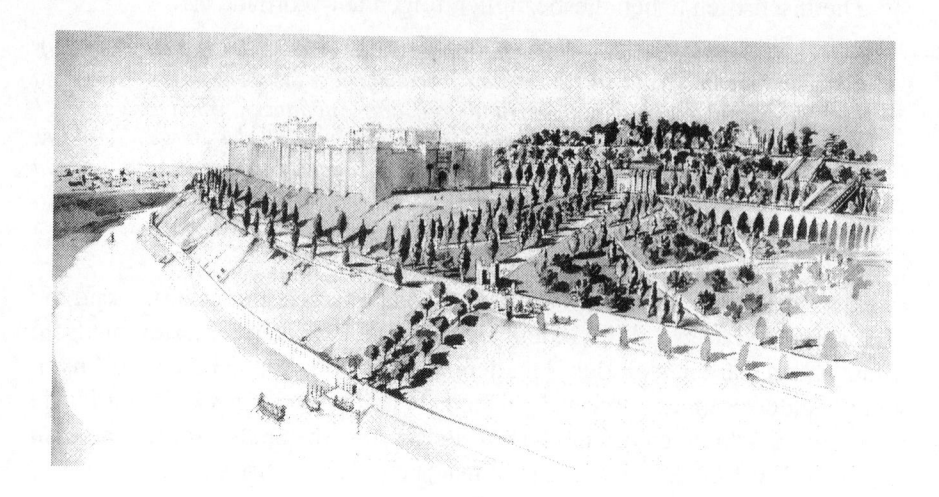

Abb. 9
Rekonstruktion der „Hängenden Gärten" von Ninive
(aus: St. Dalley 1994, 57: Fig. 3)

Die Berichte über Gärten und Parks könnten den Eindruck erwecken, daß die neuassyrischen Herrscher sie aus Prahlerei angelegt haben. Diese Sicht ist sicher zu einseitig: Denn die Sorgfalt und der Ideenreichtum bei ihrer Anlage zeigen, daß die Herrscher, wie hervorgehoben, religiös motiviert waren und mit ihnen ein Abbild der Schöpfung zu entwerfen suchten, die ihnen unterstand und für die sie sich im Auftrag ihres Gottes verantwortlich fühlten. Hier konnten die Könige jagen und sich erholen, wie das Ninive-Relief aus dem 7. Jh. mit Assurbanipal auf einer Liege in der Gartenlaube zeigt - **Abb. 10**:

Abb. 10
Assurbanipal auf einer Liege in der Gartenlaube
(aus: E. Strommenger 1962, Abb. 241)

1.2.2. Tempelgärten

Das Pendant zu den Palastgärten für die Herrscher Mesopotamiens sind die Tempelgärten für die Götter. Solche sind schon für die Zeit Ende des 4. Jt.s v. Chr. nachweisbar.[29] Sie können sich in Innenhöfen der Tempel und/oder im angrenzenden Areal befinden, wie dies etwa beim Akītu-Neujahrsfesthaus von Assur der Fall war, das im 8./7. Jh. durch Sanherib eingerichtet wurde. Nach dessen Fertigstellung berichtet der Herrscher anläßlich der Einsetzung der Priester und des Dienstpersonals[30]:

[17] Nach meinem eigenen Vorstellungen habe ich (den Tempel) von seinen Fundamenten bis zu seinen Zinnen [18] mit Kalksteinquadern aus dem Gebirge kunstvoll herstellen lassen und habe (ihn) wie ein Gebirge hochgezogen. [19] Ich öffnete einen Kanal und gab ihm daraufhin den Namen „Der-für-die-Reinigung-am-Neujahrsfest(-Zuständige)". [20] Ich umpflanzte ihn mit einem Kranz von allerlei Fruchtbäumen und Aroma-Sträuchern.

Nach einer Rekonstruktionszeichnung des Ausgräbers W. Andrae, die die Stadt Assur im Hintergrund zeigt, könnten der Tempel und sein Garten das folgende Aussehen gehabt haben - **Abb. 11**:

Abb. 11
Rekonstruktionszeichnung des Akītu-Tempels nach W. Andrae
(aus: L. Kataja - R. Whiting 1995, 107)

---

[29] J.-C. Margueron 1998, 61-68.
[30] Siehe L. Kataja / R. Whiting 1995, 105.

Da in den Tempelgärten die Götterfeste stattfanden, waren sie den Göttern vorbehalten. Unter Palmen, dem häufigsten Baum in südbabylonischen Gärten, ergingen sich die Himmlischen, wie die folgende Siegelabrollung, die ich als einziges Beispiel stellvertretend für viele anführe, verdeutlicht: Das Siegel wurde in der Akkad-Zeit (2. Hälfte des 3. Jt.s) geschnitten und zeigt die Palastgöttin Ištar; sie sitzt auf einem Löwenthron in einem Dattelpalmenhain und empfängt eine Person, die ihr gerade zugeführt wird. Bemerkenswert ist die Nebenszene, nach der Leute zur selben Zeit Datteln zu ernten scheinen; es ist anzunehmen, daß sie dies im Dienste der Göttin tun - **Abb. 12**:

Abb. 12
Die Göttin Ištar im Palmenhain auf einem Löwenthron - akkadisches Siegel
(aus: R.M. Boehmer 1965, Abb. 383)

Wie wichtig ein Tempelgarten für die Tempelanlage war, verdeutlicht beispielsweise der Bericht, den Asarhaddon 680 anläßlich der Wiedereinführung des Marduk-Kults in Babylon hat verfassen lassen: 689 hatte Sanherib, sein Vater, Babylon wegen dessen Widerspenstigkeit zerstört, dessen Haupttempel Esangila vernichtet und zur Strafe von Stadt und Bevölkerung die Statuen des Hauptgotts von Babylon, Marduk, und seiner Gemahlin Ṣarpānītu, „ins Exil nach Assur" verschleppt. Asarhaddon wollte diesen Fehler seines Vaters nach 10 Jahren aus der Welt schaffen und ließ die Statuen in Assur restaurieren. Nachdem die Arbeiten an ihnen abgeschlossen waren, mußten sie wieder nach Babylon gebracht und dort installiert werden. Darüber berichtet folgender Abschnitt aus seinen Inschriften [31]:

In jenem Jahre [9] *habe ich Esagila, den Palast der Götter (von Babylon), Imgur-Enlil, seine Mauer, und Nēmed-Enlil, seinen Außenwall,* [10] *vom Fundamente bis zur Zinne neu errichten lassen und weit größer gemacht als vorher.*
[11] *Bēl und Bēltīia (Marduk und Ṣarpānītu), die liebenden Götter, wurden gemäß ihrem Befehle in Assur „erschaffen",* [12] *in Eḫursaggalkurkurra (Tempel in Assur)*

---

[31] R. Borger 1956, 88-89: Ash. § 57 AsBbE 8b-24; zum Abschnitt Z. 17-24, siehe A. Berlejung 1998, 168.

Der "Garten Eden" und die babylonischen Parkanlagen im Tempelbezirk 17

rechtmäßig „geboren" (d.h. erstellt); Bēlet-Bābilii (Ṣarpānītu), Ea und Madānu wurden [13] in Assur, dem Ort, wo die Götter „geboren" werden, „gemacht". Ich machte ihre Gestalt vollkommen; [14] mit 50 Talenten von rotfunkelndem Gold, einem Erzeugnis des Arallu-Berges, Staub des Gebirges, [15] das noch nicht zu einem Werke verarbeitet worden war, machte ich ihre Gestalt herrlich, mit erhabenen Schmucksachen und kostbaren Juwelen, [16] die für ihre Majestät besonders geeignet waren, verzierte ich ihren Nacken und füllte ich ihre Brust.

[17] Da gingen sie ihres Weges, zogen aus Eḫursaggalkurkurra strahlend hinaus, wie die Sonne über dem Land aufgeht, [18] und schlugen den Weg nach Šuanna (Babylon) ein, einen festlichen Weg. Von Baltil (Assur) bis zum Hafen von [19] Babel wurden auf je einem Drittel einer Doppelmeile Scheiterhaufen angezündet, und auf je eine Doppelmeile schlachtete man [20] fette Stiere. Und ich, Asarhaddon, ergriff die Hand seiner großen Gottheit und schritt freudig? vor ihr einher.

[21] In Babel, der Stadt ihres Trachtens, ließ ich sie freudig einziehen. In die Baumpflanzungen, die Gärten, [22] die Kanäle und die Äcker von Ekarzaginna (Euphrat-Kai am Esagil-Tempel), dem reinen Orte, traten sie durch die Kunst des „Weisen", Mundwaschung, [23] Mundöffnung, Waschung und Reinigung, vor den Sternen des Himmels, vor Ea, Šamaš, Asariluḫi, [24] Maḫ (Bēlet-ilī), ... (und anderen Göttern) ... ein.

Dieser Text besagt, daß die Statuen nach ihrer Fertigstellung unter dem Geleit des Königs höchstpersönlich ihren Weg in den Süden antraten. Es war ein Siegeszug nach einer zehnjährigen Exilszeit in Assyrien: Längs den Flüssen Tigris und Euphrat sowie den Kanälen nach Babylon wurden etwa alle dreieinhalb Kilometer Freudenfeuer angezündet, um den Weg magisch zu reinigen und der Bevölkerung zu zeigen, daß das babylonische Götterpaar in einer Schiffsprozession zurück in die Heimat gebracht wurde. Zur Begrüßung der Reisenden wurde in der Heimat etwa alle zehneinhalb Kilometer ein Maststier geschlachtet. Unbehelligt - und sicher unter großem Hallo der Stadtbevölkerung - betrat der Zug den renovierten Tempel und das geschmückte Areal mit seinen Parkanlagen. Nach etlichen Riten nahmen die Statuen, die die Gottheiten repräsentierten, den für sie bestimmten Standort im Tempel ein.

Zum Schluß sei auf einen besonders aufschlußreichen Elfenbeinfries aufmerksam gemacht, der aus Assur stammt und in der 2. Hälfe des 2. Jt.s gefertigt worden ist (**Abb. 13**): Eine Gottheit mit Berg-Schuppengewand steht zwischen zwei Granatapfelbäumen, die einen Park symbolisieren; in die Brust der Gottheit fließen vier Flüsse, die ihren Ursprung jeweils in einem Krug haben. Wegen der Flüsse kann man sich vorstellen, daß es sich bei der Gottheit um den Süßwassergott Enki/Ea mit Sitz im südmesopotamischen Eridu handelt. Da die Schnitzerei aber aus Assur stammt und die Gottheit ein Berg-Schuppengewand trägt, könnte sie auch Assur, den Hochgott Assyriens, oder einen Berggott meinen.

Ob hier nun Enki/Ea, Assur oder ein Berggott abgebildet ist, bleibt letzlich unwichtig: Auffallend ist, daß der Gott in einem Park steht und daß er mit vier Flüssen dargestellt wird. Obwohl die Flüsse in die Gottheit einmünden und sie nicht etwa verlassen, schlägt dieser Fries eine Brücke zu den Ausführungen in der Genesis, nach denen Gott im „Garten Eden" ist, den vier Flüsse verlassen.

Abb. 13
Teil eines elfenbeinernen Einlegefrieses aus Assur:
Ein Gott, in dessen Brust vier Flüsse aus Gefäßen einmünden.
(aus: A. Moortgat 1967, Abb. 243)

1.3. *Zwischenergebnis*

Der „Garten Eden" des Alten Testaments ist ein Gottesgarten, den Gott eingerichtet und in dem er, wie oben (1.1) angeklungen, den ersten Menschen installiert hat - daß dieser Garten als Ort der Menschenschöpfung anzusehen ist, soll unten weiter ausgeführt werden. Damit gehört der „Garten Eden" in den Bereich der Mythologie und muß nicht lokalisiert werden. Seine irdische Lage ist an sich bedeutungslos. Trotzdem ist es denkbar, daß er im Osten, also irgendwo in Mesopotamien zu suchen ist.

In Mesopotamien spielten der Palast- und Tempelgarten eine einander ergänzende Rolle: Der Palastgarten und die königlichen Parkanlagen waren das Abbild der Schöpfung und ihres Herrschaftsbereichs in einem überschaubaren, mitunter sogar engen, meist durch eine schützende Mauer umgebenen Raum. Die heile und schöpfungsgemäß vielfältige Welt war dort zusammengefaßt und dem Herrscher als Beauftragten Gottes unterstellt.

Der Tempelgarten ist der Gottheit und ihren Dienern vorbehalten. Er ist neben den Gebäudekomplexen der Ziqqurrat mit Hochtempel und dem Tieftempel ein integrierender Teil der Tempelanlage und symbolisiert die schöpfungsgemäß vollkommene Natur.

2. Die Erschaffung des Menschen im Gottesgarten nach Aussagen des Alten Testaments und mesopotamischer Texte

Nach der alttestamentlichen Überlieferung fand die Erschaffung des Menschen im „Garten Eden" statt, wie dies Gen. 2:15 unter der Voraussetzung besagt, daß der „Garten Eden" mit dem Ort der Menschenschöpfung identisch ist:

Gott, der Herr, nahm also den Menschen und setzte ihn in den Garten von Eden.

Zu dieser Aussage liegen deutliche Parallelen in jenen mesopotamischen Texten vor, die auf die Menschenschöpfung zu sprechen kommen. Nachfolgend zitiere ich zwei Beispiele: je eines aus der Schule der Enlil-Theologie von Nippur und aus der Schule der Enki/Ea-Theologie von Eridu.

Das erste Beispiel ist ein Abschnitt aus dem als KAR-4-Mythos bekannten Schöpfungstext, dessen wichtigste Zeugen aus der Assurbanipal-Bibliothek (7. Jh.) stammen [32]:

12 Nachdem (die Götter) die Regeln von Himmel und Erde [festgesetzt,]
 13 [nachdem sie] Deich und Kanal [zurechtgemacht,]
 14 [nachdem sie] Tigris [und Euphrat (in ihren Betten) 15 festgelegt [hatten]
16 (sagte Ellil): „Was sollen wir (nun) tun, 17 was sollen wir (nun) schaffen?
 18 (Ihr) große(n) Anunnakū -
 19 was sollen wir (nun) tun, 20 was sollen wir (nun) schaffen?"

21 Da antworteten die großen Götter, die bereitstanden,
 22 sowie die Anunnakū, die die Geschicke (der Welt) bestimmen,
 23 beide Gruppen dem Ellil:

24 „Im Uzumua, der 'Bande zwischen Himmel und Erde',
 25 wollen wir die beiden Alla-Götter schlachten,
 26 aus ihrem Blut wollen wir die Menschheit schaffen!

27 Das Arbeitspensum der Götter sei dann ihr Arbeitspensum,
 28 auf ewige Tage 29 den Feldrain zu pflegen,
 30 (die Kulturwerkzeuge) Spitzhacke und Tragkorb 31 in ihre Hand zu nehmen,
 . . .,
48 den Überfluß im Lande zu meh[ren,]
 49 die Feste der Götter vollendet zu feiern, 50 kaltes Wasser (Quellwasser) zu libieren,
 51 im großen Wohnsitz, der für den hehren Gottessitz geeignet ist. . .

---

[32] Siehe M. Dietrich 1994, 117-120, mit weiterführender Literatur.

Dieser Text gibt zu verstehen, daß es nach der Einrichtung des Kosmos und der Erde die Aufgabe dienender Götter war, die Schöpfung zu pflegen und nutzbar zu machen. Das war auf Dauer nicht tragbar. An die Stelle der dienenden Götter sollte einmal der Mensch treten, der jedoch noch zu erschaffen war. Er sollte das Land bestellen und die Feste der Götter zelebrieren. Die Erschaffung des Menschen war also der letzte Akt der Schöpfung und geschah an einem *heiligen* Fleckchen Erde, dem Uzumu'a, „(Ort,) der das Fleisch hervorsprießen läßt": Dieses lag nach Vorstellung des aus Nippur in Mittelbabylonien stammenden Textes an der Ziqqurrat Duranki, „Bande zwischen Himmel und Erde", im Haupttempel Ekur. Wie diese anthropogonischen Details verdeutlichen, haben wir es bei dem Text mit einem Vertreter der in Nippur beheimateten EMERSIO-Vorstellung zu tun, nach der der erste Mensch wie eine Pflanze aus dem Erdboden hervorgesprossen ist [33] - bemerkenswert ist, daß dieser Text für die Erschaffung des Menschen das Blut dienender Götter verwendet; dies soll unterstreichen, daß durch die Adern des neuen Geschöpfes, das auf Erden die dienenden Götter ersetzt, göttliches Blut fließt.

Im Blick auf den Ort der Menschenschöpfung ist klar, daß sie im Gottesgarten von Nippur geschah, in dem der Hochgott Ellil residierte.

Entsprechende Vorstellungen über die Menschenschöpfung liegen auch in Texten der Enki/Ea-Theologie aus Eridu vor, dessen Heiligtum E'abzu im Tempelgarten zu Eridu im Südosten Mesopotamiens lag. Als Beispiel führe ich die einschlägige Passage aus dem sumerisch abgefaßten Mythos *Enki und Ninmaḫ* an, der zu den bekanntesten Textzeugen der Enki/Ea-Theologie gehört und am Anfang des 2. Jt.s seine uns bekannte Fassung erhielt [34].

Nach einer Einleitung, die kosmogonische und theogonische Themen anspricht, stellt der Text fest, daß eine 'niedere' Gruppe von Göttern auf Erden Fronarbeit leisten mußte, weil der Mensch noch nicht existierte:

[10] *(Damals) [mußten] die Götter durch die [Fr]onarbeit, an die sie gebunden waren, für (ihre) Speise und Trank selbst [sorgen].*
[11] *Die oberen Götter beaufsichtigten die Arbeit, die unteren trugen den Tragkorb.*
[12] *Die Götter schütteten in Ḫarali, um Kanäle auszuheben, Erde auf,*
[13] *die Götter eilten dorthin - deshalb klagten sie.*

Der Schöpfergott Enki, der hier Abhilfe hätte schaffen können, ruhte sich seinerzeit in seinem Gemach aus:

[14] *Damals lag Enki, der überaus weise Gott, der Schöpfer, der die zahlreichen Götter ins Dasein gerufen hatte,*
[15] *im Engur, dem Trog, aus dem das Wasser fließt, dem Ort, dessen Inneres kein anderer Gott (mit dem Auge) durchdringen kann,*

---

[33] Siehe vorläufig M. Dietrich 1991, 64-65, 70-71; ders. 1994, 119.
[34] Die wichtigste Bearbeitung: J.J. van Dijk 1964-65, 24-31; zu weiterer Literatur siehe W.H.Ph. Römer 1993, 386-388.

[16] *in seinem Schlafgemach (und) stand vom Schlaf nicht auf.*
[17] *Die Götter weinten und klagten: „Er hat das Elend geschaffen!"*
[18] *Sie wagten (jedoch) nicht, gegen den Schlafenden, gegen den Liegenden, in dessen Schlafgemach einzudringen.*

Nun tritt die Muttergöttin Nammu, die offenbar als einzige Gottheit Zugang zu ihrem Sohn Enki hatte, in Aktion:

[19] Nammu aber, die Mutter, die allen vorangeht, die Gebärerin der zahlreichen Götter, [20] überbrachte ihrem Sohn die Klage der Götter:
[21] „Mein Sohn, du liegst, ja, du schläfst! [22] . . . [23] die (oberen) Götter schlagen den Leib deiner Geschöpfe! [24] Mein Sohn, steh' aus deinem Schlafgemach auf, du, der du aus (der Fülle) deiner Weisheit jede Kunst verstehst: [25] Mache einen Ersatz für die Götter, damit sie ihren Tragkorb wegwerfen können!"
[26] Enki stand auf das Wort seiner Mutter Nammu hin aus seinem Schlafgemach auf.
[27] Der Gott ging in dem heiligen Raum auf und ab, schlug sich dann bei seinem Überlegen (spontan) auf die Schenkel: [28] Der Weise, der Wissende, der Umsichtige, der alles Erforderliche und Kunstvolle weiß, der Schöpfer (und) der, der alle Dinge formt, ließ das 'Sig-en-sig-šar' [35] *erstehen:*
[29] Enki bringt ihm die Arme an und formt seine Brust;
[30] Enki, der Schöpfer, läßt in das Innere seines eigenen (Geschöpfes) seine Weisheit dringen.

Dann übergibt Enki das Menschen-Modell der Muttergöttin Nammu und erteilt ihr den Auftrag, dieses durch Geburt zum Leben auf Erden zu bringen:

[31] Dann spricht er zu seiner Mutter Nammu:
[32] „Meine Mutter, den Geschöpfen, die du ins Dasein rufst, binde die 'Fronarbeit' der Götter auf. [33] Sobald du das Innere des Lehms über den Wassern des Apsu gemischt hast, [34] forme das 'Sig-en-sig-šar' in Lehm, laß das Geschöpf dann vorhanden sein! [35] Ninmaḫ sei dabei deine Gehilfin, [36] Ninimma, Egezianna, Ninmada, Ninbara, [37] Ninmug, Sarsardu, Ninniginna, die du selbst ins Dasein geworfen hast, mögen dir zu Diensten sein.
[38] Meine Mutter, setze dann sein (des Geschöpfes) Geschick fest: Ninmaḫ binde ihm die 'Fronarbeit' auf!"

Die hier unterbreitete Vorstellung von der Erschaffung des Menschen setzt bei der Anthropogonie zwei Stufen voraus: Auf die Formung des Menschen als Modell (FORMATIO) folgt der Eintritt ins Leben auf dem Weg der natürlichen Geburt (GNATIO). Der Text *Enki und Ninmaḫ* ist somit ein wichtiger Zeuge für die in Eridu beheimatete FORMATIO-GNATIO-Anthropogonie [36]. Diese wird hier zudem dadurch ausgezeichnet, daß der Schöpfer seine ganzen Fähigkeiten in das Geschöpf legt. Also galt der Mensch von Anbeginn als ein vollwertiger Ersatz für die vor ihm auf Erden dienenden Götter. Ohne ihn wäre die Schöpfung ein Torso geblieben; denn erst nach seiner Einsetzung sind alle

---

[35] Der Begriff sig₇-en sig₇-šár ist schwer zu deuten (siehe W.H.Ph. Römer 1993, 390, zu Z. 26) und bezeichnet offenbar das 'Menschen-Modell'.

[36] Siehe dazu vorläufig M. Dietrich 1991, 64-65, mit weiterführender Literatur.

Götter zu dem ihnen zustehenden göttlichen Leben gelangt.

Auch wenn dieser Text die FORMATIO und GNATIO des Menschen nicht mit einem bestimmten topographischen Punkt des Enki/Ea-Tempels verbindet, wie dies der KAR-4-Mythos im Blick auf Nippur tut, so ist dieser doch zu implizieren: Nach der Vorstellung der Anhänger der Enki/Ea-Theologie kann dies nur im Bereich des E'abzu-Tempels zu Eridu geschehen sein.

Bei einem Motivvergleich zwischen den Aussagen des Alten Testaments und denen mesopotamischer Texte wird offensichtlich, daß die mesopotamischen Vorstellungen zur Menschenschöpfung im Westen, in Syrien-Palästina, bekannt waren - dafür spricht nicht zuletzt die Paradiesgeographie.[37] Das führt uns zu dem Schluß, daß die Verse Gen. 2:8-9 einen mesopotamischen Hintergrund haben:

> *Da formte Gott, der Herr, den Menschen aus Erde vom Ackerboden und blies in seine Nase den Lebensatem. So wurde der Mensch zu einem lebendigen Wesen. Dann legte Gott, der Herr, in Eden, im Osten, einen Garten an und setzte dorthin den Menschen, den er geformt hatte.*

Hier wie dort werden die Erschaffung und Einsetzung des Menschen auf einen bestimmten Punkt der Erde zurückgeführt, an dem der Schöpfer zu Hause war und tätig geworden ist. Dieser Ort wird vom Menschen aus zwei Gründen als heilig angesehen: Zum einen liegt er innerhalb eines Gottesgartens im Tempelareal, zum anderen hat er dort seinen Ursprung.

Bei einer naheliegenden Verbindung zwischen dem mesopotamischen Tempelgarten und dem alttestamentlichen „Garten Eden" sind die Beschreibung der Lage des „Gartens Eden" im Osten und die Nennung der Ströme Tigris und Euphrat in der Paradies-Geographie ohne weiteres verständlich und bieten recht klare Anhaltspunkte für seine Lokalisierung.[38]

---

[37] M. Dietrich 2001.

[38] Siehe M. Dietrich 2001. Anders W.H. Schmidt 1967, 205-206: „Gott setzte den Menschen in den Garten (V 8b), bzw. Gott nahm den Menschen, ihn in den Garten zu führen (V 15)." Dies dürfte eine 'Überinterpretation' des Verses sein: *Gott, der Herr, nahm also den Menschen und setzte ihn in den Garten von Eden, damit er ihn bebaue und hüte* (Gen. 2:15).

3. Schlußbetrachtungen:
Die Verbannung des Menschen aus dem Gottesgarten und seine Sehnsucht nach Rückkehr dorthin

Aus dem Blickpunkt der mesopotamischen Texte tragen der „Sündenfall" und die Verbannung des Menschen aus dem Garten seines Ursprungs, aus dem Paradies, spezifisch westlich-alttestamentliche Züge - Gen. 2:23-24:

> *²³ Gott, der Herr, schickte ihn aus dem Garten von Eden weg, damit er den Ackerboden bestellte, von dem er genommen war. ²⁴ Er vertrieb den Menschen und stellte östlich des Gartens von Eden die Kerubim auf und das lodernde Flammenschwert, damit sie den Weg zum Baum des Lebens bewachten.*

Der babylonische Tempelgarten war nämlich normalerweise ebensowenig allgemein zugänglich wie der Palastgarten - eine Ausnahme gab es nur bei besonderen Festen. Er war ein *heiliger* Ort, zu dem, entsprechend den Tempelbauten innerhalb der Gärten, außer den Göttern allenfalls Priester Zugang hatten. Für den antiken Mesopotamier lag der Schöpfungsauftrag für den Menschen in der Landwirtschaft und Viehzucht außerhalb der abgeschirmten, *heiligen* Tempelbezirke.

Diesen abgeschirmt-heiligen Charakter hat der alttestamentliche „Garten Eden" erst nach der Verbannung des Menschen erhalten. Der mit der Verbannung verbundene Fluch verlieh in der Vorstellung aller, die sich mit den Vorstellungen und Ausführungen der Genesis identifizierten, dem eigenen Ursprungsort einen Schleier der selbstverschuldeten Unnahbarkeit: Als der Mensch nach seiner Erschaffung noch in der Nähe Gottes weilte, genoß er die *heilig-heile* göttliche Welt der Schöpfungsstunde. Nach seiner Vertreibung wurde er den Gesetzen von Leben, Krankheit und Tod, in deren Mittelpunkt die Arbeit steht, unterworfen.

Die babylonischen Texte verbinden mit dem Ort der Menschenschöpfung in der Urzeit nicht den Gedanken des Heils, wie dies in der westlichen Paradiesvorstellung geschieht [39]: In die Wiege des Menschen wurde der Tod gelegt, wie Gilgameš aus dem Mund der Schankwirtin Siduri erfuhr [40]:

> *¹ Gilgameš, wohin irrst du?*
> *² Das Leben, das du suchst, kannst du nicht finden!*
> *³ Als die Götter die Menschheit schufen,*
> *⁴ haben sie den Tod für die Menschheit festgesetzt,*
> *⁵ das Leben haben sie für sich selbst zurückgehalten!*

Nichtsdestoweniger kannten auch die Mesopotamier den Gedanken des Heils für das Geschöpf Mensch: Der Mensch war bei seiner Erschaffung perfekt, untadelig, weil von seinem Schöpfer so gewollt - anderenfalls müßten

---

[39] Siehe J.J. van Dijk 1971, 492-493.
[40] M. Dietrich 1999, 20.

dem Schöpfer Fehler angelastet werden. Jedem Sehenden oder Denkenden war aber auch im Altertum klar, daß sich der Mensch vom ursprünglichen Zustand entfernt hat: Dies wurde als Ausdruck seiner Selbstentfernung vom Schöpfer, nicht aber als der eines Mißgriffs seitens des Schöpfers angesehen, wie die Klage- und Gebetshymnen, die das Leiden beklagen und gerne zum Genre der 'Hiob'-Texte gerechnet werden, mitunter ausführlich darstellen [41]. Darum sehnte man sich zwar nach der Stunde der Schöpfung, wünschte sich aber nicht an den Ort der Schöpfung zurück, also etwa nach Nippur oder Eridu. Denn diese Orte waren jederzeit einsehbar und wiesen keinerlei urzeitliche und heile Züge mehr auf.

Wollte der Genesis-orientierte Gläubige den Ort des Heils wieder erreichen, dann war dies nunmehr eine Angelegenheit seines Nachlebens: So bekommt diese Vorstellung einen endzeitlichen Charakter. Entsprechend dem Denkmodell, daß das Endzeitgeschehen sein Pendant im Urzeitgeschehen hat - die Schöpfung kehrt dorthin zurück, wo sie ihren Anfang genommen hat -, sieht sich der Gläubige für die Zeit seines Erdenlebens einerseits aus dem Paradies verbannt und gleichzeitig allen Beschwernissen des Lebensendes ausgesetzt. Andererseits hofft er aber, nach einem gottgefälligen Leben wieder dorthin zurückzukehren, worauf beispielsweise eine Todesanzeige vom Januar 1999 tröstend hinweist:

MAN SAGT, DAS PARADIES SEI EIN GARTEN.

* * *

Zum Ausklang sei der Blick auf China gelenkt: Nach dessen antiker Mythologie bewohnen die „Unsterblichen" wunderbare Paläste in Paradiesen, die weit außerhalb des Horizonts der Lebenden auf Inseln im östlichen Meer oder, nach dem Vordringen der westlichen Shangrila-Vorstellungen, auf den Gipfeln des Kunlun-Gebirgsmassivs am Westrand der Taklamakan-Wüste lagen.

Als sich in den ersten Jahrhunderten unserer Zeitrechnung die Meinung festigte, daß sich die „Unsterblichen" nicht nur an der Peripherie des Kulturraums, sondern auch in dessen Kernland aufhielten, erkannte man in eigentümlich geformten Steinen mit Höhlungen und Durchbrüchen deren wonnevollen Wohnstätten. Seither zieren die Parks Chinas „Taihu-Steine" mit bizarren Formen, die man, unerreichbar für einen entehrenden Zugriff, malerisch in Teichen und Seen aufstellt.

Ein Blick auf den Ausschnitt des Parks „*Das Kleine Paradies*" vermag dies zu verdeutlichen: Der „Taihu-Stein" jenseits der dämonenabwehrenden Zick-

---

[41] Siehe M. Dietrich 1999, 26-28.

Der "Garten Eden" und die babylonischen Parkanlagen im Tempelbezirk 25

zackbrücke bildet das Zentrum des vor 1.400 Jahren für die „Unsterblichen" angelegten Parks in der Gartenlandschaft der ostchinesischen Stadt Hangzhou - **Abb. 14:**

Abb. 14
Blick auf einen Teil des Parks „*Das Kleine Paradies*"
(aus: M. Beuchert 1988, S. 171)

Literatur:

A. Berlejung 1998
Die Theologie der Bilder. Herstellung und Einweihung von Kultbildern in Mesopotamien und die alttestamentliche Bilderpolemik. Orbis Biblicus et Orientalis 162 (Freiburg / Göttingen).

M. Beuchert 1988
Die Gärten Chinas. München.

R. M. Boehmer 1965
Die Entwicklung der Glyptik während der Akkad-Zeit. Berlin.

R. Borger 1956
Die Inschriften Asarhaddons, Königs von Assyrien. Archiv für Orientforschung, Beiheft 9 (Wien).

J. A. Brinkman 1995
Reflections on the Geography of Babylonia (1000-600 B.C.), in: M. Liverani, Hrsg., *Neo-Assyrian Geography.* Quaderni di Geografia Storica 5 (Roma), 19 - 29.

St. Dalley 1994
Nineveh, Babylon and the Hanging Gardens: Cuneiform and Classical Sources Reconciled. Iraq 56 (London), 45-58.

M. Dietrich 1991
Die Tötung einer Gottheit in der Eridu-Babylon-Mythologie, in: D. R. Daniels, u.a., Hrsg., *Ernten, was man sät. Festschrift K. Koch.* Neukirchen-Vluyn, 49-73.

— 1994
Persönliches Unheil als Zeichen der Gottesferne. Das Verhältnis zwischen Gott und Mensch nach dem Verständnis der Babylonier. MARG 8 (Saarbrücken / Münster), 115-141.

— 1995
ina ūmī ullûti „An jenen (fernen) Tagen". Ein sumerisches kosmogonisches Mythologem in babylonischer Tradition, in: M. Dietrich / O. Loretz, Hrsg., *Vom Alten Orient zum Alten Testament.* Festschrift für Wolfram Freiherrn von Soden zum 85. Geburtstag am 29. Juni 1993. AOAT 240 (Kevelaer / Neukirchen-Vluyn / Münster), 57-72.

— 1999
Der göttliche Ratschluß und der Weg des Menschen im Lichte babylonischer Texte, in: M. Dietrich, Hrsg., *Religionen in einer sich ändernden Welt.* Akten des Dritten Gemeinsamen Symposiums der

THEOLOGISCHEN FAKULTÄT DER UNIVERSITÄT TARTU und der
DEUTSCHEN RELIGIONSGESCHICHTLICHEN STUDIENGESELLSCHAFT am 14.
und 15. November 1997 zu Tartu/Estland. FARG 33 (Saarbrücken /
Münster), 13-29.

— 2001
*Das biblische Paradies und der babylonische Tempelgarten. Überlegungen
zur Lage des Gartens Eden*, in: B. Ego / B. Janowski, Hrsg., *Himmel - Erde
- Unterwelt. Neue Forschungen zur biblischen Kosmologie*. Forschungen
zum Alten Testament (Tübingen), 197-239.

M. Dietrich / W. Mayer 1996
*Festritual für die Palastgöttin Pidray. Der hurro-ugaritische Opfertext
KTU 1.132*. UF 28 (Kevelaer / Neukirchen-Vluyn / Münster), 165-176.

E. Ebeling 1957-71
Garten, in: E. Ebeling, Hrsg., *Reallexikon der Assyriologie*, Bd. 3 (Berlin /
New York), 147-150.

W. Fauth 1979
*Der Königliche Gärtner und Jäger im Paradeisos. Beobachtungen zur
Rolle des Herrschers in der vorderasiatischen Hortikultur*. Persica 8
(Leiden), 1-53.

E. Frahm 1997
Einleitung in die Sanherib-Inschriften. Archiv für Orientforschung, Beiheft
26 (Wien).

A. Fuchs 1994
Die Inschriften Sargons II. aus Khorsabad. Göttingen.

A. R. George 1996
Studies in Cultic Topography and Ideology. Bibliotheca Orientalis 53
(Leiden), 363-395.

K. L. Gleason 1997
Gardens: Gardens in Preclassical Times, in: E. M. Meyers, ed., *The
Oxford Encyclopedia of Archaeology in the Near East*, Vol. 2 (New York /
Oxford), 383-385.

W. Helck 1977
Gartenanlage, -bau, in: W. Helck, Hrsg., *Lexikon der Ägyptologie*, Bd. 2
(Wiesbaden), Sp. 378-380.

L. Kataja / R. Whiting 1995
Grants, Decrees and Gifts of the Neo-Assyrian Period. State Archives of
Assyria 12 (Helsinki).

B. Kedar-Kopfstein 1986
'eden, in: G. J. Botterweck, Hrsg., *Theologisches Wörterbuch zum Alten Testament*, Bd. 5 (Stuttgart, etc.), Sp. 1093-1103.

L. Koehler / W. Baumgartner 1967-1990
Hebräisches und aramäisches Lexikon zum Alten Testament, ³Leiden.

M. Liverani 1997
Ancient Near Eastern Cities and Modern Ideologies. Colloquien der Deutschen Orient-Gesellschaft 1 (Saarbrücken), 85-107.

O. Loretz 1999
Ug./he. šlḥ/šlḥ „Kanal; Šalḥu/Schelach" und tlḥ/šlwḥym „Mitgift". Zu KTU 1.14 I 20; Hi 33,18; 36,12 und KTU 1.24:47; Hld 4,13. UF 31 (Kevelaer / Neukirchen-Vluyn / Münster).

J.-C. Margueron 1998
Die Gärten im Vorderen Orient, in: M. Carroll-Spillecke, u.a., Hrsg., *Der Garten von der Antike bis zum Mittelalter*. ³Mainz, 45-80.

A. Moortgat 1967
Die Kunst des Alten Mesopotamien. Die klassische Kunst Vorderasiens. Köln.

M. Novák 1997
Die orientalische Residenzstadt - Funktion, Entwicklung und Form. Colloquien der Deutschen Orient-Gesellschaft 1 (Saarbrücken), 169-197.

A. L. Oppenheim 1965
On Royal Gardens in Mesopotamia. JNES 24, 328-333.

J. Reade 2000
Alexander the Great and the Hanging Gardens of Babylon. Iraq 62 (London), 195-217.

W. H. Ph. Römer 1993
Enki und Ninmach. Texte aus der Umwelt des Alten Testaments, Bd. III/3 (Gütersloh), 386-401.

K. Stähler 1997
Der Gärtner als Herrscher, in: R. Albertz, Hrsg., *Religion und Gesellschaft. Studien zu ihrer Wechselbeziehung in den Kulturen des Antiken Vorderen Orients*. AOAT 248 (Kevelaer / Neukirchen-Vluyn / Münster), 109-114.

— 2001
Der Herrscher als Pflüger und Säer. Herrschaftsbilder aus der Pflanzenwelt. Eikon 6 (Münster).

E. Strommenger 1962
Fünf Jahrtausende Mesopotamien. Die Kunst von den Anfängen um 5000 v. Chr. bis zu Alexander dem Großen. München.

J. J. van Dijk 1964-65
Le motif cosmique dans la pensée sumérienne. Acta Orientalia 28 (Kopenhagen), 1-59.

— 1971
Sumerische Religion, in: J. P. Asmussen, Hrsg., *Handbuch der Religionsgeschichte,* Bd. I (Göttingen), 431-496.

H. N. Wallace 1992
Eden, Gardon of (place), in: D. N. Freedman, ed., *The Anchor Bible Dictionary,* Vol. 2 (New York, etc.), 281-283.

C. Wilcke 1989
Die Emar-Version von „Dattelpalme und Tamariske" - ein Rekonstruktionsversuch. ZA 79 (Berlin), 161-190.

D. Wildung 1977
Garten, in: W. Helck, Hrsg., *Lexikon der Ägyptologie*, Bd. 2 (Wiesbaden), Sp. 376-378.

D.J. Wiseman 1983
Mesopotamian Gardens. AnSt 33 (Istanbul), 137-144.

Bergheiligtum und Heiliger Berg

Überlegungen zur Wahl des Nemrud Dağı-*Gipfels als Heiligtums- und Grabstätte*

Bruno Jacobs

Die Heiligtümer, die die späthellenistischen Könige der Kommagene errichtet haben, sind in ihrer Typologie recht vielfältig. Eng miteinander zu verbinden sind die Grabheiligtümer auf dem Karakuş und in Sesönk. Beide sind jünger als jenes auf dem Nemrud Dağı und in ihrer Architektur von diesem insofern abhängig, als auch bei ihnen das Grab resp. die Gräber durch einen Mantel aus aufgeschütteten Steinen geschützt werden.

Die drei großen *Hierothesia*, die Antiochos I. um die Mitte des 1. Jahrhunderts v. Chr. für sich und seine Vorfahren eingerichtet hat, stehen dagegen jeweils isoliert. Dasjenige, das er für seine königlichen Vorfahren in Arsameia am Euphrat im Heiligtum der Argandene hat errichten lassen, ist am wenigsten gut erforscht[1]. Auffällig ist ein großes Felsrelief, auf dem Samos II. (ca. 130 - ca. 100 v. Chr.), der Großvater des Antiochos, in kommagenischer Tracht mit einer spitz zulaufenden Mütze auf dem Kopf abgebildet ist. Dieses Monument legt nahe, daß die Stätte in besonderem Maße dem Andenken des Samos galt. Die Darstellung des Verstorbenen auf einem Felsrelief findet in den anderen Heiligtümern keine Parallele.

Das Heiligtum, das Mithradates I. Kallinikos (ca. 100 - ca. 70 v. Chr.) als Grabstätte für sich selbst in Arsameia am Nymphaios geweiht hatte und das sein Sohn Antiochos I. später ausstatten ließ, erschloß sich, soweit wir dies heute erkennen können, über einen steilen Zugang, der nacheinander drei Sockelanlagen mit Reliefschmuck passierte[2]. Auf der Höhe lassen Architekturreste Bauten vermuten, deren Rekonstruktion aber, zumindest

---

[1] H. Waldmann, Die kommagenischen Kultreformen unter König Mithradates I. Kallinikos und seinem Sohne Antiochos I. Études préliminaires aux religions orientales dans l'empire romain 34 (Leiden 1973) 123-141 Taf. XXXII-XXXVI.

[2] F. K. Dörner / Th. Goell, Die Ausgrabungen im Hierothesion des Mithradates Kallinikos von 1953-1956, Arsameia am Nymphaios. Istanbuler Forschungen 23 (Berlin 1963) 100ff.; W. Hoepfner, Das Hierothesion des Königs Mithradates I. Kallinikos nach den Ausgrabungen von 1963 bis 1967, Arsameia am Nymphaios II. Istanbuler Forschungen 33 (Tübingen 1983) 52ff.

soweit es die repräsentativen Teile und eine etwaige Grabanlage betrifft, weitgehend hypothetisch bleibt[3]. Erwähnenswert, da für die Ambitionen des Antiochos I. bezeichnend, ist das Faktum, daß in Arsameia am Nymphaios, wo innerhalb eines großen Heiligtumskomplexes das Grab seines Vaters zu finden gewesen sein muß, bisher keine gesicherte Darstellung des Mithradates I. zutagegekommen ist[4]. Antiochos hat die Anlage offensichtlich ganz oder zumindest weitgehend für eigene Zwecke okkupiert.

Immerhin wäre, sollte sich das Grab auf der Höhe befunden haben, in dieser Hinsicht eine gewisse Ähnlichkeit zu jenem Heiligtum zu konstatieren, das Antiochos I. als Grabstätte für sich selbst auf einem der höchsten Gipfel des Antitaurus hat errichten lassen (Abb. 1). Allerdings führt das Nemrud Dağı-Sanctuarium doch in eine ganz andere Dimension: Errichtet in 2100 m Höhe, erforderte schon die Bestellung der Arbeitskräfte und deren Verpflegung einen Aufwand, der die Entscheidung für diesen Platz keineswegs als willkürlich erscheinen läßt. Man wird ferner deshalb besondere Motive für die Wahl unterstellen, da das Erreichen der Stätte auch für Kultteilnehmer strapaziös war, und Besucher waren, wie die Inschriften kundgeben, durchaus erwünscht[5]. Schließlich war die Anlage während der Hälfte des Jahres durch die Schneemassen kaum erreichbar und sicher nicht funktionsfähig. Es ist also die Frage naheliegend, was Antiochos I. bewogen hat, dennoch den Gipfel des Nemrud Dağı für die Anlage zu bestimmen.

Dabei kann der Hinweis auf die Besonderheit des Platzes und auf die symbolische Bedeutung eines Herrschergrabes in dieser Höhe allein nicht genügen, um zu erklären, warum man so große organisatorische Mühen auf sich nahm und das Heiligtum an einen Ort verlegte, der der intendierten Propagandawirkung so wenig entgegenkam.

Man darf auch nur bedingt mit der lokalen Tradition argumentieren, wie dies Th. Goell getan hat. Sie wies darauf hin, daß sowohl der Ort des Heiligtums in Arsameia am Nymphaios als auch jener auf dem Nemrud

---

[3] Hoepfner a.O. (Anm. 2) 56f. Abb. 27.

[4] Die Argumentation von F. K. Dörner, Mithras in Kommagene, Acta Iranica 17 (1978) 130, der das Relief Aq Mithradates I. zuweisen wollte, ist nicht zwingend. Vgl. allerdings die Inschrift A 101 ff.

[5] Der Nemrud Dağı war eingebunden in ein Netz von Heiligtümern, das es landesweit jedem Bewohner ermöglichen sollte, an den Kultfeierlichkeiten teilzunehmen (vgl. E. Kornemann, Zur Geschichte der antiken Herrscherkulte. Klio 1 [1902] 91). Daß die Ausstattung mit Blick auf potentielle Besucher als Adressaten geplant wurde, daran läßt auch die große Inschrift (N 93-99) keinen Zweifel: „Doch die Volksmenge des Reiches teilte ich für die Versammlungen, Festzusammenkünfte und Opferfeiern nach Dörfern und Städten ein und bestimmte, die Feiern an den zunächst gelegenen Kultplätzen zu begehen, so wie sie für einen jeden in der Nachbarschaft am günstigsten zu erreichen sind" (Waldmann a.O. [Anm. 1] 73).

Dağı schon zuvor heilig waren[6]. Während aber für Arsameia bronzezeitliche Keramik zumindest eine ältere Besiedlungsphase belegt, ist dies auf dem Nemrud Dağı nicht der Fall. Denn die für eine frühere Nutzung immer wieder bemühten Stelen, die in Zweitverwendung als Bodenplatten oder Altardecksteine dienten[7], dürften wohl kaum älter sein als Antiochos I., also lediglich auf eine andere Planungsphase des Heiligtums zurückgehen. Daß Antiochos die Bergspitze noch unbebaut vorfand, scheint der große Inschrifttext denn auch deutlich zu sagen[8]. Andererseits heißt der Platz an eben jener Stelle tatsächlich „heilig", war also wohl schon zuvor ein Götterort, was wiederum von Arsameia am Nymphaios nicht gesagt wird.

Bei der Frage nach dem Grund für die Wahl des Nemrud Dağı-Gipfels als Platz für das Heiligtum ist daran zu erinnern, daß Antiochos I. die religiösen Vorstellungen, die er entwickelt, ausdrücklich als „griechisch" und als „persisch" bezeichnet[9]. Die Verbindung griechischer und persischer Elemente ist Kern eines religionspolitischen Programms, das er bald nach Beginn seiner Regierung entworfen und im Laufe der Jahre weiterentwickelt hat. Es darf als gesichert gelten, daß der König zuvor einem rein griechischen Götterhimmel huldigte. Dies läßt sich erschließen aus dem Text der Stele von Sofraz Köy, dem ältesten aus seiner Regierungszeit erhaltenen Denkmal. Hier wendet er sich namentlich an Apollon Epekoos und Artemis Diktynna[10]. Erst später ergänzt Antiochos das griechische

---

[6] Th. Goell *in*: D. H. Sanders, Nemrud Dağı - The *Hierothesion* of Antiochos I of Commagene (Winona Lake 1996) 141.

[7] D. H. Sanders *in*: Sanders a.O. (Anm. 6) 152 und F. K. Dörner ibid. 254 Fig. 327.

[8] N 49-53: ...., ἀλλὰ καὶ
δαιμόνων ἐπιφανῶν θεῖος τύπος ἐν
ἁγίωι λόφωι καθοσιωθεὶς μηδὲ τόν-
δε τὸν τόπον ὀρφανὸν ἐ-
μῆς εὐσεβείας ἔχῃ μάρτυρα
– „...; damit aber auch das göttliche Abbild der in Erscheinung tretenden Götter, das auf heiligem Hügel geweiht wurde, diesen Ort, nun nicht mehr verlassen, zum Zeugen meiner Frömmigkeit habe."

[9] N 27-31: ...., μορφῆς μὲν ἰκόνας παντοίαι τέχνηι, κα-
θ'ἃ παλαιὸς λόγος Περσῶν τε καὶ
Ἑλλήνων - ἐμοῦ γένους εὐτυχεσ-
τάτη ῥίζα - παραδέδωκε, ...

„Abbilder ihrer (*scil.* der Götter) Gestalt in jedweder Kunst, wie es alte Kunde von Persern und Griechen - die höchst glückliche Wurzel meines Geschlechtes - überliefert, ..."

[10] J. Wagner / G. Petzl, Eine neue Temenos-Stele des Königs Antiochos I. von Kommagene. Zeitschrift für Papyrologie und Epigraphik 20 (1976) 209ff. Auch K. Humann / O. Puchstein, Reisen in Kleinasien und Syrien (Berlin 1890) 340f.,

Pantheon durch orientalische Pendants, wobei nun nicht mehr Artemis, sondern Zeus und Herakles das Privileg genießen, neben Apollon dargestellt zu werden (Abb. 2). Die in den Namenskombinationen Zeus-Oromasdes, Apollon-Mithras-Helios-Hermes, Artagnes-Herakles-Ares vorgezeichnete Verbindung von „griechischen" und „persischen" Elementen prägt das Programm insgesamt.

So wird die synkretistische Verschmelzung an den Göttergestalten auch äußerlich sichtbar. Zwar waren den Persern womöglich auch schon zur frühen Achämenidenzeit Kultbilder nicht fremd[11], doch ist die Ikonographie der Gesichter griechisch. Die Bärtigkeit von Zeus-Oromasdes (Abb. 3) und Artagnes-Herakles-Ares, die Unbärtigkeit des Apollon-Mithras-Helios-Hermes und dessen Jugendlichkeit im Gegensatz zum höheren Alter der beiden anderen Götter sind auf griechische Vorbilder zurückführen. Das gleiche gilt für den Stil der Ausführung, was besonders in der klassizistischen Glättung der Züge des Apollon-Mithras-Helios-Hermes sichtbar wird.

Andererseits ist die Gewandung der Sitzfiguren orientalisch; sie tragen Stiefel, Hosen, Ärmelblusen und Mäntel (Abb. 2). Wegen der summarischen Ausführung der Körperkleidung ist die orientalische Herkunft der Kostüme am leichtesten an den Kopfbedeckungen, den Tiaren, zu überprüfen.

Eine ähnliche Balance suchte Antiochos, indem er an den Terrassenrändern seine Vorfahren väterlicher- und mütterlicherseits einander gegenüberstellte. Denn er stammte einerseits aus dem persischen Achämenidenhaus, andererseits von einer Seleukidenprinzessin ab. Beide Ahnenreihen konnte er mit einem besonders repräsentativen Vertreter beginnen lassen: Im Falle der väterlichen Vorfahren stand der Achämenidenherrscher Dareios I. am Anfang, im Falle der mütterlichen Alexander der Große, auch wenn dieser nur einer vom seleukidischen Hof fingierten Genealogie zufolge hier einzuordnen war[12].

Eine ausgeglichene Gewichtung scheint auch auf anderer Ebene gesucht worden zu sein. So dürfte der repräsentative Verweis auf die Ahnen und vor allem ihre Darstellung im Bild für griechisches Verständnis unproblematisch gewesen sein; von ferne mag sich eine Assoziation mit hellenistischen Familiengruppen eingestellt haben[13]. Andererseits scheinen ihre Darstellung

---

gingen bereits davon aus, daß der gedankliche Ausgangspunkt des Programms in griechischen Vorstellungen wurzele.

[11] B. Jacobs, Kultbilder und Gottesvorstellung bei den Persern - Zu Herodot, Historiae 1, 131, und Clemens Alexandrinus, Protrepticus 5, 65, 3. Achaemenid History (im Druck).

[12] M. Rostovtzeff, Πρόγονοι. The Journal of Hellenic Studies 55 (1935) 63ff.

[13] Vgl. zu diesen Gruppen B. Hintzen-Bohlen, Die Familiengruppe - Ein Mittel zur Selbstdarstellung hellenistischer Herrscher. Jahrbuch des Deutschen Archäologischen Instituts 105 (1990) 129-154.

auf Reliefs - die hellenistischen Familiengruppen bestanden aus rundplastischen Figuren -, ihre große Zahl und die Tatsache, daß man ihnen auf jeweils eigenen Altären individuelle Opfer bringen konnte, noch andere Auffassungen zu berücksichtigen[14]. Diese allerdings sind zur Zeit noch nicht hinreichend faßbar.

Das gesamte Ausstattungsprogramm ist in den kompositen Göttergestalten und in der Form ihrer Präsentation, in der antithetischen Anordnung der Ahnenreihen und in der Eigendarstellung des Antiochos als junger, in hellenistischer Tradition vergöttlichter König in orientalischem Gewand (Abb. 2. 4) nicht nur durch eine konsequente Gegenüberstellung der heterogenen Elemente geprägt, sondern bemüht sich auch mit ausgesuchter Sensibilität um ihre Harmonisierung. So war die Sprache der Inschriften und sicher auch bei den Feierlichkeiten zwar griechisch, die Priester aber trugen persische Gewänder[15]. Dies alles findet seine einleuchtendste Erklärung darin, daß die genannten Rücksichtnahmen auf die Besucher des Heiligtums zielten, die vermutlich in zwei besonders repräsentativen Gruppen, der alteingesessenen iranischen Oberschicht und den Nachkommen der makedonischen Eroberer, angesprochen werden sollten. Zwar bedarf es hier noch sorgfältiger, insbesondere onomastischer, Detailuntersuchungen, um dies zu belegen, aber die Vermutung, daß sich Antiochos bemühte, zum Beispiel durch die besondere Art der Präsentation der Vorfahren auf Kultreliefs den orientalischen Betrachter und sein Verständnis vom Ahnenkult zu berücksichtigen, drängt sich auf.

Suchte man eine derartige Balance auch bei der Wahl des Kultplatzes auf einer Bergspitze? Konnte die Lokalität eines Berggipfels für Iraner wie Makedonen in gleicher Weise akzeptabel sein? Inwiefern knüpfte Antiochos I. hier bewußt an die eine oder die andere Tradition an, oder erschlossen sich für beide Seiten womöglich unterschiedliche Verständnisebenen?

K. Humann und O. Puchstein wollten die Wahl einer Bergspitze für den Kultplatz nicht mit orientalischen Vorstellungen verbinden, betrachteten sie doch die persischen Elemente im Ausstattungsprogramm des Antiochos und im Ritual als Zutaten von „sehr äußerlicher Art", die den griechischen Kern der Auffassungen nicht berührten[16]. Die Implikationen, die mit der Bestimmung als Kultplatz verbunden sind, sind jedoch keinesfalls als Äußerlichkeit zu betrachten.

In der Tat ist der Nachweis eines orientalischen Bezuges nicht einfach. Denn im Gegensatz zu den griechischen Elementen im Programm des

---

[14] In diesem Sinne äußerte sich bereits Fr. Krüger, Orient und Hellas in den Denkmälern und Inschriften des Königs Antiochos I. von Kommagene (Diss. Greifswald 1937) 34f.

[15] N 72: ... ἐσθῆσι Περσικῶι γένει ... Vgl. auch Krüger a.O. (Anm. 14) 27. 30.

[16] Humann / Puchstein a.O. (Anm. 10) 340.

Antiochos, die in lebendiger hellenistischer Tradition standen, war eine unmittelbare Anknüpfung an die Achämeniden nicht möglich, da diese vor knapp 300 Jahren von der politischen Bühne abgetreten waren.

Was persisch war oder Antiochos und seinen Zeitgenossen als persisch galt, jener παλαιὸς λόγος, wie es Antiochos selbst nennt, mag z.T. schriftlichen Überlieferungen entnommen worden sein oder bestand aus Bräuchen, Riten und religiösen Überzeugungen, von denen man glaubte, daß sie aus alter Zeit tradiert worden seien, allerdings ohne sich Rechenschaft darüber abzulegen oder nachvollziehen zu können, inwiefern jene sich verändert hatten. Das Fortleben derartiger Traditionen ist für uns nur erschließbar, wenn die zeitgenössischen Praktiken eindeutig als Derivate altpersischer Bräuche wiedererkennbar sind.

Betrachtet man die Wahl der Bergspitze als Ort für das Heiligtum unter diesen Vorzeichen, ist folgendes zu berücksichtigen: Auf dem Nemrud Dağı ist Zeus-Oromasdes eine Vorzugsstellung eingeräumt worden. In der Sitzgruppe der Kolossalstatuen, die einst die Ost- und die Westterrasse überblickten, ist er durch seine Größe hervorgehoben (Abb. 2). Außerdem thront er in der Mitte und wird von den anderen Göttern, der Allnährenden Kommagene und Antiochos I. selbst zur Linken und Apollon-Mithras und Artagnes-Herakles zur Rechten, flankiert[17].

Ähnlich exponiert ist Zeus-Oromasdes auf den sogenannten Dexiosis-Reliefs. Auf ihnen reicht Antiochos denselben Göttern, die mit ihm die Throne teilen, die Hand. Während aber Apollon-Mithras-Helios-Hermes, Artagnes-Herakles-Ares und die Landesgöttin Kommagene bei der Begrüßung stehen, ist Zeus-Oromasdes als einziger sitzend dargestellt (Abb. 5)[18].

Eine solche Sonderstellung hatte Zeus auch auf dem Olymp, wo er als Oberhaupt seiner göttlichen Mitbewohner gedacht war. Für einen Griechen war die Konstellation, die er auf dem Nemrud Dağı vorfand, also einleuchtend, repräsentierte gewissermaßen einen „kommagenischen Olymp". Wie eine Bestätigung klingt eine Formulierung in der großen Kultinschrift, wo der Berggipfel als κοινὸν ... θεῶν ἐνθρόνισμα (N 45), als „gemeinsamer Thronsitz der Götter", bezeichnet wird.

Auch im Alten Iran galten Berge als heilige Orte, wie z.B. der Bīsutūn-Felsen in Kurdistān belegen kann (Abb. 8). Griechisch ist der Name Bīsutūn als Βαγίστανον (ὄρος)[19] - aus ap. *Bagastāna- = „Götterort" - überliefert. Der Name weist den Platz als eine alte Wohnstätte von Göttern aus[20]. Dies

---

[17] F. K. Dörner / J. H. Young *in*: Sanders a.O. (Anm. 6) 182ff. Fig. 87ff. 155ff.

[18] Dörner / Young *in*: Sanders a.O. (Anm. 6) 232ff. Fig. 271ff.

[19] Diod. II 13, 1.

[20] R. Schmitt, The Bisutun Inscription of Darius the Great - Old Persian Text. Corpus Inscriptionum Iranicarum - Part I Vol. I Texts I (London 1991) 17.

und ihre Lage an einer häufig benutzten Straße, die hier eine Quelle passierte, bedingten gemeinsam die Attraktivität des Platzes, die offenbar bis in die Spätzeit des Alten Orients nicht nachgelassen hat. Dareios I. ließ an einer Steilwand das berühmte Denkmal anbringen, das von seinen Kämpfen um die Erringung der Herrschaft in Persien und der Konsolidierung des Reiches in Wort und Bild berichtete[21]. Später, in der Seleukidenzeit, genau im Jahre 148 v. Chr., entstand hier das Bild des ruhenden Herakles[22]. In parthischer Zeit wurden ferner die Felsreliefs zweier Fürsten angebracht, und nicht weit entfernt befindet sich der Felsblock vom sog. Partherhang, der in dieselbe Epoche gehört[23]. Aus sasanidischer Zeit schließlich dürfte die gewaltige Felsglättung über der Farhad-Terrasse stammen. Ob sie einst reliefiert werden sollte, ist allerdings ungewiß[24].

Mit der Lokalisierung des Heiligtums auf dem Nemrud Dağı-Gipfel sind jedoch konkretere Vorgaben gemacht, als sie die Feststellung, daß der Berg gewissermaßen ein *kommagenischer Olymp* oder ein *kommagenisches* Βαγίστανον (ὄρος) sei, zum Ausdruck bringt.

Wie Zeus gegenüber Apollon-Helios und Herakles ist sein Pendant Oromasdes durch die besondere Größe des Kultbildes, seinen Platz im Zentrum der Götterstatuen etc. gegenüber Mithras und Artagnes ausgezeichnet. Außerdem trägt der Gott auf seinem Dexiosis-Relief dieselbe Tiara wie die Achämenidenherrscher auf den Ahnenreliefs (Abb. 5. 7)[25], ist damit gewissermaßen als persischer Götterkönig definiert und wiederum herausgehoben. Dies entspricht der Rolle, die Auramazdā- im 6.-4. Jahrhundert v. Chr. spielte: Vašnā Auramazdāha[26], „durch die Gunst des Auramazdā-", ist, wie die Achämenidenherrscher seit Dareios I. immer wieder bezeugen, die Garantie für ihr Königtum und eine erfolgreiche Regentschaft gegeben. So ist die Annahme verlockend, daß die Lokalisierung eines in besonderem Maße Oromasdes zugedachten Kultplatzes auf dem Nemrud Dağı an den iranischen Brauch anknüpfte, diesen auf Berggipfeln zu ehren. Herodot berichtet nämlich (Hdt. I 131):

---

[21] H. Luschey, Studien zu dem Darius-Relief in Bisutun. Archaeologische Mitteilungen aus Iran - Neue Folge 1 (1968) 66f. Taf. 25ff.

[22] H. Luschey, Die seleukidische Heraklesfigur *in*: W. Kleiss / P. Calmeyer edid. Bisutun - Ausgrabungen und Forschungen in den Jahren 1963-1967. Teheraner Forschungen VII (Berlin 1996) 59-60 Taf. 8.

[23] H. v. Gall, Die parthischen Felsreliefs unterhalb des Dariusmonumentes *in*: Kleiss / Calmeyer a.O. (Anm. 22) 61-71 Taf. 13-14; ders., Der grosse Felsblock am sog. Partherhang *in*: Kleiss / Calmeyer a.O. (Anm. 22) 85-88 Taf. 9-12.

[24] Luschey, Die Felsabarbeitung des Farhad („Tarrash-e Farhad") *in*: Kleiss / Calmeyer a.O. (Anm. 22) 117-120 Taf. 22-23.

[25] Sanders a.O. (Anm. 6) Fig. 281. 289 und Fig. 334-336. 383-384. 387. 390.

[26] Siehe den Stellennachweis bei R. G. Kent, Old Persian - Grammar Texts Lexicon. American Oriental Series 33 (New Haven 1953) 207 f.

„*Sie* (scil. *die Perser*) *pflegen, Zeus auf den Gipfeln der Berge Opfer darzubringen, wobei sie das ganze Himmelsrund Zeus nennen. Sie opfern aber der Sonne und dem Mond, der Erde, dem Feuer, dem Wasser und den Winden*"[27]. Zeus ist in diesem Falle gewiß *interpretatio Graeca* für Auramazdā-. Leider steht die Stelle bei Herodot in einem problematischen Kontext[28], so daß ihr Zeugnis, isoliert betrachtet, kaum geeignet erscheint, die inhaltlich so bedeutsame Bezugnahme bei der Ortswahl für das Heiligtum zu belegen[29]. Dazu müßten weitere Anknüpfungen an „Achämenidisches" von vergleichbarem Gewicht nachgewiesen werden.

Solche scheinen bei zwei Termini in der großen Kultinschrift des Antiochos tatsächlich vorzuliegen, nämlich bei Βασιλικοὶ Δαίμονες = „Königliche Dämonen" (N 116) und bei Πατρῶοι ... Θεοί = „Vätergötter" (N 224 f.)[30].

Schon Herodot bezeugt für das 5. Jh. v. Chr. βασίλητος = „königlich" (III 65; V 106) als Götterepitheton und läßt den Milesier Histiaios vor dem König bei diesen Königlichen Göttern schwören.

Dieselbe Terminologie findet sich auch bei Historikern der römischen Kaiserzeit, die über die Achämenidengeschichte berichten[31]. Insbesondere von Dareios III. und seinem Gegenspieler Bessos wird immer wieder gemeldet, daß sie die Väterlichen oder Königlichen Götter anriefen und bei ihnen Eide leisteten. So wendet sich Dareios III. bei Plutarch an Ζεὺς Πατρῷος und die Βασίλειοι Θεοί = den „Zeus der Väter" und die „Königsgötter" als Vermittler im Streit mit Alexander dem Großen[32]. Curtius Rufus läßt Dareios III. wiederholt die Götter der Väter um Beistand gegen Alexander anrufen, und Bessos beeidet bei ihnen seine Loyalität gegenüber dem König[33]. Bei Curtius finden wir mit Dei Patrii das exakte lateinische Äquivalent zu den Πατρῷοι Θεοί des Antiochos.

---

[27] Hdt. I 131: Οἱ δὲ νομίζουσι Διὶ μὲν ἐπὶ τὰ ὑψηλότητα τῶν ὀρέων ἀναβαίνοντες θυσίας ἔρδειν, τὸν κύκλον πάντα τοῦ οὐρανοῦ Δία καλέοντες. Θύουσι δὲ ἡλίῳ τε καὶ σελήνῃ καὶ γῇ καὶ πυρὶ καὶ ὕδατι καὶ ἀνέμοισι. Schon Krüger a.O. (Anm. 14) 24, deutete die Wahl des Kultplatzes auf dem Nemrud Dağı im Sinne dieser Stelle.

[28] Jacobs a.O. (Anm. 11).

[29] Schon Humann / Puchstein a.O. (Anm. 10) 340f. äußerten Vorbehalte, die Wahl des Gipfels als Ort des Heiligtums ohne weiteres mit der altiranischen Auramazdā- – Verehrung in Verbindung zu bringen, da auch Zeus-Heiligtümer auf Berggipfeln eingerichtet worden seien, und verwiesen in diesem Zusammenhang auf den Kult des Zeus Stratios in Kappadokien, den Appian, Mithr. 66, erwähnt: ...ἔθυε τῷ στρατίῳ Διὶ πάτριον θυσίαν ἐπὶ ὄρους ὑψηλοῦ, ... (dazu siehe unten).

[30] Diese Parallelen haben bereits Humann / Puchstein a.O. (Anm. 10) 341, gezogen.

[31] W. Nagel / B. Jacobs, Königsgötter und Sonnengottheit bei altiranischen Dynastien. Iranica Antiqua 24 (1989) 337-389.

[32] Plut., Mor. 338 F.

[33] Curtius Rufus IV 10,34; IV 14,24; V 12,3; VII 4,1.

In nächste Nähe des vorliegenden Sinnzusammenhangs gelangen wir schließlich mit einer Notiz wiederum bei Plutarch (Alex. XXX 12), derzufolge Dareios III. die Θεοὶ Γενέθλιοι καὶ Βασίλειοι angerufen habe. Das Adjektiv γενέθλιος verweist mit aller wünschenswerten Deutlichkeit in den Bereich der Ahnenverehrung und erweist, daß jene Götter vergöttlichte Vorfahren sind. Die enge Verquickung mit dem Wort βασίλειος belegt darüber hinaus die Berechtigung, jene „Königsgötter" analog zu interpretieren. Antiochos beschwor also in der großen Kultinschrift Vorstellungen, die bei Autoren der römischen Kaiserzeit wie Plutarch und Curtius Rufus, also mehr als ein Jahrhundert später, noch als persisch galten.

Zu diesen mag auch die Auffassung gehört haben, daß die Seele des Verstorbenen zu den „himmlischen Thronen" auffuhr. In der großen Kultinschrift nämlich sagt Antiochos über seine eigene Jenseitserwartung (N 36-44):

„Als ich beschlossen hatte, das Fundament dieses für das Wirken der Zeit unangreifbaren Grabheiligtums in nächster Nähe der himmlischen Throne zu legen, in dem die bis ins Greisenalter wohlerhaltene Hülle meines Körpers, nachdem er die gottgeliebte Seele zu den himmlischen Thronen des Zeus-Oromasdes entsandt hatte, bis in alle Ewigkeit ruhe, ..."[34]

---

[34] Ἐπεὶ δὲ ἱεροθεσίου τοῦδε κρη-
πεῖδα ἀπόρθητον χρόνου λύμαις
οὐρανίων ἄγχιστα θρόνων κατασ-
τήσασθαι προενοήθην, ἐν ὧι μα-
κάριστον ἄχρι [γ]ήρως ὑπάρξαν σῶμα
μορφῆς ἐμῆς πρὸς οὐρανίους Διὸς
Ὠρομάσδου θρόνους θεοφιλῆ ψυχὴν
προπέμψαν εἰ τὸν ἄπειρον αἰῶνα κοι-
μήσεται.

Der Begriff „himmlische Throne", οὐράνιοι θρόνοι, kommt in diesem Passus zweimal gleichlautend vor, erfordert folglich in beiden Fällen die gleiche Interpretation. Im ersten Fall ist von der Lokalisierung des Heiligtums οὐρανίων ἄγχιστα θρόνων die Rede, „in nächster Nähe der himmlischen Throne". Hier ließe die Formulierung die Möglichkeit offen, den Nemrud Daği selbst als οὐράνιοι θρόνοι zu verstehen, - sein Gipfel würde somit zum Göttersitz. Die Gruppen der Sitzstatuen wären gleichsam Illustration dieses Textverständnisses.

Doch der Kontext der zweiten Stelle schließt diese Interpretation aus. Dort nämlich heißt es, daß die gottgeliebte Seele des Königs zu den οὐράνιοι θρόνοι des Zeus-Oromasdes auffahren werde, während der Leib im Grab auf dem Berggipfel zurückbleibe. Somit wird der Ort des Heiligtums ausdrücklich von jenen himmlischen Thronen geschieden. Da sie aber sehr nahe sind (ἄγχιστα), können jene Throne nur den Himmel meinen.

Gleichen Inhalts ist auch folgende Formulierung in der großen Kultinschrift von Arsameia am Nymphaios (A 34-35): ...ψυχῆς φύσιν ἄφθαρτον
εἰς ἀίδιον μακάρων οἶκον ἀνήγαγεν.

„Er (Mithradates I.) hat die unvergängliche Natur seiner Seele in das ewige Haus der Seligen hinaufgeführt."

Sehr bekannt ist nun eine Stelle im Awesta, wo eine engstens vergleichbare Wendung begegnet. Hier heißt es Vīdēvdāt 19, 32: „Befriedigt gehen die Seelen der Ašagläubigen hin zu des Ahura- Mazdah-, zu der Aməšā Spənta aus Gold gefertigten Thronsitzen (gātauwō), zu dem Haus des Lobs, ..." (Übers. Wolff) Zu den oben beschriebenen, im wesentlichen chronologischen Problemen der Verknüpfung mit altiranischer Tradition tritt hier allerdings noch der chorologische Aspekt hinzu. Denn es ist nicht statthaft, für die Interpretation des Nemrud Daǧı-Heiligtums ohne weiteres awestische, also ostiranische, Texte heranzuziehen, wie dies namentlich H. Waldmann getan hat[35]. Zudem gibt es in der ganzen Kommagene keinerlei Hinweise auf Kult in zoroastrischem Geist[36].

Daß jener Vorstellung von himmlischen Thronen im Iran ein langes Leben beschieden war, darauf hat H. Schmeja hingewiesen. Denn noch in der Inschrift des Magiers Kartīr an der Kaʿaba-i Zarduŝt, also im fortgeschrittenen 3. Jh. n. Chr., ist sie belegt[37], allerdings wiederum in zoroastrischem, d.h. ostiranisch orientiertem, Kontext. Die „himmlischen Throne" der Inschrift können mit diesen Belegen nur dann in Beziehung gesetzt werden, wenn jene Vorstellung auch in nicht-zoroastrischem Kontext belegt ist, was bedeuten würde, daß sie gemein-iranisch war.

Darauf scheint eine Formulierung in der Inschrift f des Xerxes in Persepolis hinzudeuten, auf die wiederum Schmeja aufmerksam gemacht hat (XPf 32-34): Dort ist vom Tod des Dareios in einer schwer interpretierbaren Formulierung die Rede. In ihr, die, so Schmeja, den Begriff *sterben* umschreibt, findet sich wiederum das Wort für „Thron": gatu-[38].

---

[35] H. Waldmann, Der kommagenische Mazdaismus. Istanbuler Mitteilungen - Beiheft 37 (Tübingen 1991).

[36] B. Jacobs, Bonner Jahrbücher 192 (1992) 618-622.

[37] ō bayān gāh šud - „Zum Thron der Götter ging er ein". H. Schmeja, „Ging ein zum Throne der Götter". Acta Iranica 22 (1982) 185-188. Siehe auch M. Back, Die sassanidischen Staatsinschriften. Acta Iranica 18 (Leiden 1978) 393. 400. 406; Ph. Gignoux, Les quatre inscriptions du mage Kirdīr. Studia Iranica - Cahier 9 (Paris 1991) 55ff. 67f.

[38] yaθāmaiy pitā Dārayavauš gāṯavā ašiyava - „Als mein Vater Dareios in die (ihm) gebührende Stätte eingegangen war." gāṯavā, der Lokativ, bezeichnet hier, so Schmeja, das erreichte Ziel (a.O. [Anm. 37] 186f.). In Anbetracht der Verknüpfung mit dem auf dem Nemrud Daǧı überlieferten πρὸς οὐρανίους Διὸς Ὠρομάσδου θρόνους wäre für das altpersische gāṯavā in XPf vielleicht nach einer prägnanteren Übersetzung zu suchen. Aus dem gleichen Grunde wäre die Übersetzung „Thron der Götter" für bayān gāh, wie sie Schmeja vorschlug (s.o. Anm. 37), einem „(allotted) place of the lords (i.e. the kings)", so P. O. Skjærvø, Thematic and Linguistic Parallels in the Achaemenian and Sassanian Inscriptions. Acta Iranica 25 (1985) 602, vorzuziehen; vgl. ibid. Anm. 10: „Of course, the possibility that *bayān gāh* means 'the place of the gods' cannot be excluded."

Wenn also die Idee vom Auffahren der Seele des Verstorbenen zu den „himmlischen Thronen" und die Terminologie, die im Zusammenhang mit dem Ahnenkult Verwendung findet, die Bezugnahme auf gemein-iranische religiöse Vorstellungen belegen, so kann dies auch für die Wahl eines Berggipfels zur Stätte eines *Hierothesions* gelten.

Konsequent mußte aber in einem solchen Gipfelheiligtum Oromasdes, der iranische Zeus, die Hauptrolle spielen. Umgekehrt trat, wer auch immer auf dem Gipfel verehrt wurde, in eine oromasdesgleiche Position; dies mag für Antiochos ein reizvoller Aspekt und vielleicht das entscheidende Kriterium für die Ortswahl gewesen sein, denn immerhin handelte es sich hier um seine zukünftige Grabstätte. Dadurch war er nicht nur Kultgenosse des Zeus, sondern in gewisser Weise Herr des Heiligtums und verschränkte die Position des Götterkönigs geschickt mit seiner eigenen.

Daß Antiochos derartige Assoziationen suchte und förderte, klingt auch in der Ikonographie der Skulpturenausstattung vereinzelt an, etwa wenn Blitzbündel, ein Attribut des Zeus, mit Flügeln versehen, die Fibeln seines Mantels, den Halsschmuck und bisweilen auch seine Königsmütze, die Kitaris, und das Diadem schmücken (Abb. 6). In der Gruppe der Sitzstatuen trägt Antiochos gleichfalls wie Zeus-Oromasdes ein blitzbündelgeschmücktes Didadem (Abb. 3. 4). So hält Antiochos selbst Einzug auf dem Gipfel des Berges und gleicht sich Zeus-Oromasdes an.

Daß über die Oromasdes-Verehrung auf Berggipfeln παλαιὸς λόγος umging, belegt ein Passus bei Strabo. Dieser lebte etwa von 63 v. bis 19 n. Chr. und hatte auf Grund seiner Lebensdaten und seiner Herkunft aus Sinope ein dem des Antiochos I. engstens vergleichbares kulturhistorisches Umfeld. Gerade er berichtet - sicher nicht unabhängig von Herodot: „*Die Perser ... opfern jedoch auf einem erhöhten Platz, weil sie den Himmel für Zeus halten;...*"[39]. Schließlich bezeugt der Bericht des Appian über ein Opfer, das Mithradates Eupator im Jahre 82 v. Chr. nach dem Sieg über Murena dem Zeus Stratios auf einem hohen Berg Kappadokiens brachte, daß man sich auch dort in achämenidischer Tradition glaubte. Denn das Ritual, insbesondere aber die Opfergaben, werden ausdrücklich mit den einst in Pasargadae geübten Bräuchen in Beziehung gesetzt[40].

Für die Griechen mag sich mit dem Nemrud Daği-Heiligtum als κοινὸν ... θεῶν ἐνθρόνισμα die allgemeine Vorstellung eines Götterberges verbunden haben: der Nemrud Daği als kommagenischer Olymp. Für die iranische Oberschicht dürfte sich in Anbetracht der Lage assoziativ der

---

[39] Strab. XV 3, 13: Πέρσαι ... θύουσι δ'ἐν ὑψηλῷ τόπῳ, τὸν οὐρανὸν ἡγούμενοι Δία.
[40] Appian, Mithr. 66: ..., οἷόν τι καὶ ἐν Πασαργάδαις ἐστὶ τοῖς Περσῶν βασιλεῦσι θυσίας γένος, ... Die Stelle dürfte also anders zu werten sein, als dies Humann / Puchstein (s.o. Anm. 29) getan haben.

Gedanke an eine Verehrungsstätte ihres höchsten Gottes eingestellt haben, wie er nachweislich noch lebendig war. Diese Assoziation verknüpfte Antiochos mit seiner eigenen Person, indem er den Berggipfel als Stätte seines Grabes und des Königskultes ausbaute, und vermittelte dadurch eine Botschaft, die anderen Besuchern über ikonographische Details und Attribute wie das Blitzbündel nähergebracht werden mußte.

Abb. 1
Der Nemrud Dağı von Nordosten

Abb. 2
Die Statuengruppe auf der Ostterrasse des Heiligtums

Abb. 4
Kopf der Sitzstatue des Antiochos I. (Westterrasse)

Abb. 3
Kopf der Sitzstatue des Zeus-Oromasdes (Ostterrasse)

Bergheiligtum und Heiliger Berg   45

Abb. 6
Oberkörper des Antiochos I. aus der Zeus-Dexiosis (Abb. 5)

Abb. 5
Dexiosis Antiochos' I. mit Zeus-Oromasdes (Westterrasse)

Abb. 7
Kopf vom Ahnenrelief des Xerxes I. auf der Westterrasse

Abb. 8
Der Bīsutūn-Felsen

Abbildungsnachweis:

Abb. 1-8   Photo Jacobs

Petra in Jordanien, Zentrum der Nabatäer

Eine Stadt als „religiöse Landschaft"?

Robert Wenning

Die Themen- und Fragestellung mag Verwunderung erwecken, scheinen sich doch Stadt und Landschaft nach allgemeiner Vorstellung per se als Gegensätze auszuschließen. Es geht dabei nicht einmal um eine Stadt in schöner landschaftlicher Lage oder um eine Stadt, die durch Gärten und Parks, Parkvillen und Wasserspiele landschaftliche Elemente so integriert hat, daß sie dadurch geprägt erscheint, sondern in der Tat um eine Stadt, die uns als Landschaft erscheint, und sogar als eine religiöse Landschaft. Diese Charakteristik möchte ich Petra, dem Zentrum der arabischen Nabatäer, im edomitischen Gebirge im südlichen Jordanien zusprechen.

Für die Begründung dieser These bedarf es der Antwort auf drei Fragen:
1. Ist Petra eine Stadt?
2. Welche Bedeutung besitzt die Landschaft für Petra?
3. Kann diese Landschaft als religiös geprägt empfunden und beschrieben werden?

1. Petra, eine „klassische" und eine „arabische" Stadt

Die erste Frage, ob Petra überhaupt eine Stadt ist, bedarf auch deshalb einer Antwort, weil dies in der Forschung teilweise in Frage gestellt worden ist. Petra galt, weil „zu wenig" urbane Strukturen und „zu viele" Kultstätten vorhanden seien, als Stätte für den Totenkult oder als ein ins Monumentale gesteigertes Heiligtum[1]. Diese Beurteilung scheint mir dem archäologischen Befund nicht gerecht zu werden. Auch bedarf es einer Differenzierung, was

---

[1] A. Negev, The Nabataeans and the Provincia Arabia. ANRW II 8 (Berlin/New York 1977) 590f.; E. A. Knauf, in T. Weber / R. Wenning (Hg.), Petra. Antike Felsstadt zwischen arabischer Tradition und griechischer Norm (Mainz 1997) 20. Da es in diesem Beitrag gerade um visuelle Eindrücke geht, sei dieser Petraband wegen seines reichen Bildmaterials als Begleiter empfohlen. Vgl. jetzt auch den reich bebilderten Band von M. G. Amadasi Guzzo / E. Equini Schneider, Petra (München 1998).

unter Stadt in damaliger Zeit, in jener Region und bei jenen Bewohnern Petras gemeint sein kann.

1.1. Mit der Auflistung der urbanen Monumente und Strukturen Petras, auf die an dieser Stelle nicht ausführlicher eingegangen werden kann, möchte ich begründen, warum ich daran festhalte, daß Petra eine Stadt ist.

W. Bachmann[2] hat aufgezeigt, daß der *Sīq*, jene berühmte Schlucht, die in die Stadt führt, an ihrem Anfang mit einem Straßen- und Stadttor verschlossen werden konnte. Von dieser Anlage sind nur noch die Ansätze des Bogens und die seitlichen Felsnischen erhalten sowie die Podien, die das damalige Niveau anzeigen. Wir wissen überdies durch Ausgrabungen, daß das *Wādī Mūsā* durch einen Damm direkt vor dem *Sīq* nach Norden ins *Wādī Modlem* abgeleitet wurde[3], um Schaden zu verhindern, da bei einsetzendem heftigen Winterregen das *Wādī* zu einem gefährlichen reißenden Fluß werden konnte. Über den Damm und die vorgelegte Brücke führte ein Aufweg zum Stadttor. Wir werden nicht fehlgehen, schon hier den Beginn der Pflasterstraße anzunehmen, die sich durch den gesamten *Sīq* und dann im Talkessel verfolgen läßt[4].

Wo diese Straße aus dem *Sīq* in den Talkessel von Petra herausführt, liegt linkerhand in einen Berghang eingehauen ein großes Theater[5]. Es bot ungefähr 9000 Teilnehmern Platz und entspricht weitgehend dem von Vitruv (5, 6, 1ff.) beschriebenen „Kanon". Wenn demnach die Höhe der *cavea* und die Höhe des Bühnengebäudes übereinstimmen sollen, muß man die obere *praecinctio* wohl als nachträgliche Erweiterung ansehen. Dafür dürften ebenfalls die Unterschiede in der Ausführung und die Abarbeitung von felsgehauenen Grabkammern sprechen.

Petra besaß ein zweites, kleineres Theater, von dem T. Wiegand noch Reste beschrieben hat[6], das heute aber entweder vollständig vom lange Zeit unregulierten *Wādī Mūsā* weggerissen und zerstört oder so zugeschwemmt ist, daß es Grabungen bedürfte, es erneut nachzuweisen. Zwei Theater finden

---

[2] In W. Bachmann / C. Watzinger / T. Wiegand, Petra. WVDTG 3 (Berlin/Leipzig 1921) 4-7; R. Wenning, Die Nabatäer - Denkmäler und Geschichte. NTOA 3 (Freiburg-Schweiz/Göttingen 1987) 209 (Nachweise).

[3] P. J. Parr, RB 74 (1967) 45ff.; Wenning 1987, 207.

[4] Sie wird im *Sīq* (vgl. F. Zayadine, ADAJ 25 [1981] 352) seit 1997 von einem jordanisch-schweizerischen Team von Ingenieuren im Teilstück zwischen dem Eingang und der *Ḫazne* freigelegt.

[5] P. C. Hammond, The Excavation of the Main Theatre at Petra, 1961-1962. Final Report (London 1965); Wenning 1987, 215f.; J. McKenzie, The Architecture of Petra. BAMA 1 (Oxford 1990) 143f.; F. Zayadine in Weber / Wenning 1997, 48-50.

[6] In Bachmann / Watzinger / Wiegand 1921, 32f.

sich auch in anderen Städten der Region, z.B in Gerasa und Gadara; sie dürften unterschiedliche Funktionen gehabt haben[7].

Die Pflasterstraße wird vom großen Theater ungefähr nordwärts geführt haben, bevor sie gegenüber dem kleinen Theater, das auf dem Nordufer des *Wādī* lag, umschwenkt und dem Südufer des *Wādī* nach Westen folgt. Kürzlich sind hier weitere 50 m mit Bürgersteigen und Kanalisation freigelegt worden[8], während über eventuelle seitliche Anbauten derzeit noch nichts ausgesagt werden kann.

Folgt man der Pflasterstraße weiter nach Westen, erreicht man zuerst an der Bachseite ein Nymphäum. Es ist mit keilförmig verstärkter rückwärtiger Fundamentierung gegen das *Wādī* gesetzt. Die spärlichen Fundamentruinen hat T. Wiegand zu einem prachtvollen Bauwerk rekonstruiert. Einer Fassade mit Exedra mit Wasserspeier und vorgeblendeten Säulenstellungen ist ein fast 20 x 4 m großes Becken mit einer Balustrade vorlegt, an das man über Stufen herantreten konnte, um Wasser zu schöpfen[9]. Für eine Stadt mit Wüstenklima war dies mehr als eine willkommene Erquickung.

Ob das gegenüberliegende Gebäude ebenfalls ein Nymphäum war[10], erscheint angesichts der Lage, der Befunde und bisheriger Beschreibungen eher fraglich. Da die Anlage noch nicht näher untersucht worden ist, sollte die Interpretation besser offen bleiben.

Ab dem Nymphäum ist ein jüngeres Teilstück der Pflasterstraße bis zum Temenostor auf 87 m Länge beidseitig von Kolonnaden gesäumt. Der mit der Kolonnade überdachte Bürgersteig besaß rückwärtig Geschäfte und Vorratslager, so daß ich in einem anderen Beitrag hier von der „Einkaufszone Petras" gesprochen habe[11]. Dazu gehört auch der sogenannte Obere Markt, eine Freifläche von rund 65 x 70 m auf einer höheren Terrasse der Südseite. Eine fast 15 m breite Treppe führt von den Kolonnaden zur Terrasse empor[12]. Ob die Benennung als „Markt" zutrifft, bedürfte näherer Untersuchung und der Ausgrabung. Doch macht dieser Vorschlag von T. Wiegand[13] durchaus Sinn. Der sogenannte Untere Markt, eine Freifläche von 65 x 92 m, wird nach jüngsten Untersuchungen als ein riesiger Garten mit Teichanlage mit zentralem Pavillon, ursprünglich als Markttempel

---

[7] J. M. C. Bowsher, Aram 4 (1992) 275-278.

[8] F. Zayadine - S. Farajat, ADAJ 35 (1991) 286-288.

[9] In Bachmann / Watzinger / Wiegand 1921, 34f.

[10] Ders., ebd. 36.

[11] In Weber / Wenning 1997, 58f. Vgl. Wenning 1987, 223f.; McKenzie 1990, 131f.

[12] Im Jahr 1997 untersucht von Z. T. Fiema, ADAJ 42 (1998) 395-424; C. Kanellopoulos, ACOR-NL 10/1 (1998) 1-3; Z. T. Fiema, AW 32/1 (2001) 47-52.

[13] In Bachmann / Watzinger / Wiegand 1921, 37-41. Weniger überzeugend ist seine Annahme des „Mittleren Marktes".

verstanden, angesehen[14]. An den sogenannten Unteren Markt schließen die beiden Terrassen des sogenannten Großen Tempels[15] an.

Auf der dem *Wādī* zugewandten Südseite ist die Befundlage weniger deutlich, da einerseits das *Wādī* große Teil der Bebauung weggerissen hat, andererseits byzantinische Überbauung den älteren Befund nicht mehr erkennen läßt. D. Kirkbride hat hier mehrgeschossige Wohn- oder Geschäftshäuser freigelegt[16]. Auf der Terrasse an der Nordseite des *Wādī Mūsā* liegen offenbar zwei Tempel, der Nordtempel (sogenannte Löwen-Greifen-Tempel)[17] und der sogenannte Palast[18], der ein in spätrömisch-byzantinischer Zeit umgebauter Tempel sein könnte.

Kurz vor dem sogenannten Temenostor[19] liegen die Aufgänge zum Süd- und Nordtempel. Das monumentale Straßen- und Temenostor mit seiner östlichen Schaufassade ist im Süden an das sogenannte Vestibül und im Norden an einen Turm angebaut. Dahinter erstreckt sich das Temenos[20] des *Qasr al-Bint* [21], des Haupttempels von Petra. Die Pflasterung der Kolonnadenstraße wird hier in der Breite des Temenos fortgeführt.

An das sogenannte Vestibül grenzt eine mehrräumige Anlage an, die teils als Bad, teils als Teil des Königspalastes angesprochen worden ist[22]. Sicherheit ist gegenwärtig noch nicht zu gewinnen, da die bisherigen Ausgrabungen nicht hinreichend publiziert sind und für das Gebäude Einsturzgefahr droht, die weitere Untersuchungen erschwert. Da die Dekore dieser Anlage Beziehungen zum Bau EZ IV der neuen schweizerisch-liechtensteinischen Ausgrabungen auf *az-Zantūr*, einer etwas höhergelegenen Kuppe im Zentrum, aufweisen[23], darf man von daher eine Neubewertung erwarten.

---

[14] Seit 1998 ausgegraben von L.-A. Bedal, ASOR-NL 48/2 (1998) A-21; ACOR-NL 10/1 (1998) 4f.; ADAJ 43 (1999) 227-239; Expedition 42/2 (2000) 23-36.

[15] Seit 1993 ausgegraben von M. Sharp Joukowsky, ADAJ 38 (1994) 293-332; 39 (1995) 241-266; 40 (1996) 177-206; 41 (1997) 195-218; 42 (1998) 293-318; 43 (1999) 195-222; Petra Great Temple, Vol. I (Providence 1998); ADAJ 44 (2000) 313-334.

[16] D. Kirkbride, ADAJ 4/5 (1960) 118; Wenning 1987, 227f.

[17] McKenzie 1990, 138-140; K. S. Freyberger in Weber / Wenning 1997, 77-80.

[18] T. Wiegand in Bachmann / Watzinger / Wiegand 1921, 68-72. Vorausgesetzt, die Planrekonstruktion entspricht einem noch zu verifizierenden Befund.

[19] Wenning 1987, 234-237; McKenzie 1990, 132-134; I. Kader, Propylon und Bogentor. DamForsch 7 (Mainz 1996) 108ff.

[20] Wenning 1987, 237-240; Ders. in Weber / Wenning 1997, 60.

[21] Wenning 1987, 240-245; McKenzie 1990, 135-138; Freyberger in Weber / Wenning 1997, 71-77.

[22] Wenning 1987, 226f.; McKenzie 1990, 138; Wenning in Weber / Wenning 1997, 59f.

[23] B. Kolb, ADAJ 41 (1997) 231-241; 42 (1998) 259-277; 43 (1999) 261-277. Die Fresken der Villa datieren ins mittlere 1. Jh. n. Chr. Im Jahr 1999 sind auch beim

Neben den öffentlichen Bauwerken ist im Kontext der Frage nach einem Stadtcharakter auf die Wohnbebauung einzugehen. Von frühhellenistischer Zeit an läßt sich eine Bebauung entlang des Ufers des *Wādī Mūsā* nachweisen, die im 1. Jh. v. Chr. nicht nur expandiert, sondern sich auch in ihrer Bauqualität deutlich verbessert[24]. Wir haben uns zu vergegenwärtigen, daß Teile der Nabatäer erst spät zur Seßhaftigkeit übergegangen sind. Für die hellenistische Zeit läßt sich mangels archäologischer Untersuchungen noch kein Bild von der Siedlungsaktivität im Talkessel selbst gewinnen. R. Stucky hat die unterschiedlich orientierten und ohne Beziehung zueinander liegenden frührömischen bis byzantinischen Bebauungen im hügeligen Stadtgebiet auf ursprüngliches Wohnen in Zelten zurückgeführt und diese Annahme in *az-Zanṭūr* durch entsprechende Schichtenverfärbungen in späthellenistischer Zeit archäologisch nachweisen können. Die Ausgräber gehen von einer periodischen Wiederkehr zu den Zeltplätzen aus. Erst im frühen 1. Jh. n. Chr. werden der Zeltplatz hier und das nachfolgende einfache Gebäude von einem weitläufigen Haus überbaut[25]. Ähnliche Befunde zeigen sich andernorts im Stadtgebiet, wobei der Zeitpunkt des Übergangs zum steingebauten Haus zwischen der Mitte des 1. Jhs. v. Chr. und der Mitte des 1. Jhs. n. Chr. schwanken kann[26]. Die bisherigen Befunde bleiben zu punktuell, um Rückschlüsse über die generelle Bebauung zuzulassen.

Entsprechende qualitative Unterschiede finden sich bei den in den Fels gehauenen Wohnräumen. Rund 800 solcher Felsräume, die der Bewohnung gedient haben, sind bekannt[27]. Sie erstrecken sich über ganz bestimmte Hänge der Täler wie umgekehrt andere Widyan vornehmlich als Nekropolen dienten[28]. Diese Bebauung zeigt, daß die an den Talkessel angrenzenden Täler als Teil der Stadt verstanden werden müssen. Auch Außenbezirke wie *aṭ-Ṭuġra* sind keine selbständigen Ortschaften, sondern Petra zugehörige „Ortsteile". Interesse verdienen die Beobachtungen, die nachweisen, daß ein Teil der Felswohnungen auch zur Tierhaltung gedient hat und daß manche,

---

sogenannten Großen Tempel Wandfresken und -stukkaturen entdeckt worden; ADAJ 44 (2000) 355-372.

[24] P. J. Parr in J. A. Sanders (ed.), Near Eastern Archaeology in the Twentieth Century (New York 1970) 352-364, 369f.

[25] R. A. Stucky, AntK 35 (1932) 129-140; Ders., SHAJ V (1995) 193-198; A. Bignasca et al., Petra. Ez Zantur I. TerraArch 2 (Mainz 1996) 13ff.

[26] McKenzie 1990, 105-107. L. Nehmé in Weber / Wenning 1997, 70 hat darauf aufmerksam gemacht, daß Mauerzüge im Oberflächenbefund und verstärkter Scherbenbefund weitere Indikatoren für die bauliche Besiedlung sind.

[27] McKenzie 1990, 107f.; L. Nehmé, SHAJ VI (1997) 281-288; Dies. in Weber / Wenning 1997, 66-70.

[28] J.-M. Dentzer / R. Saupin, SHAJ VI (1997) 289-302, bes. Abb. 12.

zum Teil mehrgeschossigen Anlagen auf Dauer und teilweise bis ins 4. Jh. bewohnt waren (Umbauten, Erweiterungen).

Die große Zahl nachweisbarer Wohnbauten in Petra, ohne daß sich schätzen läßt, wie groß die Einwohnerschaft Petras gewesen sein mag, kann man meines Erachtens nicht damit erklären, daß die Unterkünfte nur dem Kultpersonal und einem Pilgerbetrieb gedient haben. Erlaubt der Befund, somit durchaus das Bild einer Stadt zu skizzieren, führt die chronologische Klassifikation der Monumente zu weiterer Differenzierung.

1.2. Bis 1997 ist *trench* III von P. J. Parr (1957) der einzige (teilweise) publizierte stratigraphische Befund für die Baugeschichte im Bereich der Kolonnadenstraße gewesen. Legt man die in den letzten Jahren erarbeiteten Keramiktypologien[29] den Funden von P. J. Parr zugrunde und wagt den Schnittplan etwas anders zu lesen als der Ausgräber[30], dann drängen sich Zweifel an seiner Frühdatierung der baulichen Befunde auf. Daß diese Zweifel berechtigt scheinen, hat die jüngste Nachgrabung von Z. T. Fiema am Aufgang zum sogenannten Oberen Markt erhärtet (s.o.), wonach die Pflasterstraße hier, die Kolonnaden und die rückwärtige Bebauung erst trajanisch sein dürften. Ob der ins Jahr 114 n. Chr. datierte Bogen vor dem Aufgang zum Oberen Markt[31] eine abschließende oder nachträgliche Ergänzung des Bauprogramms darstellt, sei dahingestellt.

In der Kampagne des Jahres 1997 wurde im nabatäischen sogenannten Großen Tempel ein Einbau mit *cavea* für etwa 600 Personen aus dem frühen 2. Jh. n. Chr. entdeckt, vielleicht das römische *bouleuterion* der Stadt oder der Amtssitz des Statthalters[32].

Das Temenostor ist stratigraphisch etwas jünger als die Pflasterstraße, und es empfiehlt sich, die alten Vergleiche mit trajanischen und besonders hadrianischen Bögen wieder ernsthafter zu erwägen. Es gibt keinen Vorgängerbau unter dem Bogen, wohl scheint im Fundament ein Teil der für den Bogen und seinen Vorplatz bis auf den Eckturm abgenommenen alten Fassade vom Zugang zum Nordtempel verbaut zu sein (Säulentrommel mit

---

[29] Parr 1970; S. G. Schmid in M. Herfort-Koch / U. Mandel / U. Schädler (Hg.), Hellenistische und kaiserzeitliche Keramik des östlichen Mittelmeergebietes (Frankfurt 1996) 127-145; Ders. in Weber / Wenning 1997, 131-137; Y. Gerber, SHAJ VI (1997) 407-411.

[30] Vgl. McKenzie 1990, 36; Wenning in Weber / Wenning 1997, Anm. 48.

[31] D. Kirkbride, ADAJ 4/5 (1960) 119f.

[32] M. Sharp Joukowsky, ADAJ 42 (1998) 300-309. Noch ist in der Beurteilung strittig, ob der sogenannte Große Tempel in der nabatäischen Zeit ein Tempel oder ein monumentaler Empfangssaal (*oecus corinthius*) war. Entscheidend für diese Frage ist das Datum des Einbaus, den die Ausgräberin noch der nabatäischen Königszeit vor 106 n. Chr. zuweist. Ist dies stratigraphisch gesichert, wird man der Anlage von Anfang an profanen Charakter zusprechen müssen.

gefüllten Kanneluren). Es kann jedoch nicht ausgeschlossen werden, daß das römische Temenostor ein älteres nabatäisches Temenostor, das dichter beim *Qaṣr al-Bint* anzusetzen ist, ersetzt hat und Teile von dessen Dekoration wiederverwendet. An seiner jetzigen Stelle wirkt das Tor im Verhältnis zu den angrenzenden Bauten und besonders den beiden Tempelaufgängen unschön eingeengt. Es fluchtet mit keiner Achse anderer Anlagen hier. Seine Ausrichtung hat vielmehr zum Zweck, nicht vorhandene Achsenbezüge zu überdecken und Achsialitäten zu gewinnen. In seiner monumentalen Wirkung als Straßenabschluß und Temenostor entspricht der Bogen noch stärker römischen Vorstellungen als der Bogen zum sogenannten Oberen Markt. Das anschließende vergrößerte „Temenos" entspricht zudem offenbar östlich-römischen Vorstellungen eines Marktes beim Tempel[33].

Gewiß ist für diese monumentale Neugestaltung des Stadtkerns auch private Bebauung in diesem Bereich zurückgedrängt worden, dennoch bleibt der römische Ausbau limitiert, weil die dichte Bebauung offenbar einer weitergehenden Ausweitung hinderlich war. Trajan blieb nur die Möglichkeit, bestehende Verhältnisse römisch umzugestalten. Der Umbau des sogenannten Großen Tempels stellt allerdings einen massiven Eingriff dar, sollte er unter Trajan erfolgt sein, ganz gleich, ob die Anlage zuvor nun ein Tempel oder eine königliche Empfangshalle war.

Petra in dem zuerst von T. Wiegand rekonstruierten und durch die jüngeren Ausgrabungen modifizierten Stadtplan (**Abb. 1**) zeigt somit *Petra Metropolis Arabiae* in der Zeit der jungen *provincia Arabia*, dessen Hauptstadt Petra war[34]. Dabei gehört das Nymphäum offenbar sogar erst severischer Zeit an.

1.3. Was bleibt, wenn fast alle öffentlichen Bauten als römisch aus dem gewonnenen Stadtbild herausgenommen werden müssen? Zunächst einmal das große Theater, das wohl erst im späteren 1. Jh. errichtet worden ist[35], sodann die Tempel im Stadtkern und die Wohnquartiere. Tempel sind erst in augusteischer Zeit, allenfalls etwas früher, bei den Nabatäern übernommen worden. Ob dem *Qaṣr al-Bint* ein Tempel oder eine offene Kultstätte

---

[33] Freyberger in Weber / Wenning 1997, 77.
[34] Gegen die These einer Verlegung der nabatäischen Hauptstadt unter Rabb'el II. nach Bosra habe ich mehrfach Gründe angeführt. Mit Z. T. Fiema halte ich Petra für die Hauptstadt der *provincia Arabia*, während sich im syrischen Bostra das Standquartier der *legio III Cyrenaica* befand. Da viele der Erschließungsarbeiten in der neuen Provinz durch Truppenteile durchgeführt wurden, verwundert es nicht, wenn Datierungen mit der Ära von Bostra (ab 106) vorgenommen wurden.
[35] Die Frühdatierung des Ausgräbers vermag mich nicht zu überzeugen. Sichere stratigraphische Befunde liegen erst für die Zeit um 100 n. Chr. vor. Auch in Gerasa ist das Südtheater von 90/91 n. Chr. der erste öffentliche Bau.

vorausging, ist umstritten. Jedenfalls ist mit dem zentralen Kultplatz der Siedlung hier eine *via sacra* verbunden, die von der Pflasterstraße überbaut worden ist. Unter der 15 m hohen Aufschüttung der Pflasterstraße entlang des *Wādī Mūsā* hat P. J. Parr mehrere Weghorizonte nachgewiesen, die mit ihrer Randbebauung bis ins 3. Jh. v. Chr. zurückreichen. Die *via sacra* durch den *Sīq* wurde offenbar im Rahmen des augusteischen Ausbaus des Zentrums gepflastert; zum jüngeren Pflaster der Kolonnadenstraße bestehen deutliche Unterschiede.

Damit ergibt sich das typische Bild eines semitisch-arabischen Gemeinwesens des 1. Jhs. v./n. Chr. in diesem Raum, wie es z.B. auch in Gerasa erschlossen worden ist[36], nämlich eine mit einer langen *via sacra* entlang eines *Wādī* verbundene zentrale Kultstätte, der sich agglutinierend Wohnbesiedlung zugesellt, deren Ränder durch Nekropolen angezeigt sind. Auch die Tempel im Zentrum von Petra sind in ihren Achsen nicht wie bei römischen Anlagen aufeinander bezogen, obwohl sie alle einem großen Bauprogramm augusteischer Zeit anzugehören scheinen. Da die Bewohner tribal organisiert sind, kommt es nicht zu einer Selbstpräsentation der Stadt, die ihren Ausdruck in öffentlichen Bauten gefunden hätte, nur zu einem repräsentativen Residieren der tribalen Oberschicht als Ausdruck ihres Status. Im übrigen gilt die Maxime: den Göttern das Beste; auf ihre Verehrung richten sich alle Bemühungen. Daß die Stadt scheinbar ohne erkennbare Planung gewachsen ist, mag den römischen Eingriff zusätzlich erschwert haben.

Dieses nabatäische Petra möchte ich als eine Stadt bezeichnen, allerdings als eine Stadt im Sinne semitisch-arabischer Gemeinwesen. Für Strabon ist Petra natürlich die Hauptstadt des Nabatäischen Reiches, eine *metropolis*, für die Nabatäer dürfte Petra ihr Zentrum, das „Lager" des Stammes und seiner Führungsschicht und der Kultort ihres Stammesgottes *Dūšarā* gewesen sein.

2. Die Bedeutung der Landschaft für Petra; Petra, eine durch Landschaft definierte Stadt

2.1. Der nabatäische Name der Stadt lautet *Raqmu*. Er ist überliefert in einer nabatäischen Inschrift aus Petra und als *Rekem* bei Flavius Josephus sowie in rabbinischen Quellen[37]. Als Bedeutung des Namens gibt man „rot, schillernd, bunt sein" an. Dies wiederum wird auf die im Sonnenlicht rötlich scheinenden Sandsteinfelsen bzw. auf das prächtige Farbspiel der Verwitterung des Sandsteins bezogen. Der Name ist somit in Relation zur

---

[36] J. Seigne, SHAJ IV (1992) 331-341; R. Wenning, ZDPV 110 (1994) 13f.
[37] G. Dalman, Petra (Leipzig 1908) 23, 42; J. Starcky, RB 72 (1965) 95-97.

Landschaft gesetzt und könnte eine Neuschöpfung gewesen sein, als die Nabatäer im 4. Jh. v. Chr. Petra zu einem Stützpunkt ihres Weihrauchhandels machten. Der von Bergen umschlossene Talkessel von Petra scheint sich aus Sicherheitsgründen als ein solcher Stützpunkt aufgedrängt und früh an Bedeutung gewonnen zu haben. Das mag angesichts der Tatsache erstaunen, daß der Talkessel keine Quelle besitzt, während das im Osten vor Petra liegende *Elǧī ʾ/ Wādī Mūsā* (= nabat. Gaia?) reich an Quellen und fruchtbaren Böden ist. Doch galt es anfangs, noch viel weniger Leute zu versorgen[38].

Als Antigonos Monophthalmos 312 v. Chr. Gaza belagerte, war der Reichtum der Nabatäer bereits sprichwörtlich geworden, vielleicht war er das seit dem Alexanderzug. Über die Nabatäer selbst wußte man bei den Griechen dagegen sehr wenig. Es kam daher zu folgenschweren Fehlentscheidungen, als Antigonos 311 v. Chr. von Tyros oder Sidon aus versuchte, sich die Nabatäer wie einen griechischen Stadtstaat durch Eroberung ihrer *Polis* untertan zu machen und den einträglichen Gewürz- und Weihrauchhandel zu übernehmen. Die ausgespähte Niederlassung der Nabatäer konnte zwar relativ einfach eingenommen und Beute gemacht werden, da wegen eines Stammesfestes nur alte Leute und Kinder vor Ort zurückgeblieben waren. Doch eilten die Krieger der Nabatäer auf die Kunde vom Überfall den Makedonen nach und jagten ihnen die Beute wieder ab. Ähnlich kläglich scheiterte der Versuch der Makedonen, die Asphaltgewinnung auf dem Toten Meer zu übernehmen. Hieronymos von Kardia, einer der beteiligten Feldherrn, verfaßte einen bemerkenswerten Bericht über die Ereignisse und gab auch eine Beschreibung der Nabatäer und ihrer Sitten, die bis in augusteische Zeit das Bild der Nabatäer in der hellenistischen Welt prägte, das erst durch den Bericht des Strabon korrigiert wurde[39].

In dem älteren Bericht wird nur der Fluchtfelsen beschrieben, den die Makedonen einnahmen und auf dem sie die in Sicherheit gebrachten Handelswaren fanden. Er wird als ein Felsen, griechisch *petra*, beschrieben, der leicht zu verteidigen gewesen sei, da es nur einen engen Aufstieg gegeben habe, bei dem man einzeln hintereinander aufsteigen mußte. Wegen der Namenstradition hat man diesen Felsen in Petra gesucht. Löst man sich von der Vorstellung, der nabatäische Stützpunkt müsse wegen der Quellen in oder nahe bei *Wādī Mūsā* gelegen haben, was dann auf den *Ǧabal al-Ḫubta* verwiese[40], dann kommt man zurück zu dem traditionellen Ansatz auf *Umm*

---

[38] Westlich der Stadt liegt in der Schlucht, die das *Wādī Mūsā* eingegraben hat, eine Quelle. Auch waren die wiederbenutzbaren alten edomitischen Zisternen auf *Umm el-Biyāra* bekannt (s.u.).

[39] Zitiert u.a. bei Dalman 1908, 43-46.

[40] E. A. Knauf in Weber / Wenning 1997, 21f.

el-Biyārā[41]. Die im Bericht des Hieronymos gegebene Distanz zwischen dem Fels und dem Toten Meer erlaubt aber kaum diesen Bezug, sondern verweist auf *es-Sela*[42]. Sela ist die semitische Bezeichnung für Felsen, die von den Griechen dann in ihre Sprache übersetzt wurde. Das Felsmassiv von *es-Sela* entspricht in der Tat mit seinem einen Aufstieg der Beschreibung des Hieronymos. Erst im späten 3. Jh., eher noch im Verlauf des 2. Jhs. v. Chr. wurde der Talkessel des heutigen Petra Sitz des Stammes der Nabatäer und zog für die Griechen den Namen Petra an sich. Für die griechische Welt ist *petra*/Petra zur festen Bezeichnung geworden und selbst die Nabatäer in ihrem Verkehr mit Griechen und Römern haben sich dieser Benennung bedient[43]. Somit ist auch in der griechischen Benennung ein Landschaftsmerkmal Ausgangspunkt gewesen.

2.2. Mit Worten ist nur schwer zu beschreiben, wie man im Talkessel von Petra, der vom *Wādī Mūsā* terrassenförmig und hügelig zu den Füßen der Berge ansteigt, sich von den Bergen umgeben sieht und sowohl die Majestät dieser Bergwelt als auch die durch die Berge gebotene Geborgenheit empfindet. Das Zusammenspiel von hellem Talkessel und dunkelfarbigen Bergen, überflutet von rötlich-goldenem Sonnenlicht, übt eine besondere Faszination aus, die in der Antike noch viel intensiver gewesen sein muß, wenn wir uns anstelle der jetzigen Sandflächen Bebauung und Begrünung durch Bepflanzung und Gärten vorstellen[44]. Durch das auf vielerlei Weise in die Stadt gebrachte Wasser ist Petra damals zur künstlichen Oase geworden[45]. Auch darf nicht außer Betracht bleiben, daß die unterschiedliche Bebauung eine heute kaum mehr vorstellbare Farbenpracht erzeugt haben

---

[41] Zuerst von G. Horsfield – A. Conway, GeoJ 76 (1930) 378f. vorgeschlagen. Vgl. Wenning 1987, 256f.

[42] Eine späteisenzeitliche Fliehburg, unweit der edomitischen Hauptstadt Bozra, die vielleicht mit den atl. Verweisen auf Sela zu verbinden bleibt. Vgl. M. Lindner in Ders., Petra und das Königreich der Nabatäer (München/Bad Windsheim 1997⁶) 271-285; S. Dalley / A. Goguel, ADAJ 41 (1997) 169-176; F. Zayadine, Syria 76 (1999) 83-90.

[43] Vgl. Wenning 1987, 23; M.-J. Roche, Semitica 45 (1996) 73-99. Vgl. auch die Bezeichnung „*Petraioi*" bereits in frühhellenistischen Inschriften von Milet (Milet VI 1 [Berlin 1997] Nr. 140, 174) und die in Petra entdeckte *nefesh*-Inschrift eines *Petraios* (J. Starcky, RB 72 [1965] 95-97).

[44] Man vergleiche nur einmal den Unterschied zwischen einer Aufnahme des Talkessels im Sommer in Weber / Wenning 1997, Abb. 16 und im Frühjahr Abb. 17, 74a.

[45] Gegenwärtig wird versucht, über die Leitungen im *Sīq* wieder Wasser in die Stadt zu bringen. Es gibt sogar Überlegungen, Teile einer Gartenlandschaft beim sogenannten Etagengrab neu erstehen zu lassen (vgl. B. Bousquet, Discovering Petra [Montpellier 1995] 3f.).

wird[46]. Man vergleiche nur die Wirkung des weißgekälkten Weli des Propheten Harun (Aaron) auf dem *Ǧabal Hārūn*, das sich strahlend vor dem Hintergrund von Bergwelt und Horizont abhebt und von weit her sichtbar ist[47]. Eine ähnliche, aber noch größere Wirkung dürfte der mit weißem Marmor verkleidete Tempel am Rand von *Umm el-Biyāra* gehabt haben[48]. Wie sehr Petra in solcher Weise erfahren werden kann, zeigen die über die Stadt verfassten Gedichte. Im berühmtesten von ihnen nennt J. W. Burgon Petra „*A rose-red city half as old as Time*"[49].

Ganz anders verhält sich dazu die weitere Umgebung von Petra[50], wo die Berge zerfließen oder zu kalkigen Buckeln erstarrt sind, wo weite Felder und Wüsten das Bild beherrschen. Selbst das wasserreiche *Wādī Mūsā* bleibt gegenüber Petra eigenartig charakterlos[51]. So ist es diese Besonderheit des Talkessels von Petra und der angrenzenden Bergwelt, die das Faszinosum Petra ausmacht und die die Nabatäer allen Widrigkeiten anderer Vorbedingungen zum Trotz zur Wahl dieser Stätte für sich und ihren Gott bewogen hat.

3. Petra, eine religiöse Landschaft

3.1. In der Mitte der Stadt finden sich, wie oben erwähnt, mehrere Tempel zentriert, prachtvoll in ihrer Lage, Größe, Ausführung und Ausstattung. Sie gehören alle einem in augusteischer Zeit begonnenen Bauprogramm an und stellen funktional „staatliche Heiligtümer" dar, auch wenn man das Nabatäerreich in dieser Phase nur ungern als einen Staat und eher als Stämmegesellschaft bezeichnen möchte. Mögen auch tribale Gruppen hinter den einzelnen Bauten stehen und nicht nur der König, so bleibt doch der repräsentative Charakter der Anlagen unbestritten. Der Tempel als neue Heiligtumsarchitektur ist offenbar über den *Ḥaurān* bei den Nabatäern eingeführt worden. Parallel dazu kommen tempelartige Fassaden bei den Felsgräbern auf, von denen die *Ḫazne* (etwa um 30 v. Chr) am Anfang steht. Ebenso neu werden anthropomorphe griechische Bildtypen für nabatäische Götter und deren Symbolik integriert, doch mit der Einschränkung, daß

---

[46] Wie sehr die Nabatäer in Farben verliebt waren, zeigen die Dekorsysteme der Tempelfronten und Wandfresken wie Abb. 69 u. 76 in Weber / Wenning 1997 und die noch unpublizierten Stukkaturen von *az-Zanṭūr*, die von unglaublicher Verspieltheit und Farbenvielfalt geprägt sind.

[47] Weber / Wenning 1997, Abb. 184.

[48] Noch ganz unzureichend erforscht und in Gefahr, für immer zerstört zu werden; vgl. Wenning 1987, 257.

[49] Zitiert u.a. von I. Browning, Petra (London 1973) 1.

[50] Instruktiv M. Lindner in Weber / Wenning 1997, 25-37.

[51] Weber / Wenning 1997, Abb. 20.

solche Götterbilder in Dekorsysteme (Metopenbüsten, Paneelbüsten, Friese, Figuralkapitelle) eingebunden bleiben[52]. Auch wenn die nabatäischen Tempel nach außen hin wie klassische Tempel mit „orientalischer" Dekorüberladung wirken, folgen sie im Innern ganz den Bedürfnissen nabatäischer Religion. Sie weisen ein als Säulenquadrat, ein als freigestelltes Podium oder ein als rückwärtig eingebundenes Podium *(mōtab)* gebildetes Adyton auf, auf dem das Kultbild der verehrten Gottheit, ein Betyl, aufgestellt wurde. Um den *mōtab* und z.T. auch um den Tempel konnte man feierlich herumziehen, vielleicht sogar den Umlauf *(tawāf)* durchführen, eine typische arabische Verehrungsform, die vom *tawāf* um die *Kaaba* in Mekka bekannt sein dürfte, während das Umschreiten des Allerheiligsten auch in anderen Liturgien gepflegt wird.

Zu den „staatlichen" Tempeln im Zentrum am *Wādī Mūsā* kommen möglicherweise weitere Kultbauten im Stadtgebiet hinzu[53]. Ergibt sich somit ein religiöses Zentrum für Petra, ist Petra damit jedoch noch nicht als eine religiöse Landschaft definiert.

3.2. Einen ersten Schritt in jene Richtung machen mindestens drei Anlagen auf den Höhen um das Zentrum, die den „staatlichen" Heiligtümern zuzurechnen sind: der Tempel hoch oben auf *Umm el-Biyāra* (s.o.), der sogenannte Hohe Opferplatz[54] auf dem Theaterberg und der sogenannte Pfeilerplatz auf dem *Ğabal al-Ḫubṯā*[55]. Die beiden letzteren waren vom Stadtgebiet aus über breite Prozessionswege direkt begehbar. Vielleicht muß man hier auch die Kultanlagen auf dem Plateau von *Ed-Dēr* anschließen, die gleichfalls über Treppenwege von der Stadt aus erreichbar waren. Das als *Ed-Dēr* oder „Kloster" bekannte Triklinium ist allerdings erst in spätnabatäischer Zeit entstanden, während die ältere Kultstätte beim sogenannten Burgberg lag[56]. Auch für die Anlagen auf *al-Ḥabīs*[57] stellt sich die Frage nach solcher Zuordnung.

Zwei Kultstätten eher offiziellen Charakters liegen auf etwas weiter entfernten Bergen, auf dem *Ğabal an-Nmēr*[58] und dem *Ğabal Hārūn*[59]. Es

---

[52] Vgl. R. Wenning / H. Merklein in Weber / Wenning 1997, 105-110.

[53] Etwa die Anlage bei der *Zibb Fir'ūn*; vgl. Wenning 1987, 248f.

[54] Vgl. Wenning 1987, 217-219. Mit *mōtab*, der als freigestellter Block den Umgang erlaubte.

[55] Vgl. Dalman 1908, Nr. 302; Wenning 1987, 286. Möglichweise lag auf dem Plateau beim sogenannten Burgfelsen sogar ein bedeutenderer Kultbau.

[56] Vgl. Wenning 1987, 263-267.

[57] Vgl. Wenning 1987, 257-259.

[58] Mit z.T. langen, steilen Treppenwegen, vgl. Wenning 1987, 253. G. Dalman und M. Lindner haben auf Architekturreste auf dem Plateau aufmerksam gemacht, die auf einen Tempel hinweisen könnten (noch nicht hinreichend untersucht).

[59] Vgl. Wenning 1987, 92; G. Peterman / R. Schick, ADAJ 40 (1996) 473-480.

ist auffällig, daß alle Berghöhen im Umfeld der Stadt bedeutende Kulthöhen aufweisen. In solchen Kulthöhen kann man zwar eine altorientalisch-semitische Tradition wiedererkennen (vgl. die atl. *bāmōt*), doch ist die Häufung der Kulthöhen bemerkenswert. Man wird außerdem nicht fehlgehen, auch von heiligen Bergen zu sprechen. Ferner drängt sich auf, die einzelnen Berge Petras jeweils einer bestimmten Gottheit, insbesondere *Dūšarā* und *Al-ʿUzzā*, zuzuweisen.

3.3. Auf die griechische Bezeichnung „Fels/*petra*" für ihre Niederlassung konnten sich die Nabatäer gut einlassen, weil ihrem Gott *Dūšarā* der Fels heilig war und Petra/der Fels sein Kultplatz war bzw. es im Verlauf der hellenistischen Zeit wurde. *Dūšarā* ist seinem Namen nach „der vom Schara", d.h. vom (süd)edomitischen Gebirge. Die Namensform *D ū* mit Herkunftsangabe verweist auf eine arabische Gottheit. Erst als die in der Perserzeit in NW-Arabien beheimateten *Nabaṭu* begannen, Edom zu durchstreifen und Handelsstützpunkte einzurichten, werden sie ihrem Schutzgott als dem neuen Stammesgott diesen Namen gegeben haben[60]. Der ursprüngliche Eigenname des Gottes ist unbekannt; man hat an *Rudā* gedacht. Auch aus anderen nabatäischen Regionen ist bekannt, daß die Erschließung der Handelsrouten mit der Gründung von Heiligtümern einherging, nicht zuletzt, weil Heiligtümer Asyl und Schutz gewähren und als „Banken" dienen konnten. Die Nabatäer könnten *Dūšarā* als einen älteren Lokalgott allerdings auch erst als ihren Schutzgott übernommen haben, als sich der Stamm im Talkessel von Petra niederließ.

Der vorrangig verehrte Gott der Nabatäer wird vor allem in Relation zur Natur verstanden. Dies drückt sich noch in anderen Aspekten seines Namens aus; denn semantisch bedeutet *aš-šarâ* „das Wildnis-Wasser-Bäume-Land" (J. Wellhausen). Als Berggott ist *Dūšarā* auch der Wettergott, ein Gott, der Fruchtbarkeit gewährt. So finden sich seine Verehrungsstätten in Petra nicht nur auf den umliegenden Höhen, sondern gerade auch dort, wo auch immer Wasser zutage tritt. *Dūšarā* wird im Steinmal/Betyl verehrt, sozusagen einer „Kurzform" von Berg/Fels. Es handelt sich um eine meist hochrechteckige, gelegentlich oben abgerundete Steinplatte. Solche Betyle bzw. Hinweise auf einst eingesetzte Betyle sind zu Hunderten in den Votivnischen in den

---

[60] Trifft dies zu, verweist dieser Vorgang auf gar keine so lange Vorgeschichte der Nabatäer. Eher muß man annehmen, daß sie erst damals - etwa im zweiten/dritten Viertel des 4. Jhs. v. Chr. - die Kontrolle über den Weihrauchhandel gewinnen und zum führenden Stamm aufsteigen konnten. A. Lemaire (ZDPV 115 [1999] 17f.) hat vermutet, daß die Nabatäer die Qedar als von den Achämeniden begünstigter Stamm abgelöst haben könnten, nachdem sich die Qedar im frühen 4. Jh. an einem antipersischen Aufstand beteiligt hatten. Im Kontext dieser Neuordnung entstand auch die Provinz Idumäa.

Felswänden Petras aufgefunden worden[61]. Auf die Formen dieser Betyle und ihre Bedeutungsinhalte ist hier nicht einzugehen, doch sei betont, daß die Betyle nicht nur *Dūšarā* darstellen, sondern zunächst nur die Präsenz einer Gottheit anzeigen, deren Identifikation sich aus dem Kontext erschließt. In einer anderen Zuwendung wird *Dūšarā* als der Himmelsgott verehrt. Dies wird von Strabon (Geogr. 16, 4, 26) aus griechischer Sicht verständlich mißverstanden, wenn er berichtet, daß die Nabatäer die Sonne verehren, indem sie auf dem Haus(dach) einen Altar errichten und darauf alle Tage spenden und räuchern.

3.4. Auch die Kulthöhen allein machen Petra noch nicht zur religiösen Landschaft. Diese Einschätzung ergibt sich erst, wenn man die zahlreichen kleineren Heiligtümer oder Verehrungsstätten und die Votive an den Wegen zur Stadt, den Kulthöhen oder den Versammlungsstätten von Kultvereinen hinzunimmt. Wie dicht das Netz dieser Zeugnisse intensiver Frömmigkeit der Nabatäer rings um die Stadt ist, wird augenscheinlich, trägt man etwa in eine Übersichtskarte von Petra alle größeren religiösen Monumente ein (**Abb. 2**)[62].

Als Beispiel für Wege zur Stadt sei der berühmte *Sīq* angesprochen. In dieser 1,2 km langen, engen und vielfach gewundenen Schlucht mit fast 70 m hohen, steilen Felswänden finden sich ca. 80 Votivnischen. Es verwundert nicht, daß die Nabatäer sich im *Sīq* ihrem Gott nahe fühlten. Noch heute ist es ein besonderes Erlebnis, diese Schlucht zu durchwandern. Einige Votive datieren in die subnabatäische Zeit und bekunden, daß mit der Einrichtung der *provincia Arabia* diese Art der Verehrung der alten Götter nicht aufhörte. Die Votivnischen haben überwiegend privaten Charakter. Um so auffälliger ist, daß sich im *Sīq* nur relativ wenige Graffiti finden. Mittelpunkt einer hervorgehobenen Verehrungsstätte im *Sīq* ist ein Ädikularelief mit zwei Betylen in einem großen Felsblock. Dieser in die Schlucht verstürzte Block, die gegenüberliegende Tropfwand und andere Wasservorkommen, oder auch die Ausweitung der Schlucht an dieser Stelle mögen Anlaß gewesen sein, hier der Gottheit zu gedenken. Ungewöhnlich

---

[61] H. Merklein (verstorben 1999) und der Verfasser führen seit 1995 an der Universität Bonn ein von der DFG und von Biblische Reisen Stuttgart gefördertes Projekt zur Neuaufnahme dieser Nischen in Petra durch. In dem in der ersten Projektphase abgeschlossenen Survey der westlichen Täler konnten gegenüber der Auflistung von G. Dalman (1908) bereits über 234 neue Nischen entdeckt werden. Über Zwischenergebnisse des Projektes sind verschiedene Vorberichte erschienen, zuletzt in BBB 118 (1998) 71-91; ZDPV 114 (1998) 97-111; The Ancient Near East V (2001); WUB 19 (2001) 18-26; BASOR 324 (2001).

[62] Instruktiv sind die Karten im Anhang von G. Dalman (1908) u. M. Lindner (1997). Vgl. ferner Dentzer / Saupin 1997, Abb. 12; L. Nehmé, Topoi 7 (1997) Abb. 1.

ist ein monumentales Relief von zweimal zwei aufeinanderzugehenden Kamelen mit Führern, das an einer anderen Stelle im *Sīq* 1997 (wieder)entdeckt wurde[63]. Auch hier stürzt aus einer Klamm zwischen den Kamelgruppen Wasser herab. Mit der berühmten *Ḫazne* beginnt eine Nekropolenzone im sogenannten Inneren *Sīq*. Auch dieses ursprünglich hochgelegene Prunkgrab ist nicht von ungefähr an dieser Stelle ausgehauen worden. Dem Besucher zeigt sich die Grabfassade erst nach Durchschreiten einer Stelle, an der sich der *Sīq* stark verengt. Schlitzartig erlaubt diese Verengung aus dem dunklen *Sīq* einen Blick auf von der Sonne angestrahlte Partien der Fassade, bevor sie dem Besucher in ihrer ganzen Monumentalität gegenübertritt[64]. Da die Straße durch den *Sīq* sich bis zum *Qaṣr al-Bint* fortsetzt, ist sie auch von daher eine *via sacra*.

Eine andere Schlucht wird wegen ihrer über 90 Votivnischen als Nischenklamm bezeichnet. Es handelt sich um eine enge Schlucht im Norden des *Ǧabal al-Ḫubṯa*, durch die das vor dem *Sīq* abgeleitete Wasser des *Wādī Mūsā* der Stadt wieder zugeführt wird[65]. Besonders der erste Winterregen, der sich als Platzregen wie ein Wildwasser seinen Weg durch die Schlucht brach, mag nach dem langen heißen Sommer als eine Wiedergeburt der Natur, als Geschenk der Gottheit, verstanden worden sein. Ihr galt es zu danken, sie galt es zu verehren[66].

Oberhalb der Schlucht ist eine Verehrungsstätte angelegt worden, die M. Lindner treffend als Gartenheiligtum bezeichnet hat[67]. Sie besteht aus mehreren felsumschlossenen Einheiten mit Bewuchs, zunächst einer großen Zisterne und zwei Votivnischen, dann zwei Anbauflächen („Gärten"). Derartige Anlagen begegnen in Petra mehrfach.

Die Relation von Wasser und Gottheit wird auch beim Ende der Wasserleitung von *ʿAin Brāq* deutlich. Sie mündet im *Wādī Farasa* in ein Auffangbecken. Doch ist sie nicht einfach ins Becken geführt, sondern das Wasser fließt über den Körper eines monumentalen Löwen, der als Relief aus dem Fels gehauen ist und der auf die Gottheit verweist, ins Becken[68].

3.5. Besonders „private" Kultvereine (*mrzḥ*) haben Zeugnisse ihrer Frömmigkeit in der Felswelt Petras hinterlassen. Die sogenannte Obodas-Kapelle von *an-Nmēr* als Typ komplexer Anlagen eines *mrzḥ* habe ich auf

---

[63] Thematisch erinnert es an das Relief Dalman 1908 Nr. 464 auf dem *Ed-Dēr*-Plateau.

[64] Weber / Wenning 1997, Abb. 6.

[65] Dalman 1908, 308-313; J.-M. Roche, ADAJ 33 (1989) 327-334.

[66] Vgl. die Votivinschrift an *Dūšarā* und alle Götter Dalman 1908 Nr. 553a (RES 1401).

[67] M. Lindner, ZDPV 106 (1990) 145-155.

[68] Vgl. M. Lindner / H. Hübl, ZDPV 113 (1997) 61-67.

dem 1. Kolloquium des AZERKAVO 1996 vorgestellt[69]. Ebenso hätten das *Aslaḥ* - Heiligtum im *Bāb as-Sīq*[70], Anlagen von *al-Medras*[71] und im *Sīq al-Bārid*[72] oder die Isis-Verehrungsstätte beim *Wādī as-Siyyaġ*[73] und viele andere solcher Komplexe angeführt werden können. Allen ist gemeinsam, daß sie „abseits", besser ausgedrückt, für sich gelegen sind und dieses u.a. dadurch erreichen, daß sie in die Landschaft eingebettet sind. Felskammern, oft als Triklinien/Bankettsäle gestaltet, Zisternen, Wasserbecken und Ensembles von Votivnischen und Graffiti gehören zum festen Repertoire. Der zentrale Begegnungsraum oder die zentrale Votivnische sind nicht beliebig plaziert, sondern häufig in Felsen ganz bestimmter Form eingehauen, besonders in kuppenartige Felsknollen. Auch darin kann der Bezug zur verehrten Gottheit gesehen werden. Erneut wäre es notwendig, das Atmosphärische dieser Anlagen direkt zu erleben, um die Harmonie von Landschaft und kultischen Komplexen deutlicher nachempfinden zu können, als es Beschreibungen versuchen nahezulegen.

3.6. Während manche Täler oder Zonen ein Netz von Verehrungsstätten aufweisen, sind andere Felshänge überwiegend Nekropolen oder Wohnhöhlen vorbehalten. Die berühmten Felsfassaden der Gräber bilden in ihrer Reihung und der Anordnung in Registern architektonische Monumentalreliefs und prägen ganze Felswände. Da sie komplett aus dem Fels herausgearbeitet sind, stellen sie sozusagen gestaltete Natur dar. Zu einigen Grabkammern gehören Triklinien, Wasseranlagen und Gärten. Hier begegnet die gleiche Ausstattung und die gleiche Art ihrer Gestaltung wie bei den Versammlungsstätten der Kultvereine. Dies entspricht der religiösen Bedeutung, die dem Bestattungswesen bei den Nabatäern zukam. Einige Fassaden sind der Tempelarchitektur nachempfunden, so daß man von Tempelgräbern spricht.

3.7. Das große Bauprogramm der nabatäischen Könige im Zentrum der Stadt, die vielen weiteren Bauwerke in der Stadt und ihrem Umfeld und auch die rund zweitausend Felskammern, die als Wohnräume oder Gräber ausgehauen wurden, bedeuteten, daß Fels als Baumaterial in großen Mengen abgearbeitet werden mußte. Steinbrüche findet man an mehreren Stellen in den Außenbezirken der Stadt. Sie haben im Vergleich zu Steinbrüchen

---

[69] R. Wenning in R. Albertz (Hg.), Religion und Gesellschaft. AOAT 248 (1997) 180-194.
[70] Dalman 1908, Nr. 15-19; F. Zayadine / S. Farajat, ADAJ 35 (1991) 275-278.
[71] Dalman 1908, 117ff.
[72] Dalman 1908, 347ff.; Zayadine / Farajat 1991, 278-281.
[73] H. Merklein / R. Wenning, ZDPV 114 (1998) 97-111; Diess., SHAJ VII (1999) (im Druck).

anderer Regionen zwei Besonderheiten aufzuweisen. Zwar wird auch hier der Stein in Quadern gebrochen, doch wird die Felswand, wo man den Stein abgebaut hat, in der gesamten Höhe und Breite zu einer einheitlichen Fläche abgearbeitet und sorgfältig geglättet. So entstehen steile oder etwas gewölbte Wände von über 20 m Höhe. Die zweite Besonderheit sind in diese Flächen eingeritzte Gravuren und Namensgraffiti. Die Ritzbilder stellen zumeist kleine Betyle und Altäre dar. Offenbar liegt hier eine Reverenz an die Gottheit vor, die im Fels präsent ist, so daß man auch an Sühnezeichen und bei der Felsglättung an eine Restauration von Natur denken könnte[74].

Wenn *Wādī Mūsā* mit seinen Quellen und fruchtbaren Hängen im Osten von Petra von den Nabatäern nicht zum Stammessitz gewählt worden ist, sondern der wasserarme Talkessel von Petra, dann wird diese Ortswahl nur verständlich vor dem Hintergrund der Bergwelt, in der sich die Nabatäer ihren Göttern nahe fühlten und die sie darum hier verehrten. Sie machten Petra zu einer religiösen Landschaft. Ob man nun die Verehrungsstätten den Bewohnern der Stadt oder Kultvereinen zuspricht, die nur zu bestimmten Anlässen nach Petra als dem Sitz des Stammesgottes kamen, nötigt nicht dazu, zwischen Petra als Stadt und dem Umfeld als besonderer religiöser Zone zu differenzieren. Beide Bereiche sind bei dem Verständnis von Petra als dem Sitz und Zentrum des Stammes und Petra als einem semitischen Gemeinwesen nicht voneinander trennbar.

---

[74] Vgl. Dalman 1908, 244ff. Eine andere Art verwandter Äußerung sind zwei monumentale Pfeiler im Steinbruch beim sogenannte Hohen Opferplatz, Dalman 1908, 180ff.

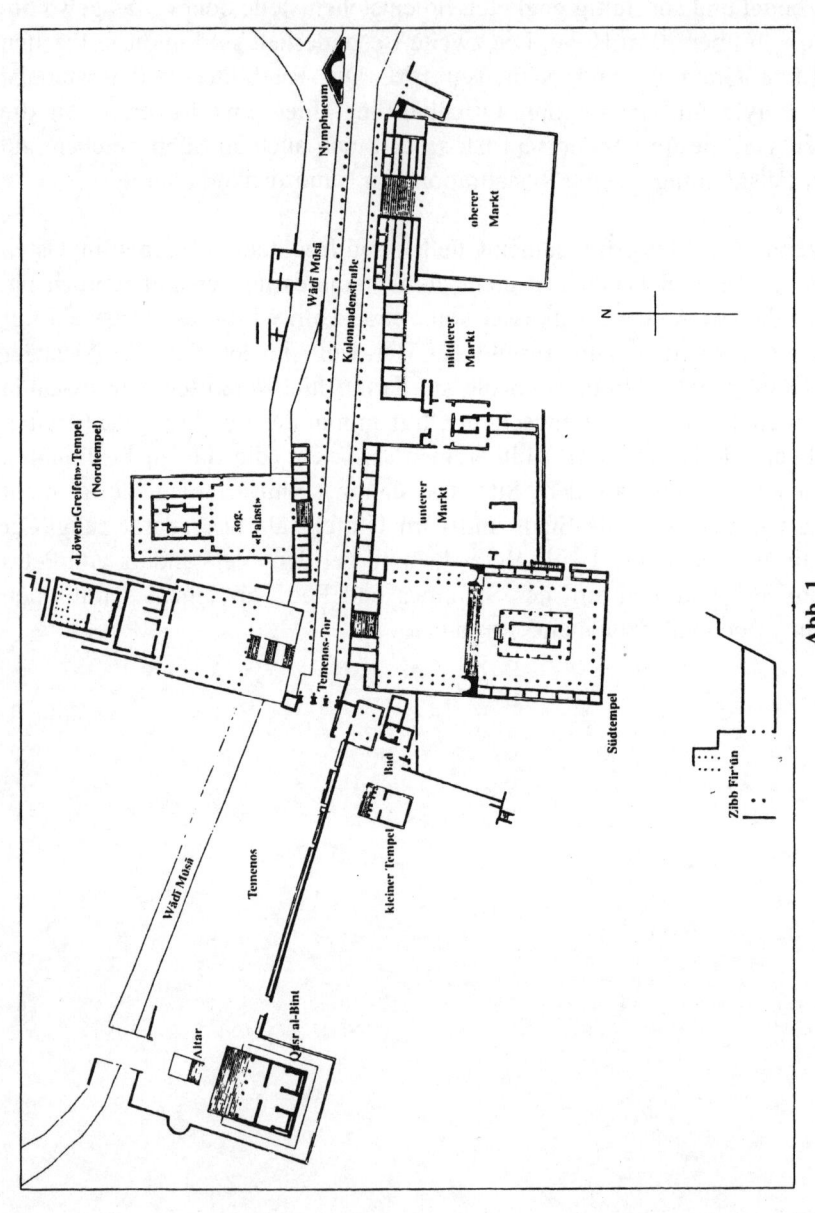

Abb. 1
aus: Weber - Wenning 1997, Abb. 54

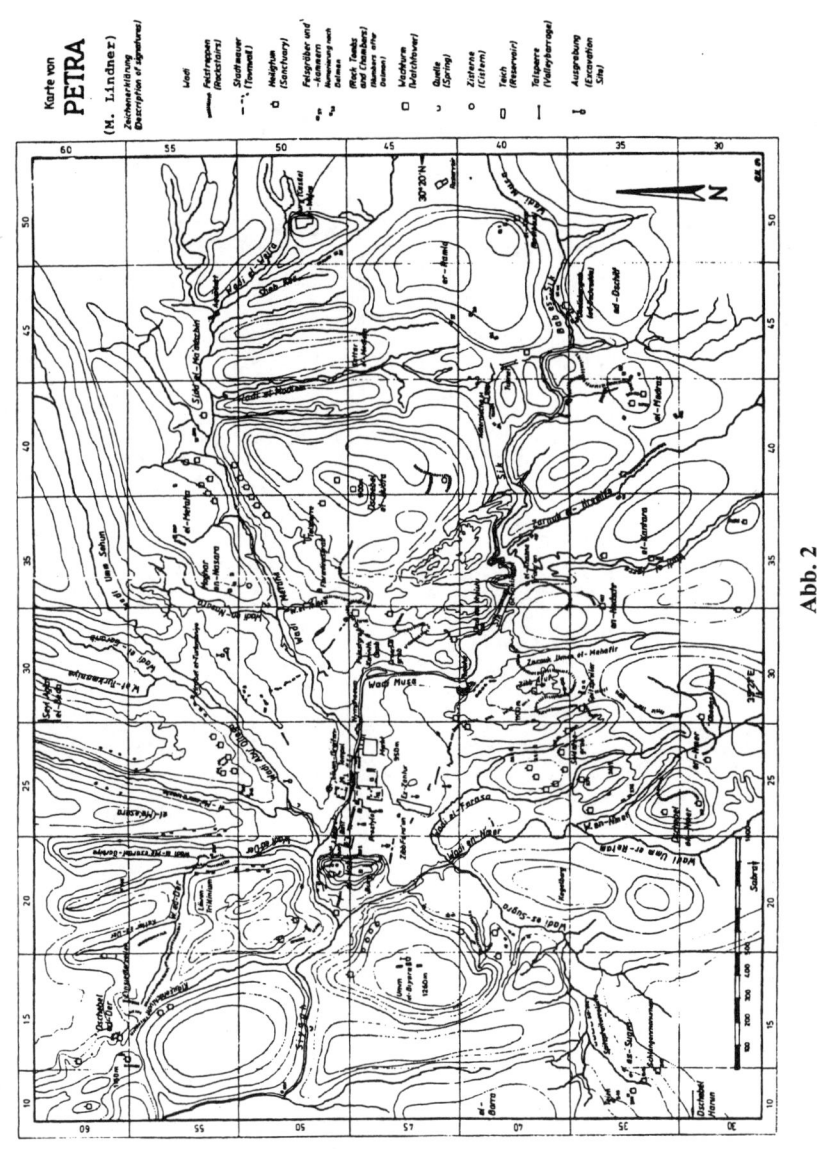

Abb. 2
aus: Wenning 1987, Karte 18

Die Kunst der Selbstverwandlung in imaginären Landschaften

- *Zur Vorgeschichte von Vergils „Arkadien" -*

Hans-Peter Müller

1. Das Problem

1.1. Der Titel meines Vortrags mag auf den ersten Blick irritierend wirken. Zunächst: bewußte Kunst ist immer *Selbstverwandlung*; auch wenn der Künstler ‚seine Welt' darstellt, entwirft er mit einem Imaginationsraum zugleich ein Bild von sich selbst, und zwar nicht nur in einer Ich-Erzählung oder durch Einfühlung in seine Figuren[1]. Dies mag unbewußt geschehen: Es braucht nicht einmal immer das Idealbild eines künstlerischen *Selbst* zu sein; es beruht freilich oft auf einem Verbergen oder Verleugnen dessen, was der Autor als seine Realität erkennt[2]. - Sodann: Geht es um eine Selbstverwandlung *in imaginären Landschaften*, so ist klar, daß der Künstler das Bild seiner *Welt* wie das seiner selbst im Gegensatz zu dem entwirft, was sich ihm von beidem als Realität aufdrängt: Die Realität vermag nicht zu befriedigen; die Kunst muß eine neue, autonome Wirklichkeit draußen und innen schaffen. - Vor allem aber: Der Begriff ‚Kunst' wird im Vortragstitel als *Metapher* gebraucht. Nicht nur der eigentliche Künstler pflegt die ‚Kunst' der Selbstverwandlung in imaginären Landschaften; diese ‚Kunst' ist vielmehr, als Metapher verstanden, eine allgemein menschliche Fähigkeit, von der so lange Gebrauch gemacht werden wird, wie die Realität draußen und innen gerade für das Menschliche im Menschen enttäuschend ist. Der Künstler aber, vor allem der Dichter, vermag eine ‚Kunst', die unser aller Menschsein ausmacht, lediglich in beispielhafter, prototypischer Weise zu verwirklichen.

Es ist nun aber kein Zufall, daß die ‚Kunst' der Selbstverwandlung in imaginären Landschaften im Ausstrahlungsbereich des *Religiösen* gepflegt wird; genauer: Sie treibt da ihre schönsten Blüten, wo das Religiöse seine erste und unmittelbarste Überzeugungskraft einbüßt. Zuerst ist es die mythische

---

[1] Letzteren Aspekt hat Elias Canetti, der den Dichter bekanntlich einen „Hüter der Verwandlungen" nannte, betont (Der Beruf des Dichters, in: Canetti, Das Gewissen der Worte, 1976², 257-267, bes. 263f.).
[2] Vgl. Vf., Theologie und Religionsgeschichte im Blick auf die Grenzen historisch-kritischen Textumgangs, ZThK 94, 1997, 317-335, bes. 319.

Religion, die eine enttäuschende Realität nach Maßgabe dessen zurechterzählt, was unserer Vernunft und unseren Emotionen als eher zumutbar erscheint. Sie kann das mit gutem Gewissen tun; denn unser ganzer Erkenntniswille wird von dem Interesse gesteuert, uns in unserer Welt einzunisten, die Welt für ein erkennendes Selbst wohnlich zu machen. Alle Welt- und Selbsterkenntnis ist Welt- und Selbstanverwandlung, ist Assimilation, so wie die Pflanze anorganische Stoffe ihrer eigenen organischen Struktur anverwandelt, assimiliert. Schon unsere Sinnesorgane nehmen ja nur auf, was wir für unser Überleben und unsere Lebensoptimierung brauchen. Speziell Religion hat seit je die ‚Kunst' zu pflegen versucht, Welt menschgemäß zurechtzuinterpretieren und entsprechend auch das Selbst des Menschen zu verwandeln[3]. Eine Krise freilich entsteht, wenn Religion in ihrer ursprünglichen Assimilationskraft geschwächt ist. Dann muß die ‚Kunst' der Weltinterpretation und Selbstverwandlung mehr und mehr von der Kunst im engeren Sinne geleistet werden: Die Wortkunst des Dichters hat schon immer zum Mythos, zur religiösen Sage und zur Legende oder zu Gotteslob und Klage, wie wir sie aus den alttestamentlichen Psalmen kennen, ihren Beitrag geleistet. In Spätzeiten von Kulturen aber löst die Kunst, nun wieder im engeren, nicht-metaphorischen Sinne verstanden, die eigentliche Religion mehr oder weniger bewußt in diesen Funktionen ab; Befriedigungen, die jetzt bei der Religion vergeblich gesucht wurden, werden vorwiegend in der Kunst gefunden[4]. Das Schöne wird für das Heilige transparent und ersetzt es schließlich.

1.2. Ein klassisches Paradigma für eine künstlerische Ersatzwelt gegenüber der Realität ist das ‚*Arkadien' Vergils*: Das verlorene Paradies des einstigen religiösen Mythos scheint hier im dichterischen Wort zurückgewonnen - freilich ohne öffentliche Verbindlichkeit und nur für den erregten Augenblick eines individuellen Affekts.

Vergil lebte von 70 bis 19 v. Chr. Er schuf dem mächtig aufstrebenden römischen Staat der ersten Jahre des augustäischen Kaisertums in der „Äneis" ein Nationalepos, das an Homer anknüpfte und ihn zumindest für den

---

[3] Sigmund Freud hat mit dem Hinweis darauf bekanntlich den illusionären Charakter religiösen Glaubens zu begründen versucht: während es „die Hauptaufgabe der Kultur" ist, „uns gegen die Natur zu verteidigen", versuche die Religion, „die Natur zu vermenschlichen"; indem der Mensch den Naturkräften „Vatercharakter" gibt, sie „zu Göttern" macht, folge er „dabei nicht nur einem infantilen, sondern auch ... einem phylogenetischen Vorbild" (Die Zukunft einer Illusion, in: Gesammelte Werke 14, 1948, 323-380, hier 336. 338f.).

[4] Friedrich Nietzsche konnte dabei die Kunst gegen die Religion ausspielen: Jene sei „viel eher zu benutzen, um das mit Empfindungen überladene Gemüt zu erleichtern"; dagegen könne (und solle) man „die Bedürfnisse, welche die Religion befriedigt hat und nun die Philosophie befriedigen soll, ... schwächen und ausrotten" (Menschliches, Allzumenschliches I, in: G. Colli / M. Montinari [edd.], Nietzsche, Werke. Kritische Gesamtausgabe IV 2, 1967, 44).

lateinischen Sprachraum ersetzen sollte. Aber nicht davon soll hier die Rede sein, sondern von einem bescheideneren, aber vielleicht geistesgeschichtlich wirksameren Werk, seinen Hirtengedichten, den Bucolica (Eklogen) aus den Jahren 42-39 v. Chr.[5]; auf sie vornehmlich geht die Erfindung ‚Arkadiens' als einer imaginären Landschaft, eines Ortes künstlerischer Selbsterfindung, zurück. Das reale Arkadien im Peloponnes war freilich nur eine arme Gebirgsgegend, die ihr Hirtenvolk kaum zu ernähren vermochte. Der Zivilisationsüberdruß des Dichters, sein ‚romantischer' Antiurbanismus aber hat daraus ein naturbelassenes Idyll mit Schäfern und Sängern, ein Land der Liebe und der Dichtung gemacht, als das es auch in unserem Bewußtsein weiterlebt.

Et in Arcadia ego wurde in der Übersetzung „Auch ich in Arkadien!" zum Motto von Johann Wolfgang von Goethes „Italienische(r) Reise"[6]; es war geradezu ein Leitwort klassisch-dichterischen Kulturbewußtseins. Die ‚Bukolik' vollends lebte schon lange zuvor von der Selbstverwandlung in Hirtenrollen, von geselligen und dichterischen Travestien, die eine lyrische Gattung begründeten. Wir kennen die entsprechenden Stimmungen aus der Hirtenmusik in Johann Sebastian Bachs Weihnachtsoratorium. Auch die Schäferromane der italienischen und spanischen Renaissance[7] sowie des Barock[8], die zugleich ein utopisch-illusorisches Gesellschaftsideal repräsentieren, und die Schäferspiele des Rokoko gehören in diese Atmosphäre. Schließlich denke man an die erste Szene in Goethes „Torquato Tasso", einem Schäferspiel zweier Frauen - mit dem Bilde Vergils zur Rechten, dem Ariosts zur Linken, die beide bekränzt werden.

Das Arkadien Vergils, seine Hirten- und Poetenlandschaft, ist eine empfindsame Phantasiewelt. Martin Luther hat sie mißverstanden, als er am 16. Februar 1546, zwei Tage vor seinem Tode, auf einen Zettel schrieb, den Vergil in seinen Bucolica und Georgica könne niemand verstehen, er sei denn fünf Jahre Hirte oder Bauer gewesen[9]. Im Gegenteil: Nur wer die harte Realität arkadischen Hirtenlebens *nicht* aus eigener Erfahrung kennt, versteht Vergils Idealisierungen. Wo auf der Welt gäbe es auch Hirten, die in Hexametern

---

[5] Text, Übersetzung und Kommentar: F. Klingner, Virgil. Bucolica, Georgica, Aeneis, 1967, 9-174.

[6] In einer Anmerkung fügt Goethe hinzu: „Nach dem Lateinischen *Et in Arcadia ego*, einem Spruch, der vor allem bekannt geworden war durch ein Gemälde Poussins im Louvre in Paris, auf dem drei Hirten und ein Mädchen ein Grabmal mit dieser Inschrift betrachten. Arkadien galt seit der Schäferpoesie der italienischen Renaissance (Sannazaros ‚Arcadia') als das Land friedlichen Glücks."

[7] Vgl. zu Sannazaro Anm. 6. - Aus der spanischen Renaissance ist auf Jorge de Montemayors „Diana" (1559), Miguel de Cervantes Saavedras „Galatea" (1585) und Lope Félix de Vega Carpios „Arcadia" (1590) hinzuweisen.

[8] Hier sei nur an Martin Opitz' „Schäfferey von der Nimfen Hercinie" (1630) erinnert.

[9] Der Wortlaut ist nicht einheitlich überliefert: Tischreden V, Weimar 1919, Nr. 5468 und 5477; vgl. M. Brecht, Martin Luther III: Die Erhaltung der Kirche 1532-1546, 1987, 367. 427.

parlieren? Man müßte vielmehr die antiken Städte Italiens mit ihrer drangvollen Übervölkerung, dem Lärm ihres Händler- und Handwerkerfleißes und wohl auch die politischen Repressionen der Zeit kennen, um die Motivation zur Flucht daraus nachempfinden zu können[10]. Vor allem: Man muß sich die emotionale Leere, die existentielle Ungeborgenheit vorstellen, die der Kraftverlust überkommener Religionen unter dem Druck von Traditionsabbrüchen und Überlieferungssynkretismen hinterließ; ein hellenisches Scheinparadies aus sehnsüchtigen Projektionen sollte die ideale ‚Urzeit' eines längst nicht mehr ernstgenommenen Mythos ersetzen und so die von den alten Göttern verlassene Realität für poetische Stunden erträglicher machen.

1.3. Mein Anliegen in diesem Vortrag ist es, in der gebotenen Kürze mehr anzudeuten als aufzuzeigen, daß die Hirtenromantik Vergils im östlichen Mittelmeerraum eine lange, nicht nur griechische Vorgeschichte hat[11]. Sie reicht auch in das Alte Testament und sogar in den antiken Vorderen Orient, nach Mesopotamien und in das Ägypten der Amarnazeit, zurück[12]. Eben an dieser offenbar paradigmatischen Vorgeschichte wird deutlich, daß Selbstverwandlungen und imaginäre Landschaften, Travestie und Bukolik einem menschlichen Grundbedürfnis folgen. Was in Spätzeiten von Kulturen literarisch gattungsbildend wirkt, ist tief in der Religiosität des Menschen als einem Element seiner natürlichen Ausstattung verwurzelt; unter dem Druck von Religionsverlust und sozialkulturellen Frustrationen kann darum, was bergen soll, künstlerische und vor allem dichterische Wirklichkeit finden[13]. Wenn die tatsächliche Heimat nicht mehr wohnlich ist, entsteht eine religiöse Landschaft als Seelenheimat.

---

[10] Eine biographische Motivation für die Nostalgie des Ländlichen mag für Vergil im Verlust eines Landgutes gelegen haben, das seine Eltern in der Nähe von Mantua besessen hatten.

[11] Vgl. zur griechischen Vorgeschichte B. Snell, Arkadien. Die Entdeckung einer geistigen Landschaft, in: Snell, Die Entdeckung des Geistes, 1993[7], 255-274.

[12] Vgl. Vf., Travestien und geistige Landschaften. Zum Hintergrund einiger Motive bei Kohelet und im Hohenlied, ZAW 109, 1997, 557-574.

[13] Vgl. zum Thema H. Timm, Das ästhetische Jahrzehnt. Zur Postmodernisierung der Religion, 1990.

2. Nomadennostalgie, Travestie und Wunschlandschaften im Alten Testament und dem alten Vorderen Orient

2.1. Die alttestamentliche Überlieferung verherrlicht streckenweise die Lebensform und Religion des Nomaden.

Dies ist zunächst in den Sagen von Abraham, Isaak und Jakob, den Vätern Israels, der Fall. Ihre religiöse Basis ist eine frühe und doch zugleich beständige Familialreligion[14], die neben und in latentem Gegensatz zur offiziellen Religion des Staates und seines Kults, zur zeitweisen Stammesreligion, zur Dorf- und Urbanreligion und natürlich zur Weisheitsreligion Israels und des alten Vorderen Orients steht. Die Erzähler nun versetzen die Vätererzählung in eine Zeit des Halbnomadentums, obwohl die Religion der Väter auch Züge der Seßhaftigkeit, allenfalls des Frühbauerntums trägt[15]. Die Nomadenzeit und die ihr entsprechenden Landschaftsvorstellungen galten nun einmal als prototypisch, als in vielfacher Hinsicht stiftend und normativ. „Jedes Herkommen" wird, so bemerkte Friedrich Nietzsche, „fortwährend ehrwürdiger, je weiter der Ursprung abliegt, je mehr dieser vergessen ist"[16].

Auch Mose und David, die ebenfalls sagenhaften Begründer der israelitischen Kultreligion bzw. eines offenbar sakralen Königtums, sollen wie die Väter Hirten gewesen sein, als Gott sie berief (Ex 3,1-6; 1 Sam 16,11; 2 Sam 7,8). Ähnlich nostalgisch stellt Am 7,10-17, eine ideale Szene, die ein Gespräch zwischen Amos und dem Oberpriester von Bethel fingiert, den Propheten als Großviehhirten dar, der „hinter der Herde weg" zum Sprecher seines Gottes erkoren wurde[17]. Und das Buch des Propheten Hosea hält eine

---

[14] Zur Sonderstellung der Familialreligion vgl. R. Albertz, Persönliche Frömmigkeit und offizielle Religion. Religionsinterner Pluralismus in Israel und Babylonien, CTM 9, 1978, speziell zur ‚Religion der Erzväter' als Ausdruck familialer Frömmigkeit 77-91. Doch hatte die Familialreligion innerhalb des religiösen Pluralismus Israels mehr als eine, die von Albertz sog. „offizielle", Alternative. Vgl. Anm. 15.

[15] Vgl. E. Blum, Die Komposition der Vätergeschichte, WMANT 57, 1984, darin zur Datierung des Stoffs der Jakobserzählung 192 (Vorstufen in der Davidszeit), 202f. (Zeit Jerobeams I), der Abraham-Lot-Erzählung 504f., Anm. 22, der Vätergottbezeichnung Gen 31,53 und dem genealogischen System der Vätererzählung 198f. bzw. 483-490 (beides aus vorstaatlicher Zeit); dazu R. Albertz, Religionsgeschichte Israels in alttestamentlicher Zeit I, GAT 8/1, 1992, 51. An „Verhältnisse neben und nach dem Israel der staatlichen Zeit" denkt Chr. Levin, Der Jahwist, FRLANT 157, 1993, 395; zur Datierung der Jakobserzählungen frühestens in der späten Königszeit vgl. jetzt H. M. Wahl, Die Jakobserzählungen. Studien zu ihrer mündlichen Überlieferung, Verschriftung und Historizität, BZAW 258, 1997, bes. 307-310. - Insbesondere die wichtigen Segensvorstellungen der Vätererzählungen gehören in ein bäuerliches Milieu - etwa wenn die vom Segen übermittelte Kraft Fruchtbarkeit nicht nur bei Menschen (Gen 24,60 u.ö.) und Vieh (30,27.29f.), sondern auch beim Acker (27,27b.28) bewirkt.

[16] A.a.O. (Anm. 4), 91.

[17] Vgl. zum fiktiven Charakter von Am 7,10-17 die Einzelargumentation bei Vf., ZAW 109 (Anm. 12), 563f.; Am 7,15 nimmt den kontextuell neu einsetzenden, am ehesten

weithin imaginäre Nomadenzeit Israels in einer Landschaft außerhalb der Ackerbaukultur zugleich für die Zeit und den Platz seines idealen Gottesverhältnisses (9,10; 13,5f.), zu dem Gott es nach den Gerichten, die es ankündigt, zurückführen wird (2,16f.; 12,10). Geradezu ein eschatologisches Idyll, das den Lebensbedürfnissen von Hirten entspricht, entwirft Jes 11,6f., wenn der Friede der Endzeit zuerst dem nomadischen Lamm und dem Böckchen, dann erst der bäuerlichen Kuh mit ihren Jungen zugute kommen soll[18]. Auch die Hiobrahmenerzählung (Hi 1f.; 42,10ff.) atmet Patriarchenatmosphäre in einer Nomadenlandschaft. Ps 23 vollends fügt die Gottesvorstellung in das Modell eines Hirtenidylls und versetzt uns dazu in ein einigermaßen realitätsfremdes Milieu mit lauter grünen Weiden und Wasserplätzen, worin auch eine finstere Schlucht keine Einbuße an Geborgenheit bedeutet.

2.2. Auch in Mesopotamien gehört das Bild vom Hirten, das hier vor allem für Könige gebraucht wird, zum festen Metaphernbestand, obwohl es im urbanisierten Kulturland doch eigentlich lebensfremd ist; auch hier wird das Frühe idealisiert, obwohl dessen verbleibende Vertreter, die Nomaden, inzwischen auch zur Bedrohung geworden sind. Die Konzeption geistiger Landschaften mag schon durch die hohe Gartenkultur Mesopotamiens gefördert worden sein. Bereits die altbabylonische lexikalische Serie *ana ittišu* IV bezieht sich auf die Landwirtschaft, speziell Kol. II 22-39; III 17-51 auf den durch Brunnenwasser ermöglichten ertragsorientierten Gartenbau[19]. Nach der Gilgamesch-Sage war in Uruk eine (übertrieben bezeichnete) große Landfläche für $^{giš}kirî\,^{meš}$ „Gärten" vorbehalten (XI 306)[20]. In KAR 158 VII 35 wird - offenbar als Liedanfang - ein *šandanak kirî ṣiḫāti* „Obergärtner im (wörtlich: des) Garten(s) des Lachens", d. h. im Liebesgarten, genannt[21]; den Begriff

---

deuteronomistischen Satz 2 Sam 7,8 auf, wenn nicht hier und dort eine sprichwörtliche Wendung vorliegt. Auch die von der Szene vorausgesetzte oberpriesterliche Aufsicht selbst über die freien Propheten dürfte schwerlich historisch, sondern eher eine ganz nachträgliche Fiktion sein.

[18] Zum Garten als „eine(r) Umschreibungsmöglichkeit für einen jenseitigen Endzustand" schon in der paganen Antike vgl. K. Stähler, Christus als Gärtner, in: FS H. Brandenburger, Boreas 17, 1994, 231-236, hier 234; ders., Der Gärtner als Herrscher, in: R. Albertz / S. Otto (edd.), Religion und Gesellschaft 1, AOAT 248, (1997), 109-114.

[19] B. Landsberger, Materialien zum sumerischen Lexikon I, 1937, 52ff.150ff., zum Gartenbau allgemein W. von Soden, Einführung in die Altorientalistik, 1985, 96-98.

[20] Vgl. E. Ebeling, Art. ‚Garten', RlA 3, 1957-1971, 147-150, zu *ana ittišu*: 148, zu Gilg XI 306: 147. Einen Paradiesgarten, dessen Bäume Edelsteine als Früchte tragen, findet Gilgamesch auf seinem Wege zu Utnapištim (IX 5,47ff.); vgl. Vf., Parallelen zu Gen 2f. und Ez 28 aus dem Gilgamesch-Epos, ZAH 3, 1990, 167-178.

[21] Vgl. M. Riemenschneider, Art. ‚Gärtner', RlA 3, 1957-1971, 150; AHw 1001; CAD Š III, 375a. - Zur orientalisch-antiken Kulturgeschichte des Gartens allgemein vgl.

konstituiert hier bereits eine erotische Metaphorik. Baumgärten und größere Parks (*kirimaḫḫu*) mit fremden Bäumen und Tieren besaßen die neuassyrischen Könige; in Babylonien gehörten Baumgärten zu Tempeln. Der Gärtner (*nukaribbu*) hatte große Bedeutung, wie schon die Häufigkeit seiner Erwähnungen zeigt.

2.3. Haben die Katastrophen seiner Geschichte Israel gelehrt, eine weithin fiktive Frühzeit geradezu mythisch zu überhöhen, so wird eine solche Fiktion in assimilationsbereiter Spätzeit, dem hellenistischen 3. Jh. v. Chr., zum Modell einer poetischen bzw. weisheitlichen Travestie, einer dichterischen bzw. philosophischen Selbstverwandlung.

2.3.1. Das Hohelied[22] enthält Travestien nach oben wie nach unten: Die Liebenden verlassen in Gedanken ihren realen, wohl ohnehin nicht eben dürftigen sozialen Platz in einem städtischen Milieu und erfinden für sich eine Königsrolle - Travestie nach oben - oder eine Hirten- und Gärtnerrolle - Travestie nach unten. Der Mann wird in der Travestie nach oben zu Salomo, der umgeben von Kriegern auf einem prachtvollen Sessel in das Haus seiner Braut getragen wird; der Hintergrund des Zeremoniells im Hochzeitsbrauchtum ist offensichtlich (3,6-11, vgl. 1,4.12). Den Möglichkeiten einer in den hellenistischen Reichen aufstrebenden Händlerschicht, aus eigener Kraft ein großes Glück zu machen, entsprechen die zum Teil exotischen Wohlstands-, ja Luxusgegenstände, mit denen eine dichterische Phantasie die Aktanten des Hohenliedes umgibt. Aufs äußerste wird die Travestie nach oben gesteigert, wenn insbesondere die Frau geradezu gottheitliche Züge annimmt, indem sie „wie die Morgenröte" majestätisch herabschaut und dabei „schön wie der weiße Mond" ist, „lauter wie die Sonnenglut (und) schrecklich wie die Himmelsbilder" (6,10). - Travestien nach unten vollends stellen, nun eine in Israel offenbar tief verwurzelte Nomadennostalgie aufnehmend, die Hirtenrolle in Hld 1,5f.7f. und eine in die erotische Metaphorik spielende Gärtnerrolle in 4,16; 5,1; 6,2.11 dar: Die junge Frau ist selbst ein ‚Garten' (4,12) oder ein ‚Weingarten' (1,6; 8,11f.); das Bild vom „Weiden" des jungen Mannes in Gärten und Balsambeeten (6,2) oder unter Lilien (2,16; 4,5; 6,3) aber identifiziert ihn mit dem Herdentier und verbindet so gleichzeitig Hirten- und Gartenatmosphäre miteinander. - Wenn manches andere eher alltäglich wirkt, so konnte nicht nur die Flucht in eine imaginierte Nischenrolle, sondern auch

---

J.-C. Margueron, Die Gärten im Vorderen Orient, in: M. Carroll-Spilleke (ed.), Der Garten von der Antike bis zum Mittelalter, Kulturgeschichte der antiken Welt 57, 1992, 45-80.
[22] Vgl. zum folgenden Vf., Das Hohelied, in: Vf. / O. Kaiser / J.A. Loader, Das Hohelied. Klagelieder. Das Buch Ester, ATD 16/2, 1992, 3-90; ders., Menschen, Landschaften und religiöse Erinnerungsreste, ZThK 91, 1994, 375-395 - jeweils mit Literatur.

die Poesie des Alltäglichen in den heillosen politischen Wirren der hellenistischen Frühzeit ein willkommener Ausweg sein.

Die Landschaft, in die das Hohelied die Liebenden dichterisch versetzt, ist deutlich imaginär: Gotthaltig wie die theomorphen Aktanten ist ihre Umgebung; religiöse Erinnerungsreste an eine versunkene heidnische Naturfrömmigkeit machen die lyrische Gestimmtheit des Ambiente aus.

2.3.2. Für beides, die Travestien nach oben und nach unten sowie für eine Realitätsflucht zu Wunschlandschaften, gibt es schon in der ägyptischen Liebeslyrik der Amarnazeit (14. Jh. v. Chr.) Parallelen[23]; vieles, was später noch einmal gleichsam neu entdeckt wird, ist hier vorweggenommen. Schon damals, obwohl in einer Zeit zivilisatorischen Höchststandes, scheint individueller Glücksanspruch, die Sehnsucht nach einer harmonischen Welt vor allem, so groß gewesen zu sein, daß die Realität offenbar als um so düsterer erscheinen mußte.

2.3.3. Bei Kohelet[24], dem fälschlich so genannten „Prediger Salomo", dient die Königstravestie in 1,12-2,12 einem ‚philosophischen' Lebensexperiment: Der ohnehin sehr wohlhabende Mann eignet sich imaginativ königliche Mittel an, um bis an die äußerste Grenze gehen zu können, wenn es gilt, „Weisheit" und „Torheit" auf ihren existentiellen Gewinn zu prüfen[25]. Die „Torheit" (vielleicht besser: das Spiel) der Lebensfreude zu erproben, schafft er sich Phantasielandschaften: Weinberge, königliche Gärten und Parks (*pardēsîm*[26]) mit kunstvoller Bewässerung, wie sie schon die neuassyrischen Könige seit Tiglatpileser I., der von 1115 bis 1077 regierte, und vor allem Sanherib, von 704 bis 681, für sich erbauen ließen[27]. Sagenhaft sind die „hängenden Gärten", die Ktesias (5./4. Jh.) bei Strabo 16.1 2,5 (C 737f.) mit Semiramis, deren historisches Vorbild wohl dem 9. Jh. v. Chr. angehört, Diodor Siculus 2, 10,1 dagegen ausdrücklich mit „eine(m) der späteren Könige Syriens (Assyriens)" in

---

[23] Vgl. A. Hermann, Altägyptische Liebesdichtung, 1959, 111-124, zur babylonischen, ägyptischen und biblischen Gartentopik B. Jacobs-Hornig, Art. גן *gan*, ThWAT II, 1977, 35-41.

[24] Vgl. zum folgenden Vf., Neige der althebräischen „Weisheit", ZAW 90, 1978, 238-263; Der unheimliche Gast, ZThK 84, 1987, 440-464, beides wieder abgedruckt in: Vf., Mensch, Umwelt, Eigenwelt. Gesammelte Aufsätze zur Weisheit Israels, 1992, 143-168. 169-193.

[25] Ein Hintergrund im Brauchtum, wie er bei der Königstravestie im Hohenlied vorliegt, fehlt hier natürlich. - Die Travestie nach unten fehlt bei Kohelet. Dagegen finden sich Solidarisierungen mit unteren Ständen; dazu zuletzt Vf., ZAW 109 (Anm. 12), 559f.

[26] Der persische Terminus *paridaida* bezeichnete zur Zeit der Achämeniden die königlichen Domänen; vgl. W. Hinz, ZA 61, 1971, 295; HAL s.v. פַּרְדֵּס. In Hld 4,13 wird er in einem allgemeineren Sinne gebraucht: *pardēs rimmônîm* „Granatapfelhain".

[27] Vgl. Ebeling, a.a.O. (Anm. 20), 147f.

Verbindung bringt[28]. Das unmittelbare Vorbild für Kohelets Phantasiegebilde dürfte freilich in entsprechenden Luxusanlagen der alexandrinischen Ptolemäer gelegen haben[29], zu denen die unterworfenen alten Königsstädte wie Jerusalem mit Bewunderung aufblickten, zumal seit Ptolemäus I. Soter die ägyptischen Diadochen kultische Verehrung genossen[30]. Weinberge, Gärten und Bewässerungsanlagen schreibt eine seltsame, jüngst in Amman gefundene poetische Flascheninschrift des 7. Jh.s v. Chr.[31] auch dem Ammoniterkönig Amminadab zu; der Text verbindet die Aufzählung dieser „Werke" mit dem Wunsch, der Aufforderung, zu jubeln und sich viele Tage und Jahre zu erfreuen. Die künstliche Landschaft von Königen ist bei Kohelet zur imaginären Landschaft geworden; die Frauen, mit denen der fiktive „Salomo" sich darin vergnügt (2,8), lassen wiederum eine Assoziation mit dem Hohenlied zu. Nicht umsonst fallen bei Kohelets Lebensexperiment die Würfel zuletzt für die „Torheit" der Lebensfreude; denn anders als die ergebnislose Wahrheitssuche der „Weisheit" verspricht sie nicht mehr, als sie auch zu halten vermag.

2.3.4. Eine imaginäre Selbsterfindung und die Flucht in ‚geistige Landschaften' scheinen einen gemeinsamen sozialgeschichtlichen Hintergrund zu haben - zumindest wenn unsere Vermutung, daß beide Texte bessergestellten Kreisen entstammen, richtig ist; nicht umsonst erscheint das Hohelied denn auch wie die dichterische Verwirklichung der Lebensfreude, zu der Kohelet als ultima ratio seines philosophischen Lebensexperiments rät. Unter den Ptolemäern konnte eine weisheitlich ‚gebildete', wirtschaftlich potente autochthone Führungsschicht nun einmal die politische Macht nicht ausüben, zu der sie die geistigen und ökonomischen Möglichkeiten besaß. In den neu gegründeten hellenistischen Städten vor allem, den Zentren der Hellenisierung des Orients und der Diadochenherrschaft, war die Anpassung darüber hinaus eine

---

[28] G. Wirth / O. Veh / Th. Nothers, Diodoros. Griechische Weltgeschichte Buch I-X, Band I, 1992, 146 mit Kommentar 310, auf dessen Angaben wir hier zurückgreifen. Bei Semiramis handelt es sich vermutlich um Sammuramit, die Gattin des neuassyrischen Königs Šamši-Adad V (824-810 v. Chr.).

[29] Vgl. M. Carroll-Spillecke, Griechische Gärten, in: dies. (ed.), a.a.O. (Anm. 21), 153-175, hier 169f.

[30] In Lapethos (= Larnax tīs Lapīthou auf Zypern) ist Ptolemaios I. Soter die griechisch-phönizische Bilingue KAI 42 geweiht worden, worin er nach der „Athene Soteira Nike" (= „Anat, der Zuflucht der Lebenden") als Empfänger eines Altars als Weihgabe erscheint. Zu Ptolemaios II. Philadelphos vgl. E. Staiger, Theokrit, 1970, 9, zur kultischen Verehrung des lebenden Herrschers in hellenistischer Zeit überhaupt C. Schneider, Kulturgeschichte des Hellenismus, 1969, 891-905.

[31] Erstpublikation: F. Zayadine / H.O. Thompson, The Ammonite Inscription from Tell Siran, Berytos 22, 1973, 115-140; vgl. Vf., Kohelet und Amminadab, in: A.A. Diesel u.a. (edd.), „Jedes Ding hat seine Zeit ...". Studien zur altisraelitischen und altorientalischen Weisheit, Diethelm Michel zum 65. Geburtstag, BZAW 241, 1996, 149-165.

Voraussetzung des Aufstiegs von Individuen und Gemeinwesen[32]: Nicht zufällig schweigen das Hohelied und Kohelet völlig von JHWH und seinem Volk Israel. Für die geistig-religiösen Bedürfnisse aber blieb angesichts von Skepsis und Resignation, wie sie sich bei Kohelet ausdrücken, nur der Weg nach innen: in Wunschrollen und ideales Ambiente, die im Hohenlied mit uraltheidnischen Erinnerungsresten verbunden sind[33].

3. Travestie und Wunschlandschaften in Hellas und Rom

Außerordentlich reich ist die Geschichte der Selbstverwandlung in imaginären Landschaften durch das alte Hellas geworden.

3.1. Schon die Ilias verklärt in 18,525-529 das harte Hirtenleben auf eine ironisch-doppelbödige Weise: Die epische Bildbeschreibung (Ekphrasis) befaßt sich mit einer Darstellung auf dem Schild des Achilleus, wonach Hirten unter einer kriegerischen Bedrohung, von der sie nichts ahnen, sich mit dem Spiel der Syrinx unterhalten, das offenbar hier schon als hirtentypisch gilt; alsbald aber erreicht sie ihr Schicksal. Weit von der Realität entfernt dürfte auch die Bemerkung in 8,(555-)559 sein, daß sich die Hirten am Glanz des nächtlichen Himmels „erfreuen"[34]; die Nächte werden wohl eher gefährlich gewesen sein. Offenbar verbinden sich Verklärung und Geringschätzung miteinander; aristokratisch herablassendes Mitleid konnte widersprechende Gefühle vermitteln[35]. - Beides berührt sich auch in der Erzählung von der Berufung Hesiods durch die Musen in Theogonie 22-26, einem Text, der der ‚Berufung des Amos' in der idealen Szene Am 7,10-17 sachlich nahesteht[36]: Einerseits würdigen die Musen am gotterfüllten Helikon einen Hirten ihrer hohen Berufung[37], so wie JHWH seinen Propheten „hinter der Herde" wegholt; andererseits beschimpft der Dichter seine Standesgenossen durch den Mund der Musen als „unbehauste,

---

[32] Vgl. A. Dihle, Griechische Literaturgeschichte von Homer bis zum Hellenismus, 1991², 263ff.

[33] Vgl. dazu im einzelnen Vf., ZThK 91 (Anm. 22).

[34] Schon J. Burckhardt (Griechische Kulturgeschichte III, Nachdruck 1977, 77) fand hier „eine Vordeutung" auf bukolische Dichtung. Er verwies dabei auf Il. 4,452 (-455), wonach - in einem Vergleich - Hirten die winterliche Natur beobachten. Vgl. zur eigentlichen Bukolik daselbst 112-116.

[35] Vgl. die Rolle des „göttlichen" Schweinehirten Eumaios in Odyssee 14,3 u. ö.: Ein Mensch niederen Standes verkörpert als einziger die gehörige Treue zu seinem Herrn und darf den Heimkehrenden als erster aufnehmen.

[36] Vgl. zu Hesiod, Theog. Vf., ZAW 109 (Anm. 12), 566, zu Am 7,10-17 daselbst 563f. und oben Anm. 17.

[37] Hesiod spricht in Theog. 32 von sich selbst in Worten, die in Il. 1,70 auf den Priester Kalchas angewendet werden; Snell, a.a.O. (Anm. 11), 321, Anm. 24.

übel beleumundete Gestalten, nichts als Bäuche". Da Hesiod mit der Erzählung einem Legitimationsbedürfnis zu genügen sucht[38], dürfen wir annehmen, daß der Hirte auch im Bewußtsein der Adressaten von Theog. 22-26 zugleich als inspirationsempfänglich und als sozial geringwertig galt.

3.2. Verklärte Landschaften, wenn auch nicht immer mit Hirten, sind so alt wie die griechische Lyrik. Bekannt ist das Gedicht Sapphos 98 D., das die Sehnsucht der Dichterin nach einem in Sardes verheirateten Mädchen ausspricht, das einst zu ihrem Thiasos gehörte; sie wird mit dem Mond am Sternenhimmel über dem Meer verglichen[39]:

> Fein und schön lebt sie jetzt unter Lydiens
> Fraun, wie nach Sonnenuntergang
>   rosenfingrig der Mond mit seinem Scheine
> aller Sterne Glanz hell überstrahlt ...

Aber auf einmal scheint die Dichterin zu vergessen, daß Mond und Meerlandschaft nur dem Vergleich dienen: Das Bild löst sich aus seiner metaphorischen Funktion und hat plötzlich Eigenbedeutung[40]; eine poetische Landschaft erscheint:

>   ... sein Licht
>   breitet er über's salz'ge Meer
>   gleicherweise wie über Blumenauen,
>   und da liegt frisch der Tau, und die Rosen blühn
>   und der Kerbel, der zarte, und
>   Honiglotos mit seinen Blütendolden.

Wurde schon hier der literarisch geschilderten Welt vor der unmittelbar erlebten der Vorzug gegeben? Um so etwas wie ‚die Entdeckung einer geistigen Landschaft', wie Bruno Snell es im Blick auf Späteres nannte[41], handelt es sich offenbar.

---

[38] Zu den mannigfaltigen Parallelen, die H. Schult (Am 7,15b und die Legitimation des Außenseiters, in: H.W. Wolff [ed.], Probleme biblischer Theologie, Gerhard von Rad zum 70. Geburtstag, 1971, 462-478) zusammengetragen hat, kommt noch die entsprechende wunderhafte Erzählung auf dem Ehrenmal für den frühgriechischen Lyriker Archilochos auf Paros, das dem Schriftcharakter nach der Mitte des 3. Jh.s v. Chr. entstammt; Text und Übersetzung bei M. Treu, Archilochos griechisch und deutsch, 1979², 40-63, bes. E$_1$ col. II 21-III 15 (S. 42-47), dazu die Erörterungen S. 152-155 und den Kommentar S. 205-209, bes. 207f.
[39] Text und Übersetzung M. Treu, Sappho, 1984⁷, 76f.
[40] Vgl. W. Schadewaldt, Die frühgriechische Lyrik (Tübinger Vorlesungen 3), 1989, 183f.
[41] Vgl. zum Titel des betreffenden Aufsatzes oben Anm. 11.

3.3. Als der Begründer der Hirtendichtung mit ihrer imaginären Landschaft gilt Stesichoros von Matauros, der im 7./6. Jh. v. Chr. im sizilischen Himera wirkte[42]. In einem Chorliede soll er so etwas wie den Stiftungsmythos der Bukolik erzählt haben; wir finden die Überlieferung bei Aelian, einem römischen Sophisten des 2. Jh.s n. Chr., in Varia historia 10,18. Daphnis, der halbgöttliche Prototyp sizilischen Hirtentums, der die Rinder des Helios hütete, wird danach von einer Nymphe geliebt; als er im Weinrausch ihr aber untreu wurde, ist er zur Strafe erblindet. Der in verschiedenen Varianten gestaltete Mythos, der u. a. im 4./3. Jh. v. Chr. von dem Sizilier Timaios von Tauromenion wiedergegeben wird[43] und bei Theokrit[44] und Vergil eine Rolle spielt, wird noch im 1. Jh. n. Chr. von Diodor Siculus (4,84) in den ein wenig märchenhaften „heraischen Bergen" Siziliens beheimatet; Daphnis habe „das bukolische Gedicht und Lied erfunden, das sich bis heute in Sizilien dauernder Beliebtheit erfreut"[45].

3.4. Zum eigentlichen literarischen Genre aber wurde die Bukolik durch die Eidyllia Theokrits[46], der aus Syrakus stammt, zeitweise auf der Insel Kos, aber auch in Syrakus am Hofe Hierons lebte und seine fruchtbarsten Jahre am Hofe Ptolemaios' II. Philadelphos (284-246 v. Chr.) in Alexandria verbrachte. Wir vermuten[47], daß sich die Sammlung und die Endgestalt der im Hohenlied gesammelten älteren Gedichte mit ihren Travestien und Landschaftsidyllen der Anregung seitens des kulturell und geistig als übermächtig empfundenen Alexandria, insbesondere der „Alexandrinischen Dichterschule" mit Theokrit, Apollonios von Rhodos und Kallimachos, verdanken. Theokrit pflegt zwar einen anderen Stil und weithin andere Inhalte; doch bleibt das Hohelied durch eine bewußte Kunst der Selbstverwandlung in imaginären Landschaften mit Theokrit verbunden. Alexandria scheint Jerusalem den Anlaß gegeben zu

---

[42] Vgl. Burckhardt, a.a.O. (Anm. 34), 113f., und viele andere; dazu und zum folgenden Vf., ZAW 109 (Anm. 12), 567ff. Stesichoros wird bei Platon, Phaidros, Kap. 22, erwähnt.

[43] Text und Kommentar bei F. Jacobi, Die Fragmente der griechischen Historiker III B, Nachdruck 1964/9, Nr. 566 F 83; der Text des Timaios liegt in einem Exzerpt des Parthenios, Narr. am. 29, vor.

[44] Eid. 1,65ff.; 7,74.

[45] Vgl. Wirth u. a., a.a.O. (Anm. 28) II, 1993, 428f. 597. - Nicht nur Daphnis, auch Hermes kann, wie Hom. Hymn. Hermes 71ff. lehrt, die göttliche Gestalt sein, die das Hirtendasein ätiologisch verklärt; Diodor hat in 4,84,2 Hermes zum Vater des Daphnis gemacht.

[46] Text, Übersetzung und Kommentar: H. Beckby, Die griechischen Bukoliker: Theokrit, Moschos, Bion, 1975, 2-267. 380-536. - Nach Klingner freilich (a.a.O. [Anm. 5], 12) hätte das eigentliche Interesse nicht nur speziell beim Hirtenleben, sondern auch allgemeiner beim alltäglichen „Kleinleben" überhaupt gelegen, „wie es die Peripatetiker entdeckt hatten"; wieder anders Beckby, a.a.O., 354f. 366.

[47] Vf., Das Hohelied (Anm. 22), 3f. 16 mit Anm. 23.

haben, das Traditionsgut eigener Liebeslyrik, von dem wir sonst nichts wüßten, im Hohenlied zu sammeln und zumindest dem sprachlichen Standard der Zeit anzupassen. Daß auch für die Königsfiktion Kohelets der Hof der Ptolemäer ein Vorbild gewesen sein mag, wurde bereits gesagt.

Theokrit hat offenbar die Tradition volkstümlichen sizilischen Hirtengesangs auf ein hohes dichterisches Niveau zu heben gewußt - eine Leistung, die wir schwer einschätzen können, da wir die vorliterarische Bukolik kaum durch literarische Überlieferung kennen. Die Form des Mimos, ursprünglich volkstümlicher und alltäglicher Szenen, deren sich Theokrit in den Eidyllia teilweise bedient[48], geht wiederum auf einen Sizilier, nämlich auf Sophron aus dem 5. Jh. v. Chr., zurück[49]; in einen Mimos hat Theokrit, Eidyllion 1,64ff., ein „bukolisches Lied" eingebracht[50]. Dem Corpus Theocriteum wurden später unechte Stücke im bukolischen Stil zugefügt; Gattung und Stimmung haben Schule gemacht.

Im 2. Jh. v. Chr. wird die Tradition der Bukolik durch Moschos von Syrakus, also wieder einen Sizilier, und Bion von Smyrna, der deutlich in der Nachfolge Theokrits steht, fortgesetzt.

3.5. Noch in den Bucolica Vergils verbindet sich die Poesie eines fernab gelegenen, archaischen Arkadiens[51] mit einer eher realistischen Alltäglichkeit sizilischen Hirtenlebens[52], was der Dichtung - ähnlich der Theokrits[53] - eine innere Spannung und so „das Gewicht eines gewissen Lebensernstes" verleiht[54].

---

[48] Vgl. zum einzelnen A. Körte / P. Händel, Die hellenistische Dichtung, 1960, 201-211, vor allem 221-233.

[49] Vgl. wieder Burckhardt, a.a.O. (Anm. 34), 114, und viele andere.

[50] Wie viel an ägyptischer Tradition, etwa noch aus der Amarnazeit, auf den Alexandriner Theokrit einerseits und auf das Hohelied andererseits einwirkte, wird kaum jemals zu entscheiden sein. Uns scheint auch hierzu ein polygenetischer Ursprung der Bukolik, da dergleichen in der Natur des Menschen angelegt scheint, wahrscheinlicher. - Ein Hirtenlied zur Flöte, das die Schafe beieinander halten soll, erwähnt auch Theokrits Zeitgenosse, der ‚Alexandriner' Apollonios von Rhodos, in Argonautica 1,577; vgl. R. Glei / St. Natzel-Glei, Apollonios von Rhodos: Das Argonautenepos, 1996, 33. 155 Anm. 59.

[51] „Arkadien" wird Buc. 4,58f.; 7,5; 8,23; 10,32 erwähnt; es ist als Schauplatz von Hirtenpoesie älter als Vergil.

[52] „In seiner frühesten Ekloge ... führt Vergil noch nicht arkadische, sondern sizilische Hirten ein (2,21)" (Snell, a.a.O. [Anm. 11], 255); vgl. aber auch die „sizilische Musen" von 4,1.

[53] Körte / Händel, a.a.O. (Anm. 48), 218, wollten offenlassen, „ob die theokritischen Hirten realistisch gesehen sind oder nicht"; vgl. Snell, a.a.O. (Anm. 11), 258.

[54] Klingner, a.a.O. (Anm. 5), 184. - Zum bukolischen Stil Vergils, aber auch zu den Georgica und der „Aeneis" vgl. auch M. von Albrecht, Geschichte der römischen Literatur von Andronicus bis Boethius mit Berücksichtigung ihrer Bedeutung für die Neuzeit I, 1994², 525-564, bes. 526-529, der nuanciert und ein wenig abschwächt: „Vergil prägt die Gattung (scil. der Bukolik) neu: Er reduziert die derb realistischen

So bedient sich auch Vergil des ursprünglich volkstümlichen, nun freilich literarisierten Mimos für die exteriorisierende Darstellung seiner Subjektivität (Buc. 1; 3; 5-9). Die Projektion eines Wunscherlebens in die Menschen einer imaginären Landschaft aber gelingt um so besser, je weniger der dem Lande entfremdete Städter dessen immer noch geringschätzig beschönigte Bewohner wirklich kennen will. Und „nachdem Vergil seine Hirten einmal nach Arkadien versetzt hatte, war es kein großer Schritt, das Bukolische und Mythische ineinandergehen zu lassen - vollends da er Daphnis bei Theokrit in diesen beiden Bereichen fand"[55]. Dazu steht das Arkadien Vergils offenbar unter der Obhut Orpheus', Apollons und Pans, die in 4,55-59 neben anderen genannt werden, freilich nur, um sich gegenüber dem Sänger der 4. Ekloge besiegt zu geben.

Aber nicht nur Theokrit war Vorbild Vergils. „Viel von dem, was man beim Vergleich zwischen Theokrit und Vergil als Eigenheit des Römers anzusehen geneigt ist", so schrieb Friedrich Klingner, „findet man auch bei den späten griechischen Bukolikern: das weiche, gegenständlich vage, gefühlvolle Wesen"; schon sie bewegen sich „in einem Traumland oder, im ungünstigeren Falle, in einer literarischen Scheinwelt"[56]. Cicero (De oratore 1,69) sagt von Nikander von Kolophon, er habe, obwohl er „mit Feldern nicht das Geringste zu tun hatte, über Landwirtschaft kraft einer dichterischen ... Fähigkeit etwas Hervorragendes gedichtet"[57]; Nikander lebte im 2. Jh. v. Chr. Und eine soteriologisch-eschatologische Bukolik in der 4. Ekloge Vergils, wonach die Ziegen von selbst milchstrotzende Euter heimbringen und die Herden den Löwen nicht mehr fürchten müssen (V. 21f.)[58], hat an Jes 11,6f. und Theokrit Eid. 24,86f.[59] Parallelen.- Die Gattungsgeschichte ist sehr verzweigt und reicht weit zurück.

Elemente. Die Ironie verliert an Schärfe; poetisches Zartgefühl schleift die Kanten ab." (526).

[55] Snell, a.a.O. (Anm. 11), 261. Zum kulturgeschichtlichen Hintergrund vgl. M. Fagiola / R. Schezen, Römische Villen und Gärten in Latium, 1997.

[56] A.a.O. (Anm. 5), 13.

[57] Zitiert nach Klingner, a.a.O. (Anm. 5), 178f., der speziell die Georgica Vergils auf das Vorbild hellenistischer Lehrgedichte von der Art Nikanders zurückbezieht.

[58] Der Alttestamentler fühlt sich an die Vätererzählungen erinnert, wenn es von dem *nascens puer* (Buc. 4,8) in V. 15f. heißt, er werde mit Göttern und Heroen verkehren und selbst von ihnen gesehen werden; vgl. Catull, Carm. 64,384-408, wo Entsprechendes von ferner Vergangenheit gesagt wird, als es die späteren Frevel noch nicht gab.

[59] Die Verse, die auf die Himmelfahrt des Herakles folgen, können Einschub sein; vgl. Staiger, a.a.O. (Anm. 30), 133.

3.6. Ein später bukolischer Roman ist Longos' „Daphnis und Chloë" - offenbar aus dem 2. Jh. n. Chr.[60] Der einst halbgöttliche Daphnis wird zum halbkindlichen Handlungsträger in einer idyllisch verklärten, stimmungsvollen Landschaft mit Gottheiten wie den Nymphen, Pan und Eros. Der zivilisations- und gesellschaftsmüde Autor stellt den Hirten und Bauern eine Oberschicht aus den Städten gegenüber: „Das Laster erscheint", wie Goethe am 30. März 1831 zu Eckermann bemerkte, „im Gefolge der Städter ... in einer Nebenfigur, in einem Untergebenen". Die Verwicklung und deren Lösung bewegen sich im Stil der Neuen Komödie. Am Ende steht ein Bekenntnis der beiden Aktanten zum einfachen Leben in einer religiös überhöhten Natur.

4. Auswertung

Wir kommen zu einer kurzen abschließenden Auswertung.

Realitätskorrektur, zuerst als religiöses oder dichterisches Zurechterzählen, als ein Zurechtinterpretieren des Vorfindlichen, dann aber und zugleich als technische und sozialgestalterische Anverwandlung der Realität an die eigenen Bedürfnisse, gehört zu den natürlichen Wesensmerkmalen des Menschen. Wie alle organischen Wesen paßt er nicht nur sich seiner Umwelt an; er paßt die Umwelt auch sich selbst, seinen biologischen und geistigen Bedürfnissen an. Sein primäres Mittel ist dabei die Sprache, die freilich wegen der Begrenztheit ihrer semantischen und logischen (grammatischen) Möglichkeiten die wahrgenommene Wirklichkeit uns ebenso sehr anzupassen wie zu verschließen vermag: Wie wir nur solche Eindrücke überhaupt wahrnehmen können, die sich physiologisch in uns fortpflanzen, so können wir auch nur solche Erkenntnisse haben, die unseren sprachlichen Mitteln entsprechen.

Von solcher am Lebensinteresse orientierten Wirklichkeitsassimilation ist die Selbstverwandlung in imaginären Landschaften ein Teil. Die imaginäre Landschaft der Poesie ist die Form, die die religiöse Landschaft vor allem in Spätzeiten von Kulturen annimmt. Religiöse und imaginäre Landschaften entstehen, obwohl für die klassische Bukolik Sizilien ein historischer Ursprung der betreffenden ‚romantischen' Scheinwelt war, auch spontan und polygenetisch, d. h. ohne historische Vermittlungen; sie ergeben sich wie die dazu gehörige Neigung zur Selbstverwandlung aus der Natur des Menschen, der auch auf diese Weise eine von physischen und moralischen Übeln beherrschte Welt zu transzendieren versucht.

Freilich wird die Flucht in eine religiöse oder literarisch-ästhetische Scheinwelt, auch wenn wir darin nur unsere Umwelt zurechtinterpretieren,

---

[60] Vgl. zum folgenden A. Lesky, Geschichte der griechischen Literatur, (1957/8) 1993, 969, zu Daphnis Vf., Daphnis – ein Doppelgänger des Gottes Adonis, ZDPV 116, 2000, 26-41.

immer auch problematisch bleiben; daran ändert selbst der Tatbestand nichts, daß angesichts unüberwindlicher Übel, die uns in Natur und Gesellschaft bedrängen, ganze Zeitalter dem Bedürfnis nach Travestien und Wunschlandschaften verfallen[61]. „Je mehr Einer dazu neigt, umzudeuten und zurechtzulegen", schrieb wiederum Friedrich Nietzsche, „um so weniger wird er die Ursachen des Uebels in's Auge fassen und beseitigen"[62]. Bekanntlich hat man der Religion wie der Kunst immer gern Eskapismus vorgeworfen. Insbesondere politisch orientierte Menschen vermuten hier einen Realitätsverlust, der handlungsuntüchtig mache.

Umgekehrt wird man ein Recht des Gefühls neben und manchmal vor der Vernunft, ein Recht der Imagination vor der rational gesteuerten Wahrnehmung gerade dann nicht bestreiten wollen, wenn man erkennt, wie stark unsere Vernunft nicht nur von Handlungserfordernissen, sondern auch von emotionalen, ja wunschbestimmten Impulsen geleitet wird. Darum kommt niemand aus ohne Fluchtbewegungen gegenüber dem, was sich uns als Realität aufzudrängen scheint – d. h. was sich einer Wahrnehmung aufdrängt, die doch sich selbst schon unwillkürlichen oder gar willkürlichen Umdeutungen dessen verdankt, was wirklich ist und was wir tatsächlich nicht kennen. Auch das Politische stellt nur *eine* Weise menschlicher Wirklichkeitsassimilation dar. Vor allem: Unser Denken bedarf der Pausen; es stellt sich ja selbst in Pausen des Handelns ein. Und, wie Friedrich Hölderlin[63] sagte,

> ... zuweilen liebt auch klares Augen den Schatten
> und versuchet zu Lust, ehe es Not ist, den Schlaf.

---

[61] Ein zeitgenössisches Beispiel bildet nicht nur das inzwischen auch literarisch obsolete „Einfache Leben" E. Wiecherts, sondern vor allem J. Gionos Imaginationswelt des „Midi". Aber auch M. Prousts „Combray" ist eine solche Wunschwelt, die gebrochen im Medium einer wiederum weithin fiktiven ‚Erinnerung' aufleuchtet; diese selbst wird durch blitzhafte Erleuchtungen, wie sie etwa durch den Geschmack der Madeleine geweckt werden, durch analysierende Reflexion und nicht zuletzt durch den literarischen Ausdruck immer wieder verwandelt, bis sie als neu erschaffene ‚innere Zeit' in die Gegenwart des Künstlers eingeht.

[62] A.a.O. (Anm. 4), 107.

[63] Aus: Brot und Wein. An Heinse II, Z. 7f.

Die astrologische Geographie in der Antike (*)

Godefroid de Callataÿ

Traditionell war die Astrologie in der Antike meistens mit Individuen beschäftigt. Es handelte sich im allgemeinen darum, den astrologischen Einfluß auf das Leben eines bestimmten Individuums zu definieren. Im Zentrum der Welt wurde jede Person von den Astrologen als ein Mikrokosmos betrachtet, dessen Morphologie und Wesen von der Konfiguration der Sterne in dem Augenblick seiner Geburt abhängig waren. Privathoroskope wurden erstellt, ebenso wie es heutzutage für die Leute, die der Astrologie noch vertrauen, gemacht wird.[1]

(*) Dieser Artikel ist die überarbeitete und um Anmerkungen erweiterte Fassung eines Vortrags, der am 2. Februar 1998 im Rahmen des Arbeitskreises zur Erforschung der Religions- und Kulturgeschichte des Antiken Vorderen Orients (AZERKAVO) gehalten wurde. In diesem Vortrag habe ich versucht, einige Ergebnisse meines Arbeitsprojekts als Humboldt-Stipendiat im Institut für Altertumskunde der Universität Münster zusammenzufassen. Für seine ständige Hilfe und für zahlreiche Bemerkungen zu meinem Forschungsprojekt danke ich vor allem Prof. Dr. Wolfgang Hübner, meinem wissenschaftlichen Gastgeber in Deutschland. Für ihr Interesse und Anregungen in Bezug auf diesen Vortrag danke ich Prof. Dr. Alfons Weische, Prof. Dr. Rainer Albertz und Prof. Dr. Dieter Metzler, ebenso wie Dr. Kai Ruffing, der mir freundlicherweise bei der Verbesserung meiner deutschen Fassung geholfen hat. Schließlich ist es für mich eine ganz besondere Freude, mich bei der Alexander von Humboldt-Stiftung zu bedanken, deren großzügige Unterstützung mir erlaubt hat, einen so lehrreichen wissenschaftlichen Aufenthalt in Deutschland zu genießen.

[1] Als zusammenfassende Studien über die Astrologie in der Antike sind zu nennen : F. Boll, "Studien über Claudius Ptolemäus. Ein Beitrag zur Geschichte der griechischen Philosophie und Astrologie", *JbclPh*, Suppl. 21, Leipzig 1894, 49-243 ; A. Bouché-Leclercq, *L'Astrologie grecque*, Paris 1899 (Ndr. Brüssel 1963 und Aalen 1979) ; F. Boll, *Sphaera. Neue griechische Texte und Untersuchungen zur Geschichte der Sternbilder*, Leipzig 1903 (Ndr. Hildesheim 1967) ; F. Cumont, *Astrology and Religion among the Greeks and Romans*, New York 1912 (Ndr. New York 1960) ; F. Boll / C. Bezold / W. Gundel, *Sternglaube und Sterndeutung. Die Geschichte und das Wesen der Astrologie*, Leipzig 1918 (^{7}Darmstadt 1977) ; F. Boll / W. Gundel, "Sternbilder, Sternglaube und Sternsymbolik", in W.H. Roscher (Hrsg.), *Lexikon der griechischen und römischen Mythologie*, VI (1924-1937), 867-1072 ; W. Gundel / H.G. Gundel, *Astrologumena. Die astrologische Literatur in der Antike und ihre Geschichte*, Sudhoffs Archiv, Beiheft 6, Wiesbaden 1966 ; W. Hübner, *Die Eigenschaften der Tierkreiszeichen in der Antike. Ihre Darstellung und Verwendung unter besonderer*

Es gab aber in der Antike auch eine Theorie, die den Einfluß der himmlischen Körper nicht auf den Menschen als Individuum, sondern auf menschliche Gruppen der Erdoberfläche betraf. Das allgemeine Prinzip war, die bekannte Welt in verschiedene Gebiete oder Länder aufzuteilen und diesen Gebieten bestimmte astrologische Einflüsse zuzuteilen. Aus der Antike besitzen wir eine bedeutende Reihe von literarischen Quellen, zum Großteil Abhandlungen über Astrologie, die Berichte im Zusammenhang mit dieser Theorie enthalten. Große Namen wie den des Dichters Manilius und den des Astronomen Ptolemäus finden wir unter den Autoren, die etwas über astrologische Geographie geschrieben haben.

So weit, so gut. Dann aber treffen wir auf erste Schwierigkeiten. In der Tat gibt es nicht nur ein einziges System, in dem man immer dieselbe Art Beziehungen zwischen irdischen und himmlischen Gebieten fände, sondern sehr unterschiedliche Systeme, die auf den ersten Blick fast keine Gemeinsamkeiten miteinander zu haben scheinen. Der spätantike Astrologe Paulus Alexandrinus spricht, wie wir bald ausführlich sehen werden, von einem einfachen und anscheinend primitiven System, in dem nur zwölf Länder der bewohnbaren Welt mit den zwölf Tierkreiszeichen verbunden sind. Mit Manilius und Dorotheos von Sidon wird das System schon komplizierter, denn zwei oder mehr Gebiete sind dort mit jedem Tierkreiszeichen verknüpft. Man kann auch Systeme finden, die Länder nicht den Tierkreiszeichen in Gänze, sondern kleineren Teilen dieser Zeichen zuweisen. Bei Ptolemäus folgt die astrologische Geographie noch viel komplexeren Regeln: Nach seiner Darstellung ist sie gleichzeitig abhängig von Tierkreiszeichen und Planeten, und die Anzahl der Länder auf der Erdoberfläche beträgt mehr als siebzig.

Seit dem französischen Spezialisten Auguste Bouché-Leclercq ist im allgemeinen behauptet worden, daß diese Systeme so wenig schlüssig miteinander und sogar in sich selbst sind, daß es sich sozusagen nicht lohnt, sie zu studieren. Er selbst schrieb in seinem Artikel «Chorographie astrologique», der am Ende des letzten Jahrhunderts veröffentlicht wurde: „Un premier coup d'œil jeté sur les textes dont nous disposons suffit pour montrer que nous avons affaire ici, non pas à un système, mais à une quantité de systèmes disparates: en y regardant de plus près, on s'aperçoit

---

Berücksichtigung des Manilius, Sudhoffs Archiv, Beiheft 22, Wiesbaden 1982 ; Ders., *Zodiacus Christianus. Jüdisch-christliche Adaptationen des Tierkreises von der Antike bis zur Gegenwart*, Beiträge zur Klassischen Philologie 144, Königstein 1983 ; Ders., "Manilius als Astrologe und Dichter", in W. Haase (Hrsg.), *Aufstieg und Niedergang der Römischen Welt*, II 32.1, Berlin / New York 1984, 126-320 ; H.G. Gundel, *Zodiakos. Tierkreisbilder im Altertum. Kosmische Bezüge und Jenseitsvorstellungen im antiken Alltagsleben*, Mainz 1992.

que chacun d'eux n'est pas ordonné d'après une idée maîtresse, mais que les rapports établis entre les signes zodiacaux et les régions reposent sur des associations d'idées extrêmement diverses, dont la plupart nous échappent, si bien qu'on est tenté d'y voir l'oeuvre du caprice et presque du hasard ".[2] In diesem Artikel hielt es Bouché-Leclercq für nötig, die folgende Bemerkung zu machen: „Je n'ai pas l'intention de me mettre à la recherche des liens ténus qui rattachent les diverses parties de ces bizarres canevas géographiques: ce serait une œuvre de longue haleine, aussi laborieuse qu'inutile".[3]

Was der Historiker später in seinem berühmten Buch *L'Astrologie grecque* über die astrologische Geographie schrieb, ist von derselben Art, und so lautet auch die Meinung des Großteils der Spezialisten, die sich seitdem für das Thema interessiert haben. In seinem Artikel «The Geographical Catalogue in Acts II, 9-11», auf den wir bald zurückkommen werden, sprach Stefan Weinstock von geographischen Listen, die „komplex und für eine wirksame Untersuchung ungeeignet sind".[4] G.P. Goold, der letzte englische Herausgeber der *Astronomica* des Manilius, bemerkte: „The Greek astrologers contradict one another to a degree one would have thought positively embarrassing".[5] Kürzlich schrieb noch Simonetta Feraboli in ihrer Ausgabe der Ἀποτελεσματικά des Ptolemäus: „I criteri che regolano le attribuzioni sono sovente arbitrari, nascono da facili ed ingenue associazioni fra il simbolo celeste e le caratteristiche geografiche, oppure dal desiderio di privilegiare una regione (e quindi un popolo) rispetto a un'altra".[6]

Kurz gesagt herrscht unter den Forschern dieses Jahrhunderts der Eindruck, daß die alten Systeme der astrologischen Geographie zu unterschiedlich und auf jeden Fall zu unvernünftig sind, um Thema einer ausführlichen Untersuchung zu werden. Die einzige Ausnahme, die diese modernen Forscher einräumen, ist die klare, obwohl nur teilweise erkennbare Ähnlichkeit zwischen den Systemen der Dichter Manilius und Dorotheos von Sidon. Selten gehen moderne Untersuchungen über den Vergleich dieser beiden Listen hinaus.

---

[2] A. Bouché-Leclercq, "Chorographie astrologique", in *Mélanges Graux. Recueil de travaux d'érudition classique*, Paris 1884, 343.

[3] A. Bouché-Leclercq, "Chorographie astrologique", ibid.

[4] S. Weinstock, "The Geographical Catalogue in Acts, II, 9-11", *JRS*, 38, 1948-1949, 44: „The lists are complicated and do not lend themselves to a promising analysis".

[5] G.P. Goold (Hrsg.), *Manilius. Astronomica*, London / Cambridge, Mass. 1977, xci.

[6] S. Feraboli (Hrsg.), *Ptolemaeus. Tetrabiblos*, ²Mailand 1989, 400.

* * * * *

Ich habe aber das Gefühl, daß es mehr Übereinstimmungen zwischen den alten Listen gibt, als man bisher dachte. Ich habe also versucht, eine breitere und tiefere Untersuchung durchzuführen und die Systeme des Manilius und des Dorotheos mit anderen Listen zu vergleichen. In der Folge dieses Berichts möchte ich vier Systeme miteinander konfrontieren, die meiner Meinung nach etwas Gemeinsames haben. Hier stelle ich sie dar, von dem einfachsten bis zu dem kompliziertesten, ohne die Chronologie zu respektieren. Danach, wenn diese gemeinsamen Elemente aufgespürt und isoliert sind, können wir vielleicht nachprüfen, ob sie zu einem älteren System gehören, und ob dieses eventuelle System einen Sinn macht.

Paulus Alexandrinus

Lassen Sie uns mit der Liste des Paulus Alexandrinus beginnen. In dem zweiten Kapitel seiner Εἰσαγωγικά faßt Paulus Alexandrinus [4. Jh. n. Chr.] die Eigenschaften der zwölf Tierkreiszeichen zusammen.[7] Für jedes ζῴδιον vom Widder (Aries) bis zu den Fischen (Pisces) gibt er eine systematische Beschreibung der wichtigsten Einzelheiten, die man braucht, um den Rest seiner Einführung in die Astrologie zu verstehen. Unter diesen zodiakalen Eigenschaften erwähnt Paulus die κλίματα, d.h. hier die bekannten Länder oder Gebiete auf der Oberfläche der Erde, die mit jedem Zeichen verbunden sind.[8] Die Reihenfolge der κλίματα im Zusammenhang mit den zwölf Tierkreiszeichen lautet:

---

[7] Paulus Alexandrinus, Εἰσαγωγικά, ed. E. Boer, Leipzig 1958, 2. Über Paulus Alexandrinus: W. Gundel, "Paulus 21", in *RE*, XVIII.2, 1949, 2376-2386; W. Gundel / H.G. Gundel, *Astrologumena*, 236-239; D. Pingree, *The Yavanajâtaka of Sphujidhvaja*, Cambridge, Mass. / London 1978, II, 437-438.

[8] Über die κλίματα der antiken Geographie : E. Honigmann, *Die sieben Klimata und die πόλεις ἐπίσημοι. Eine Untersuchung zur Geschichte der Geographie und Astrologie im Altertum und Mittelalter*, Heidelberg 1929. Dazu D.R. Dicks, "The κλίματα in Greek Geography", *CQ*, NS, 5, 1955, 248-255 ; O. Neugebauer / H.B. van Hoesen, *Greek Horoscopes*, Philadelphia 1959, Memoirs of the American Philosophical Society, 48, 3-5.

Symbol	Zeichen	Gebiete
♈	Aries (Widder)	Persien
♉	Taurus (Stier)	Babylon
♊	Gemini (Zwillinge)	Kappadokien
♋	Cancer (Krebs)	Armenien
♌	Leo (Löwe)	Asien
♍	Virgo (Jungfrau)	Hellas / Ionien
♎	Libra (Waage)	Libyen / Kyrene
♏	Scorpio (Skorpion)	Italien
♐	Sagittarius (Schütze)	Kilikien / Kreta
♑	Capricornus (Steinbock)	Syrien
♒	Aquarius (Wassermann)	Ägypten
♓	Pisces (Fische)	Erythräisches Meer / Indien

Also zwölf Zeichen und sechzehn Gebiete, denn wir haben an vier Stellen zwei Gebiete für ein Zeichen. Trotzdem scheint das System des Paulus primitiv, wie es schon von vielen Spezialisten bemerkt wurde, unter anderem von Franz Boll in seinem sehr bekannten Buch *Sphaera*: „Es ist die einfachste und, wenn man aus der Enge des Gesichtskreises schließen darf, die älteste Form der sogenannten astrologischen Geographie".[9] Die Wahl der Länder scheint in der Tat selbst aufschlußreich zu sein. Es geht um eine Welt, in der die nord- und westeuropäischen Länder vollkommen unbeachtet bleiben, als ob diese Gebiete nicht zu der bekannten Welt gehörten. Auch große und bedeutende Länder wie Äthiopien und Arabien scheinen vergessen zu sein, und — wie Housman in seiner Ausgabe der *Astronomica* des Manilius richtig bemerkt — das einzige entfernte Land, das in dieser Liste erwähnt wird, ist Indien.[10]

Es ist also keineswegs überraschend, daß man in dieser Liste den Überrest eines älteren Systems gesehen hat. Franz Cumont, der einen sehr bedeutenden Artikel über «La plus ancienne géographie astrologique» geschrieben hat, war der Ansicht, daß diese Liste ursprünglich auf die Zeit der persischen Vorherrschaft in Ägypten, d.h. vor Alexander dem Großen, zurückgeht. Seine Argumentation stützt sich vorrangig darauf, daß Persien

---

[9] F. Boll, *Sphaera*, 297.
[10] A.E. Housman (Hrsg.), *M. Manilii Astronomicon Liber Quartus*, Cambridge 1920 ([2]1937), xiii.

für sich selbst das erste und daher wichtigste aller zwölf Tierkreiszeichen bekommt, und auch, daß drei der vier sogenannten Paare (Hellas / Ionien; Libyen / Kyrene; Kreta / Kilikien) zusammengestellt zu sein scheinen, als ob jemand in jedem Fall eine bestimmte persische Satrapie (Ionien, Kyrene, Kilikien) neben ein benachbartes und doch unabhängiges Land (Hellas, Libyen, Kreta) hätte stellen wollen.[11] Die Überlegung des belgischen Religionshistorikers ist eher scharfsinnig als überzeugend.

Was andererseits sicher richtig bleibt, ist, daß dieselbe astrologische Geographie mindestens schon im ersten Jahrhundert vor Christi Geburt benutzt wurde. Aus verschiedenen Quellen, die vorzuführen hier nicht der Ort ist, kann man nämlich folgern, daß unsere Liste seit Teukros von Babylon bekannt war. Teukros, dem die sogenannte *Sphaera barbarica* zugeschrieben wird, war ein einflußreicher, aber für die moderne Wissenschaft etwas geheimnisvoller Astrologe, der wahrscheinlich etwas früher als Manilius lebte.[12]

Der Völkerkatalog in den *Acta Apostolorum*

Ein anderes, sicher unerwartetes Zeugnis finden wir in der Passage aus den *Acta Apostolorum*, die das Sprachenwunder an Pfingsten betrifft. An diesem Tag, so lautet der Text, wurde ein riesiger Lärm im Himmel gehört, und der Heilige Geist kam auf die Apostel herunter. Er nahm die Form von Feuerzungen an und vermittelte jedem der Apostel die Fähigkeit, in vielen verschiedenen Sprachen zu kommunizieren. In Jerusalem wohnten damals Juden, die aus allen Ländern der Welt gekommen waren. Dann folgt die Passage mit dem Völkerkatalog: „Πάρθοι καὶ Μῆδοι καὶ Ἐλαμεῖται καὶ οἱ κατοικοῦντες τὴν Μεσοποταμίαν, Ἀρμενίαν [*corr. ex*: Ἰουδαίαν] τε καὶ Καππαδοκίαν, Πόντον καὶ τὴν Ἀσίαν, Φρυγίαν τε καὶ Παμφυλίαν, Αἴγυπτον καὶ τὰ μέρη τῆς Λιβύης τῆς κατὰ Κυρήνην καὶ οἱ ἐπιδημοῦντες Ῥωμαῖοι, Ἰουδαῖοί τε καὶ προσήλυτοι, Κρῆτες καὶ Ἄραβες, ἀκούομεν λαλούντων αὐτῶν ταῖς ἡμετέραις γλώσσαις τὰ

---

[11] F. Cumont, "La plus ancienne géographie astrologique", *Klio*, 9, 1909, 263-273.

[12] Vgl. vor allem die grundlegende Studie von F. Boll, *Sphaera*. Dazu W. Gundel, "Teukros 5", in *RE*, V.A, 1934, 1132-1134 ; W. Gundel / H.G. Gundel, *Astrologumena*, 112-113 ; D. Pingree, *The Yavanajâtaka*, II, 442-443 ; W. Hübner, "Manilio e Teucro di Babilonia", in D. Liuzzi (Hrsg.), *Manilio. Fra poesia e scienza*, Galatina 1983, 21-40 ; Ders., "Teukros im Spätmittelalter", *IJCT*, 1.2, 1994, 45-57. Vgl. allerdings auch D. Pingree, Rezension von : W. Hübner, *Die Eigenschaften...*, *Gnomon*, 54, 1982, 621, wo behauptet wird, daß Teukros im 1. Jh. n. Chr. gelebt habe.

μεγαλεῖα τοῦ θεοῦ".[13]

Ausgehend von einer früheren Mutmaßung des Geschichtswissenschaftlers F.C. Burkitt hat Weinstock in einem Artikel die Notwendigkeit aufgezeigt, die Verbindung zwischen diesem Völkerkatalog und dem System des Teukros von Babylon und Paulus Alexandrinus festzustellen.[14] Weinstocks Parallelisierung bietet sich so dar:

Zeichen	Paulus Alexandrinus Teukros von Babylon	*Acta Apostolorum*
Aries (Widder)	Persien	1. Parther, Meder und Elamiter;
Taurus (Stier)	Babylon	2. Bewohner von Mesopotamien;
Gemini (Zwillinge)	Kappadokien	3. von Armenien;
Cancer (Krebs)	Armenien	4. und von Kappadokien;
Leo (Löwe)	Asien	5. und von Pontus und Asien;
Virgo (Jungfrau)	Hellas / Ionien	6. und von Phrygien und Pamphylien;
Libra (Waage)	Libyen / Kyrene	8. und den Landstrichen Libyens gegen Kyrene hin;
Scorpio (Skorpion)	Italien	9. und Pilger aus Rom (Juden und Proselyten);
Sagittarius (Schütze)	Kilikien / Kreta	10. und Kreter;
Capricornus (Steinbock)	Syrien	
Aquarius (Wassermann)	Ägypten	7. Ägypten;
Pisces (Fische)	Erythräisches Meer / Indien	11. und Araber.

---

[13] *Acta Apostolorum*, 2, 9-11. Für *Armenien* statt *Judäa*, vgl. zum Beispiel die lateinischen Übersetzungen bei Tertullian, *Adversus Iudaeos*, 7 und Augustin, *Contra epistolam quam vocant fundamenti*, in J. Zycha (Hrsg.), CSEL, 25, Prag / Wien / Leipzig, 1891, 204-205.

[14] S. Weinstock, "The Geographical Catalogue", 43-46. Dazu H. Fuchs, "Zum Pfingstwunder, Act. 2, 9-11", *Theologische Zeitschrift* (Basel), 5, 1949, 233-234 ; B. Reicke, *Glaube und Leben der Urgemeinde. Bemerkungen zu Apg. 1-7*, Zürich 1957, 32-37. E. Haenchen, *Die Apostelgeschichte*, durchges. und verb. Auflage (16. Auflage insgesamt), Göttingen 1977, 172-173 nimmt allerdings an, daß die Reihe der Länder in den *Acta* ursprünglich eher der Zahl der Apostel als der Zahl der Tierkreiszeichen entsprach.

Die Ähnlichkeiten zwischen beiden Quellen können unmöglich zufällig sein. Es gibt viele und genaue Entsprechungen. Vor allem scheint die Reihenfolge der Gebiete in beiden Listen fast identisch zu sein. Ein kleiner Unterschied ist die Umstellung von Kappadokien und Armenien; ein größerer die richtige Lage in der Sequenz, die Ägypten für sich in Anspruch nehmen sollte.

Weinstocks Artikel enthält eine sehr interessante Bemerkung: „Having come to the end we notice that what we have described is, with some interruptions, a full circle which thus corresponds to the circle of the zodiac".[15] Daß die Sequenz der Länder bei Paulus Alexandrinus, Teukros von Babylon und in den *Acta Apostolorum*, mindestens im allgemeinen, einer kreisförmigen Verteilung dieser Länder auf die Oberfläche der Erde entspricht, ist eigentlich ein grundlegendes Element, das aber von den meisten Spezialisten unbeachtet geblieben oder ignoriert worden zu sein scheint.

Doch ein kurzer Blick auf eine antike geographische Darstellung sollte ausreichen, um dieses Ergebnis zu bestätigen. Ich schlage vor, die Darstellung der bewohnbaren Welt (auf Griechisch: οἰκουμένη)[16] nach Eratosthenes, dem großen Geographen aus dem 3. Jh. v. Chr., zum Vorbild zu nehmen (Abbildung 1: «Die Landkarte des Eratosthenes»). Im Osten fangen wir mit dem Gebiet der Perser und der Parther an, die dem ersten Tierkreiszeichen, d.h. dem Widder, zugeteilt werden. Dann dringen wir in die nord-westliche Richtung vor, zunächst nach Babylon und Mesopotamien, dann Armenien und Kappadokien, die jeweils den Zeichen des Stiers, der Zwillinge und des Krebses entsprechen. Dort treffen wir in der Gegend von Pontus den nördlichsten Punkt dieser kreisförmigen Projektion. Dann gehen wir weiter nach Westen, durch den westlichen Teil Asiens und durch Hellas, bis wir irgendwo zwischen Libyen und Italien den westlichsten Punkt der ganzen Projektion, d.h. die Waage, erreichen. Schließlich kehrt man zurück nach Osten, obwohl die Sequenz hier weniger klar ist. Im Laufe dieser Rückkehr trifft man Länder oder Gebiete wie Kreta, Syrien, Ägypten, das Erythräische Meer, die die Orientierung der zodiakalen Projektion leidlich respektieren. Insgesamt haben wir eigentlich einen Kreis gegen den Uhrzeigersinn um das Mittelmeer herum beschrieben. Weinstocks Behauptung ist also richtig, und auf jeden Fall können wir nicht mehr annehmen, wie es so oft getan wurde, daß die astrologische Geographie etwas ist, das keinesfalls vernünftigen Prinzipien folgt.

---

[15] S. Weinstock, "The Geographical Catalogue", 45.
[16] Vgl. F. Gisinger, "Oikumene", in *RE*, XVIII.2, 1937, 2123-2174.

Gewöhnlich datiert man den Verfasser der *Acta Apostolorum* auf das Ende des 1. Jh. oder den Anfang des 2. Jh. n. Chr. Weinstock scheint recht zu haben, diesen Text für die jüdische Bearbeitung einer älteren Theorie zu halten. Andererseits würde ich ihm nicht zustimmen, wenn er behauptet, daß sich der Verfasser des astrologischen Wesens seiner Liste bewußt gewesen zu sein scheint. Meiner Meinung nach ist es viel wahrscheinlicher, daß die grundlegenden Prinzipien schon vergessen oder verloren waren, als die Passage über den Völkerkatalog in der Bibel geschrieben wurde. Von der Liste, die bei Teukros von Babylon und Paulus Alexandrinus überliefert ist, könnte man natürlich dasselbe sagen.

Dorotheos von Sidon

Weinstock hat sich mit keinen anderen Quellen außer diesen zwei Listen beschäftigt. Bei Dichtern wie Manilius und Dorotheos von Sidon kann man allerdings zwei andere Varianten der alten astrologischen Geographie finden, die sehr wahrscheinlich Spuren ähnlicher Prinzipien beinhalten. Ich fange mit Dorotheos an, weil sein System etwas einfacher als die Darstellung des Manilius ist.

Dorotheos von Sidon war ein griechischer Dichter, der in der Mitte des 1. Jh. n. Chr. eine sehr einflußreiche Abhandlung über Astrologie verfaßte. Zum Großteil ist sein Werk nur in einer arabischen Paraphrase erhalten.[17] Die Darstellung seiner astrologischen Geographie gehört aber zu dem Teil, der durch Zitate der Verse bei dem spätantiken Astrologen Hephaestion von Theben [5. Jh. n. Chr.] überliefert ist.[18] Jedem ζῴδιον entsprechen einige Verse, die ich hier nicht übersetzen werde. Es scheint mir auszureichen, nur die Verbindungen zwischen den Gebieten auf der Erde und den himmlischen Tierkreiszeichen nach Dorotheos zu erwähnen. Diese Verbindungen sind die folgenden:

---

[17] Dorothei Sidonii *Carmen astrologicum*, ed. D. Pingree, Leipzig 1976. Über Dorotheos: W. Kroll, "Dorotheos 21", in *RE*, Suppl. III, 1918, 412-414 ; V. Stegemann, *Beiträge zur Geschichte der Astrologie. Der griechische Astrologe Dorotheos von Sidon*, Quellen und Studien zur Geschichte und Kultur des Altertums und des Mittelalters, Heidelberg 1935 ; Ders., "Dorotheos von Sidon. Ein Bericht über die Rekonstruktionsmöglichkeiten seines astrologischen Werkes", *RhM*, 91, 1942, 326-349 ; Ders., "Dorotheos von Sidon und Firmicus Maternus. Ein Beitrag zur Bewertung der Quellenexcerpte in der Mathesis", *Hermes*, 78, 1943, 113-131 ; W. Gundel / H.G. Gundel, *Astrologumena*, 117-121 ; D. Pingree, *The Yavanajâtaka*, 426-427.

[18] Hephaestio Thebanus, Ἀποτελεσματικά, ed. D. Pingree, Leipzig 1973-1974, I, 1, 5 ; 25 ; 44 ; 63 ; 83 ; 102 ; 121 ; 141 ; 160 ; 180 ; 199 ; 218. Dieselben Verse hat D. Pingree in seiner Ausgabe des Dorotheos als "Appendix II A" (Seite 427-428) zusammengestellt.

Zeichen	Dorotheos von Sidon
Aries (Widder)	Babylon Äußerstes Arabien
Taurus (Stier)	Medisches Arabien Ägypten
Gemini (Zwillinge)	Kappadokien Perrhaibia (?) Phoinikien
Cancer (Krebs)	Thrakien Äthiopien
Leo (Löwe)	Hellas Phrygien Pontus
Virgo (Jungfrau)	Rhodos Kyklades Arkadien Achaia Lakonien
Libra (Waage)	Kyrene Italien
Scorpio (Skorpion)	Karthago Ammonitisches Libyen Sizilien
Sagittarius (Schütze)	Gallien Kreta
Capricornus (Steinbock)	Kymmerien (?)
Aquarius (Wassermann)	Ägypten Mesopotamien
Pisces (Fische)	Erythräisches Meer

Wenn wir diese Einzelheiten mit den zwei vorigen Listen vergleichen, bemerken wir, zusammen mit einigen Unterschieden, viele Ähnlichkeiten, die sicher nicht zufällig sind. Für die ersten zwei Zeichen, also den Widder und den Stier, findet man nur annähernde Übereinstimmungen. Für die Zwillinge hingegen nennt Dorotheos Kappadokien, ebenso wie in der Liste des Teukros und des Paulus. Die klarsten Übereinstimmungen betreffen allerdings den Teil des Tierkreises, der vom Löwen bis zum Schütze geht. Für den Löwen und die Jungfrau nennt Dorotheos Länder, die entweder zu Griechenland oder Asien (d.h. Asia Minor) gehören. Dasselbe finden wir bei Teukros-Paulus, während die *Acta* nur etwas Ähnliches enthalten. In Bezug auf die Waage und den Skorpion stimmen alle drei Listen noch mehr miteinander überein: Kyrene, Italien und Libyen findet man in jeder der drei Quellen, obwohl nicht immer in derselben Sequenz. Für den Schützen ist die

Übereinstimmung ganz klar, denn Kreta findet sich überall bei ihm. Schließlich sind auch Ähnlichkeiten für die letzten zwei Zeichen zu bemerken: Bei Dorotheos sowie bei Teukros-Paulus sind Ägypten und das Erythräische Meer jeweils mit dem Wassermann und den Fischen verbunden.

Insgesamt scheint die Liste des Dorotheos denselben Prinzipien zu folgen wie die zwei anderen Listen. Hier könnten wir auch die Spuren eines älteren Systems erkennen, in dem die Länder oder Gebiete der οἰκουμένη gemäß einer künstlichen Projektion ursprünglich im Kreis der zwölf Zeichen geordnet waren.

Manilius

Dann kommen wir zu Manilius, dem Astrologen und Dichter der Kaiser Augustus und Tiberius, der in dem 4. Buch seiner *Astronomica* einen langen und wichtigen Bericht über die astrologische Geographie geschrieben hat. Die Darstellung erstreckt sich über ungefähr siebzig Verse und enthält viele astrologische Anspielungen, die nur im Licht des politisch-historischen Kontextes der augusteischen Zeit interpretiert werden können.[19] Es kommt also nicht in Frage, diese Passage hier gänzlich zu untersuchen. Wiederum wird es ausreichen, die geographischen Namen im Zusammenhang mit den zwölf Tierkreiszeichen zu erwähnen:

---

[19] Manilius, *Astronomica*, 4, 744-817. Unter den modernen Studien, die versucht haben, die Quellen der astrologischen Geographie des Manilius zu bestimmen, sind vorrangig zu erwähnen : F. Boll, "Studien über Claudius Ptolemäus", 218-235 ; A. Bouché-Leclercq, *L'astrologie grecque*, 329-331 ; K. Trüdinger, *Studien zur Geschichte der griechisch-römischen Ethnographie*, Basel 1918, 81-89 ; A. Bartalucci, "Una fonte egizia di età tolemaica nella geografia zodiacale di Manilio", *SIFC*, 33, 1961, 91-100 ; W. Hübner, "Manilius als Astrologe und Dichter", 136-139. Außerdem gibt es eine sehr umfangreiche Literatur über einige spezielle Beziehungen zwischen Tierkreiszeichen und Gebieten nach Manilius, vor allem was die Zuschreibung Roms und Italiens zur Waage und Karthagos zum Skorpion anbetrifft ; im Rahmen dieses Berichtes muß ich diese Probleme allerdings beiseite lassen.

Zeichen	Manilius
Aries (Widder)	Hellespont Propontis Syrien Persien Nil Ägypten
Taurus (Stier)	Skythisches Gebirge (Taurus) Asien Arabien
Gemini (Zwillinge)	Pontus
Cancer (Krebs)	Indien Äthiopien
Leo (Löwe)	Phrygien Kappadokien Armenien Bithynien Makedonien
Virgo (Jungfrau)	Rhodos Ionien Doris Arkadien Karien
Libra (Waage)	Italien Rom
Scorpio (Skorpion)	Karthago Libyen Ägypten Kyrene Sardinien
Sagittarius (Schütze)	Kreta Sizilien Magna Graecia
Capricornus (Steinbock)	Spanien Gallien Germanien
Aquarius (Wassermann)	Ägypten Tyros Kilikien Lykien Pamphylien
Pisces (Fische)	Euphrat Tigris Erythräisches Meer Parthien Baktrien Asiatisches Äthiopien Babylon Susa Ninive

An vielen Stellen stimmt das Zeugnis des Manilius mit den vorigen Quellen überein. Für den Widder nennt der römische Dichter unter anderem Persien, was z.B. mit Teukros-Paulus gut übereinstimmt. Für das zweite Zeichen, also den Stier, spricht er vom Skythischen Gebirge, d.h. mit anderen Worten von dem Gebirge, das in der Antike gewöhnlich Taurus genannt wird.[20] Hier gibt es ein klares Wortspiel, das den Namen Taurus betrifft. Auf jeden Fall ist die Korrelation zwischen dem Zeichen und dem homonymen Gebiet kein Zufall, und es scheint am richtigsten zu sein, anzunehmen, daß diese Korrelation die Spur eines älteren Systems ist. Gleichzeitig paßt das Zeugnis des Manilius gut zu Dorotheos, denn das Skythische Gebirge liegt eigentlich in der Nähe des medischen Arabien. Die Übereinstimmung mit Dorotheos ist aber besonders offenbar für den Teil des Tierkreises, der sich vom Löwen bis zum Schützen erstreckt, wie es von dem Großteil der Spezialisten schon bemerkt wurde. Asia Minor, Hellas, Italien, Libyen und Kreta: genau dieselbe Sequenz findet man bei beiden Dichtern. Auch mit Teukros-Paulus und mit dem Völkerkatalog der *Acta* stimmt Manilius überein, obwohl wir in diesem Fall eine Vertauschung zwischen der Waage und dem Skorpion feststellen müssen. Der Schütze ist beispielhaft für die allgemeine Übereinstimmung zwischen unseren Quellen: In der Tat wird Kreta in Zusammenhang mit diesem Zeichen überall genannt. Fast denselben Schluß können wir für die letzten zwei Zeichen ziehen: Ägypten und das Erythräische Meer sind mit dem Wassermann und den Fischen in fast allen Quellen verbunden. Kurzum: Wir müssen noch einmal schließen, daß alle diese Ähnlichkeiten die Spuren eines älteren Systems zu sein scheinen, das nur mit der Hypothese einer künstlichen Projektion der Zeichen auf die οἰκουμένη erklärt werden kann.

Die Konfrontation unserer vier astrologischen Listen hat es uns erlaubt, ein Ursystem zu rekonstruieren, das schlüssig und vernünftig ist. Sie hat uns dazu geführt, einen gleichmäßigen Kreis auf der Landkarte zu beschreiben, die gut zu der antiken Darstellung der bewohnbaren Welt paßt. Der Kreis läuft offensichtlich rund um das Mittelmeer. Der Umlauf vollzieht sich, wie schon gesagt, gegen den Uhrzeigersinn, vom Osten bis zum Westen für die erste Hälfte, vom Westen bis zum Osten für die zweite Hälfte. Der Widder, der Krebs, die Waage und der Steinbock, also die Zeichen der Wendepunkte des Tierkreises, entsprechen mehr oder weniger den wichtigsten Bezugspunkten der antiken Geographie: im Osten mit der südlichen Flanke des riesigen Gebirges Taurus; im Norden mit Pontus und der Mündung des Flusses Borysthenes, der die traditionelle Grenze zwischen Asien und Europa markiert; im Westen mit den sogenannten Säulen des Herakles (d.h. mit der Meerenge von Gibraltar), die Europa von Afrika trennen; im Süden

---

[20] Dazu W. Ruge, "Tauros", in *RE*, V.A1, 1934, 39-50.

mit dem Nil, der die Grenze zwischen Afrika und Asien darstellt. Was das Zentrum eines solchen Kreises betrifft, dürfte es folglich irgendwo in dem östlichen Teil des Mittelmeers liegen. Das könnte sich als eine schöne Entdeckung erweisen, die auf jeden Fall mit den Normen der antiken Geographie gut übereinstimmen würde. Seit Eratosthenes und vielleicht noch früher wurde die Insel Rhodos als Zentrum der ganzen οἰκουμένη gewählt.[21] Insgesamt muß man zugeben, daß alle diese Daten ausgezeichnet zusammenpassen.

* * * * *

Diese Ergebnisse würden aber nicht viel Sinn machen, falls wir die Herkunft und die Bedeutung einer solchen Projektion nicht erklären können. Im Grunde genommen bleibt eine bedeutende Schwierigkeit, die wir keinesfalls ignorieren dürfen. Der Tierkreis und die Tierkreiszeichen sind universelle, also allgemeingültige Daten. Im Gegensatz dazu sind die Haupt- und Nebenachsen der antiken Landkarte ausschließlich eine Konvention. Sie beruhen auf keiner so zwingenden astronomischen Grundlage. Anfangs liegt die ganze bewohnbare Welt in der nördlichen Hemisphäre und hat demzufolge nichts mit den astronomischen Kreisen (d.h. Wendekreise und Äquator) zu tun. Wie können also universelle und konventionelle Daten so eng verbunden werden?

---

[21] F. Lasserre, "Kartographie" in *Lexikon der alten Welt*, Zürich / Stuttgart 1965, 1498-1499 ; G. Aujac, *Strabon et la science de son temps*, Paris 1966, 56-59, 195-201, 258-264 ; P. Pédech, *La géographie des grecs*, Paris 1976, 96-107 ; O.A.W. Dilke, *Mathematics and Measurement*, London 1987, 35 ; F. Cordano, *La geografia degli antichi*, Bari 1992, 115-117. Über die Wahl von Rhodos als Zentrum der οἰκουμένη, vgl. R. Böker, "Winde", in *RE*, VIII A.2, 1958, 2353-2354: „Nachstehende kleine Tabelle weist nach, daß auf der Breite von Rhodos die sommerliche und die winterliche maximale Sonnenweite im Horizont – zusammengerechnet – den kleinsten Fehler vom Sollwert 30° aufweisen. (…) Die Wahl von Rhodos kann also einen durchaus sachlichen Grund gehabt haben". Dazu: O.A.W. Dilke, *Greek and Roman Maps*, Ithaca, NY 1985, p. 31: „Rhodes was a good place from which to make observations, as it had a long naval tradition and must have built up a mass of nautical information gathered over a long period"; G. Aujac, *Claude Ptolémée, astronome, astrologue, géographe. Connaissance et représentation du monde habité*, Paris, 1993, 43-44: „Ptolémée, qui observe à Alexandrie, prend pour latitude de référence celle de Rhodes, à 36° N, où le jour solsticial dure 14 h ½. Ce choix est moins innocent qu'il n'y paraît. Sans doute, depuis Dicéarque au moins, le parallèle de Rhodes était-il considéré comme le parallèle fondamental de la carte du monde habité; c'était sur lui qu'on comptait généralement les longitudes. Mais il se trouve aussi que l'arc de 36° possède une propriété trigonométrique remarquable: son cosinus (pour employer la terminologie moderne) vaut 4/5. De plus, pour cette latitude, l'arc d'horizon balayé par le zodiaque durant la révolution de la sphère vaut sensiblement 60°. Il est probable que, pour toute autre latitude que Rhodes, les démonstrations sont moins commodes, et les résultats moins simples".

Dieselbe Problematik gilt für ein anderes System, das auch auf die Antike zurückgeht und dessen Übermittlung uns dieses Mal besser bekannt ist. Ich beziehe mich auf die sogenannte Windrose, in der die Winde als Richtungen benutzt werden.[22] Der Dichter Homer nennt vier Winde, die ungefähr den vier Kardinalpunkten des Horizonts entsprechen. Aristoteles spricht von einem schon viel komplizierteren System, das zehn oder elf Winde enthält.[23] Die gleichmäßige Windrose, in der zwölf Winde den Horizont in zwölf Sektoren von 30 Grad teilen, wird Timosthenes von Rhodos zugeschrieben. Timosthenes war ein berühmter Admiral und Geograph, der zu Beginn des 3. Jh. v. Chr. lebte.[24] Seine Abhandlung Περὶ λιμένων (*Über Häfen*) ist verloren. Zum Glück ist die Passage über seine Windrose durch den spätantiken Geographen Agathemeros erhalten.

Zunächst vergleicht Agathemeros die zwölf Winde des Timosthenes mit einer Windrose, die nur aus acht Winden besteht. Daß die Windrose des Timosthenes gleich von ihrer Erstellung an als eine Orientierungstafel fungierte, ist durch die unmittelbare Fortsetzung derselben Passage gekennzeichnet. Da erfahren wir nämlich, daß Timosthenes mit jedem Wind das entfernteste Gebiet der 'οικουμένη verband, das der Richtung dieses bestimmten Windes entsprach. Dieser Text, den man mit der Darstellung der alten Landkarte nach Eratosthenes konfrontieren kann (Abbildung 2: «Die Windrose des Timosthenes auf der Landkarte des Eratosthenes»), lautet: „Ἔϑνη δὲ οἰκεῖν τὰ πέραντα κατ' ἀπηλιώτην Βακτριανούς, κατ' εὖρον Ἰνδούς, κατὰ Φοίνικα Ἐρυϑρὰν ϑάλασσαν καὶ Αἰϑιοπίαν, κατὰ νότον τὴν ὑπὲρ Αἴγυπτον Αἰϑιοπίαν, κατὰ λευκόνοτον τοὺς ὑπὲρ Σύρτεις Γαράμαντας, κατὰ Λίβα Αἰϑίοπας δυσμικοὺς τοὺς ὑπὲρ Μαύρους, κατὰ Ζέφυρον Στήλας καὶ ἀρχὰς Λιβύης καὶ Εὐρώπης, κατ' Ἀργέστην Ἰβηρίαν τὴν νῦν Ἱσπανίαν, κατὰ δὲ Θρασκίαν Κελτοὺς καὶ τὰ ὅμορα, κατὰ δ' Ἀπαρκτίαν τοὺς ὑπὲρ Θρᾴκην Σκύϑας, κατὰ δὲ βοππᾶν Πόντον, Μαιῶτιν, Σαρμάτας· κατὰ Καικίαν Κασπίαν ϑάλσσαν καὶ Σάκας".[25]

---

[22] Dazu: K. Nielsen, "Remarques sur les noms grecs et latins des vents et des régions du ciel", *C&M*, 7, 1945, 1-113 ; R. Böker, "Winde", 2111-2381 ; J. Beaujeu (Hrsg.), *Pline l'Ancien. Histoire Naturelle. Livre II*, Paris 1950, 195-206 ; A. Rehm, *Griechische Windrosen*, München 1961 ; B. Obrist, "Wind diagrams and medieval cosmology", *Speculum*, 72, 1997, 33-84. G. Aujacs ausführliche Studie "La rose des vents, de Timosthène à Ptolémée" soll bald in *Aufstieg und Niedergang der Römischen Welt* (II 37.5) veröffentlicht werden.

[23] Aristoteles, *Meteorologica*, 2, 6, p. 363a-364b.

[24] Vgl. A. Wagner, *Die Erdbeschreibung des Timosthenes von Rhodos*, Diss. Leipzig 1888 ; F. Gisinger, "Timosthenes von Rhodos", in *RE*, VI A.2, 1937, 1310-1322.

[25] Agathemeros, Γεωγραφίας Ὑποτύπωσις, 2, 7, in K. Müller (Hrsg.), *Geographi Graeci Minores*, II, Paris 1861 (Ndr. Hildesheim 1965), 473.

Offensichtlich passen die Windrose des Timosthenes und die Landkarte des Eratosthenes sehr gut zusammen. Bei Eratosthenes finden wir mehr oder weniger an denselben Stellen der οἰκουμένη die vier Gebiete, die bei Timosthenes mit den vier Kardinalpunkten verbunden sind, d.h. Baktrien im Osten (Apeliotes), Skythien im Norden (Aparktias), die Säulen des Herakles im Westen (Zephyr) und Äthiopien im Süden (Notos). Dasselbe können wir auch von den acht Zwischenrichtungen sagen. Ganz klar scheint vor allem die Tatsache zu sein, daß bei beiden Geographen das Zentrum der gesamten Darstellung genau in Rhodos liegt. Es möge im übrigen betont werden, daß Timosthenes eigentlich von Rhodos stammte, so daß es nicht so überraschend ist, Rhodos als Zentrum seiner Windrose zu finden.

In Bezug auf die Herkunft und die Bedeutung der astrologischen Geographie haben wir bisher einige Wahrscheinlichkeiten zusammengefaßt. Es scheint so, daß unsere vier Listen gemeinsame Elemente enthalten, die auf ein älteres System zurückgehen. Es ist plausibel, daß dieses System ursprünglich einigen Prinzipien folgte, die nichts mit Astrologie, sondern mit einer künstlichen Projektion auf die Landkarte zu tun hatten. Es ist möglich, daß jedes Tierkreiszeichen dieser Projektion einer bestimmten Richtung entsprach, genauso wie die zwölf Winde des Timosthenes. Es ist am wahrscheinlichsten, daß das Zentrum der Projektion in Rhodos lag, ebenso wie es in der Windrose des Timosthenes der Fall ist.

Nun gibt es eine antike Quelle, die unsere Hypothese bestätigt. Diese Quelle, die bisher von allen Experten der astrologischen Geographie unbeachtet blieb, ist der *Liber memorialis* des Schriftstellers Ampelius [um das Jahr 200 n. Chr.] — ein Text, der nur durch eine Laune des Schicksals bis heute bewahrt ist.[26] Es handelt sich um ein kleines Schulbuch, das Ampelius für den künftigen Kaiser Macrinus geschrieben hat. In diesem Buch finden wir eine Reihe von Angaben, die hauptsächlich Astronomie, Geographie und Geschichte betreffen. Zum Großteil sind diese Angaben überhaupt nicht neu; man kann sie auch woanders in der klassischen Literatur finden. Dies ist aber nicht der Fall für das vierte Kapitel dieses Handbuches, das die folgende Frage zu beantworten versucht: *Quibus partibus sedeant XII signa duodecim ventorum?* Der Text lautet: „*Aries in Aphelioten, Taurus in Caeciam, Gemini in Aquilonem, Cancer in Septentrionem, Leo in Thraciam, Virgo in Argesten, Libra in Zephyron, Scorpius in Africum, Sagittarius in Austrum et Africum, Capricornus in Austrum, Aquarius in Eurum et Notum, Pisces in Eurum*".[27] Die Namen der

---

[26] M.-P. Arnaud-Lindet (Hrsg.), *L. Ampelius. Aide-Mémoire (Liber Memorialis)*, Paris 1993, vii.
[27] Ampelius, *Liber Memorialis*, 4.

Winde bei Ampelius sind entweder direkte Anleihen aus der griechischen Sprache, der Sprache der Wissenschaft, oder sehr gewöhnliche Übersetzungen der griechischen Namen. Es wird klar, daß in diesem Text die Tierkreiszeichen genau mit den zwölf Winden des Timosthenes verbunden sind (Abbildung 3: «Der Tierkreis und die Windrose nach Ampelius»).

Die Konsequenzen einer solchen Entdeckung sind für uns beträchtlich. Der relativ späte, aber ganz unmißverständliche Bericht des Ampelius macht deutlich, daß irgendwann in der Antike die Windrose und die Projektion des Tierkreises auf die bewohnbare Welt als zwei Orientierungssysteme gedacht wurden, die sozusagen vollkommen austauschbar waren.

Wann genau unsere seltsame Projektion erfunden wurde, ist eine schwierige Frage, die ich hier lieber unbeantwortet lasse. Einerseits beginnt die wissenschaftliche Astrologie später, als gewöhnlich angenommen wird. Wir müssen uns ohnehin daran erinnern, daß keine unserer vier Listen auf eine frühere Zeit als das 1. Jh. v. Chr. zurückgeht. Andererseits gibt es im Prinzip keinen Grund, demselben Timosthenes die Erfindung dieser „astrologischen Geographie" abzusprechen. Für seine Windrose hatte er entschieden, die entferntesten Gebiete der οἰκουμένη als Bezugspunkte zu wählen. Die Länder, die nach unserer Rekonstruktion mit den Tierkreiszeichen der ältesten astrologischen Geographie verbunden sind, decken eine viel kleinere Oberfläche ab, deren Gebiete fast immer in direktem Kontakt mit dem Mittelmeer stehen. Logischerweise könnte der geringe Umfang dieser astrologischen Projektion sogar als Hinweis auf eine noch frühere Herkunft gelten. Auf jeden Fall müssen wir annehmen, daß die Herkunft des Systems viel älter ist als unsere vier Zeugnisse und daß die vernünftigen Prinzipien seiner Anordnung schon lange verloren waren. Manilius und Dorotheos von Sidon behaupten, daß die Insel Rhodos unter der Jungfrau liegt, was natürlich unvereinbar mit unserem Ursystem ist. In diesem Fall haben wir den unwiderlegbaren Beweis, daß die Herkunft und die Bedeutung unseres Systems im 1. Jh. n. Chr. bereits vergessen waren.

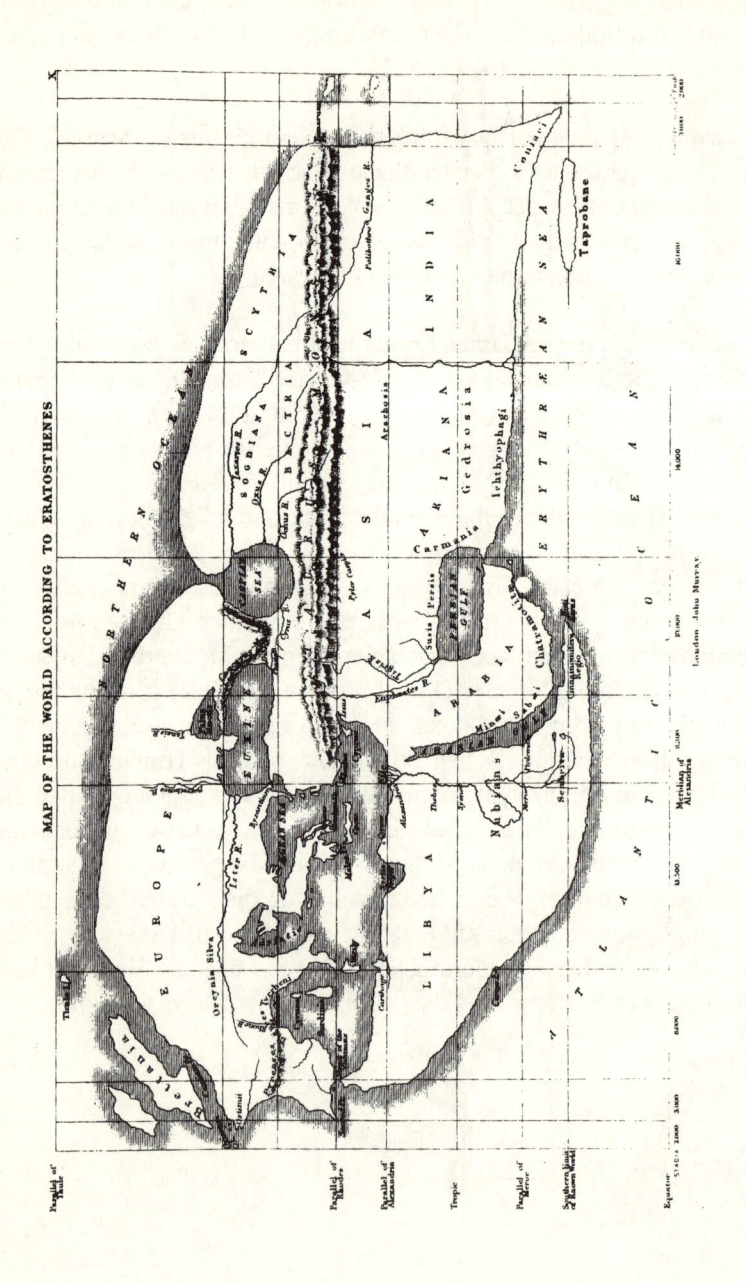

Abb. 1

Die Landkarte des Eratosthenes. Nach E.H. Bunbury, A History of Ancient Geography among the Greeks and Romans I. Amsterdam 1979 (orig. London 1879), nach S. 650.

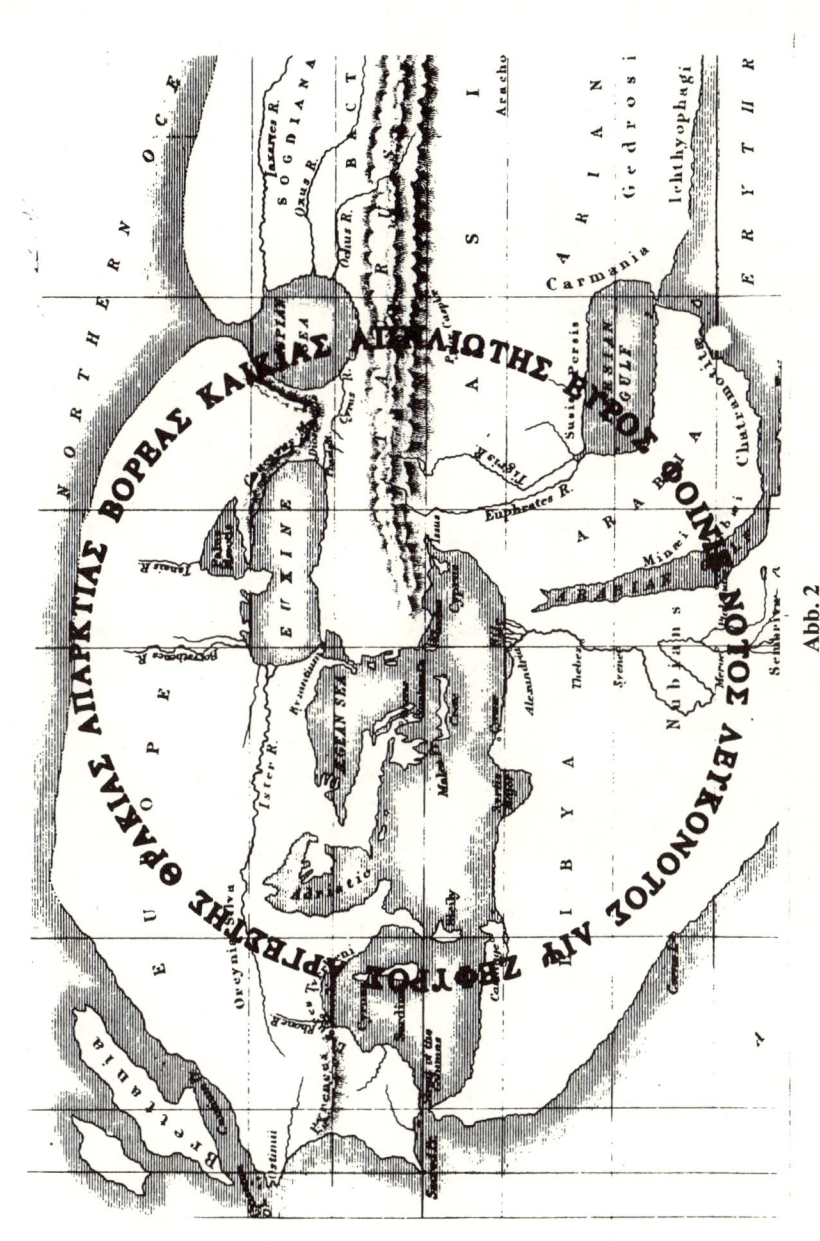

Abb. 2 Die Windrose des Timosthenes auf der Landkarte des Eratosthenes

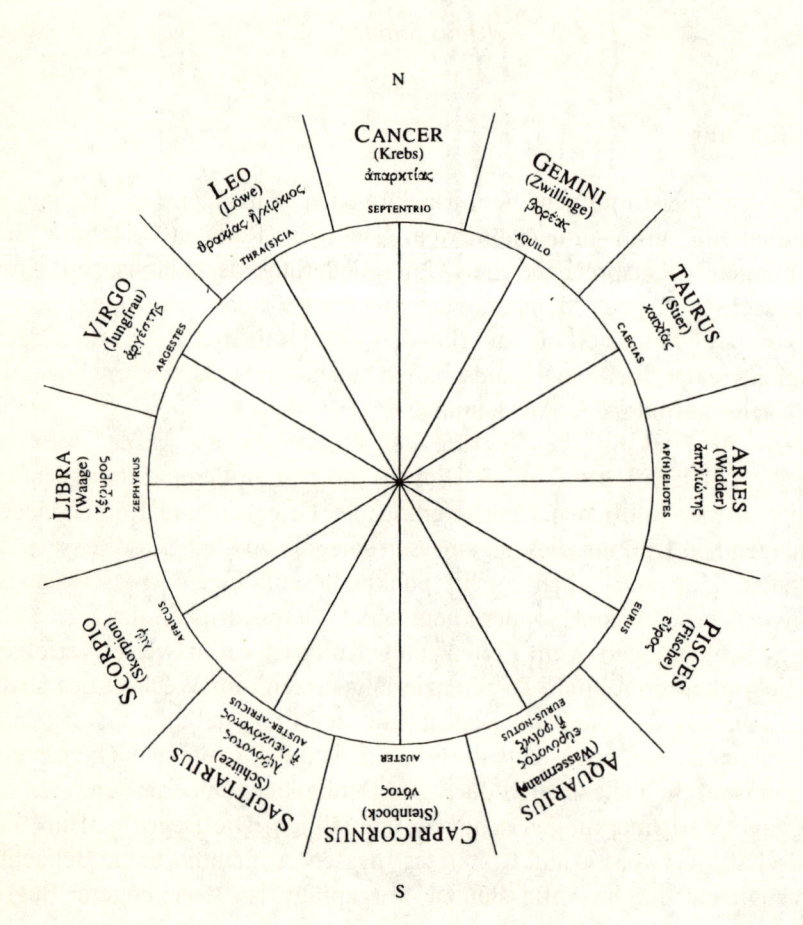

Abb. 3
Der Tierkreis und die Windrose nach Ampelius

Saturnia terra. Bilder heiliger Landschaften

Klaus Stähler

0. Einführung

In den vielstimmigen wie aspektreichen Aussagen zu 'Religiösen Landschaften', groß dimensionierten 'Heiligen Räumen'[1], kommt dem Archäologen - entsprechend der Untergliederung der klassischen Altertumswissenschaft - das Manifeste, das Sichtbare als das Feld zu, auf dem es Reflexe dieser Fragestellung zu erkunden gilt. Es geht auch um die Gegenwärtigkeit realer 'heiliger' Landschaften, insbesondere aber um ihre bildliche Nachschaffung, d.h. Ausdeutung.

Daß im Titel für die Begriffe der Plural gewählt wurde - 'Bilder' heiliger 'Landschaften'- , soll als Hinweis auf den großen Facettenreichtum, der sich in der bildlichen Überlieferung der Griechen und Römer niedergeschlagen hat. Und um dies angemessen spiegeln zu können, sollen sich die folgenden Hinweise eben nicht punktuell auf einen Ausschnitt des Phänomens beschränken, sondern gerade die Vielgliedrigkeit der Nachweise in den Schichtungen von Zeiten und Kulturen ansatzweise verfolgen. Vielgliedrigkeit ermöglicht Differenzierungen, zeigt im Wechsel des jeweiligen Zuganges das bleibend Bedeutsame der Fragestellung auf. Zugleich geht es auch darum, angesichts dieses so gedanklich geprägten Themas eine Erkenntnismöglichkeit speziell durch die Denkmäler zu überprüfen.[2]

Einige Vorbemerkungen scheinen unerläßlich: Die Begriffe 'Bild' und 'Landschaft' verweisen auf Konkretes, dessen Aufnahme beim Betrachter aber zugleich durch Auffassungen vorgeprägt ist. Der engere Begriff 'Heilige Landschaft' kann daher nicht isoliert vom umfassenderen Begriff 'Landschaft' gesehen werden.

Wir verstehen Landschaft als etwas weitgehend Unveränderliches, indem wir unser eigenes geringes Zeitmaß verbindlich machen. Aber auch

---

[1] U. Tworuschka, Heiliger Raum und Heilige Stätte aus der Sicht der Religionsphänomenologie, in: ders. (Hrsg), Heilige Stätten (1994) 1-8.

[2] Entsprechend dem Vortragscharakter beschränken sich die Nachweise auf die notwendigsten und leicht erreichbaren; die Abbildungen sollen nur der Unterstützung der Erinnerung dienen. Dank für Hinweise gilt M. Baltes und J. Wißmann.

die Landschaft nimmt teil an einem Veränderungsprozeß, der ihre äußere Gestalt wie vor allem ihre Aufnahme durch den betrachtenden Menschen betrifft. Eine Landschaft genießen, empfinden zu können, sie unter ästhetischem Verständnis aufzunehmen, scheint uns Heutigen so selbstverständlich, daß wir eine identische Wahrnehmung auch in ganz anderen Epochen voraussetzen. Dabei hat die moderne Auffassung von der Landschaft gleichsam ein Gründungsdatum, den 16. April 1336, an dem Francesco Petrarca den Mont Ventoux bestieg. Schon Jakob Burckhardt hat in der Schilderung dieses Aufstiegserlebnisses eines der bedeutendsten Zeugnisse der modernen, durch die Naturschönheit bewegten Seele gesehen, und seine Bedeutung als Indiz einer Epochenschwelle ist durch Joachim Ritter herausgestellt[3] worden.

Entsprechend spät setzen auch die eigentlichen Bilder von Landschaften ein, in denen es gelungen ist, die unendliche Tiefe des Raumes mit einer Figuration in der Fläche wiederzugeben. Des genius loci halber verweise ich auf den sogenannten Marienfelder Altar, an dem Johann Koerbecke bis 1457 arbeitete.

Diese moderne Vorstellung von Landschaft gilt es nach Möglichkeit beiseite zu schieben, wenn es um die antike Auffassung von Landschaft und insbesondere um Heilige Landschaften geht, um Landschaften, in welchen sich Göttliches manifestiert hat, um Landschaften, welche durch Sakralbestandteile als göttlich durchwirkt dargestellt sind.

Die antiken Bilder sind damit nicht als bloße Abbilder von Wirklichkeit zu sehen, sondern als Bildinterpretationen. Sie kommen in verschiedenen künstlerischen Gattungen vor. Aber auch von realen Landschaften läßt sich ein Bild machen. Nachweisbar ist dies in der künstlichen Ausgestaltung von Landschaftsausschnitten über die Naturgegebenheiten hinaus oder in der Begrenzung und Zuordnung von Landschaft, ihrer Unterstellung unter ein übernatürliches Konzept: Diese Form der Vergegenwärtigung würde man nicht bildlich, sondern bildhaft nennen. Beiden Bezeichnungen geht es um das Anschaulichmachen unter dem Primat des Sinnbildlichen, um eine primär religiöse Interpretation von Natur, von Wirklichkeit. Dieser zweite Aspekt soll miteinbezogen sein, um in solcher Breite der Phänomene das Bedeutsame des Themas aufscheinen zu lassen.

Unter drei Kapiteln sollen Beispiele vorgestellt werden. Nach der modernen Schilderung einer als gottdurchdrungen empfundenen Landschaft,

---

[3] Landschaft. Zur Funktion des Ästhetischen in der modernen Gesellschaft, in: Schriften der Gesellschaft zur Förderung der Westfälischen Wilhelms-Universität Münster, Heft 54, 2. Aufl. 1978; Wiederabdruck in: G. Gröning - U. Herlyn (Hrsg.), Landschaftswahrnehmung und Landschaftserfahrung. Arbeiten zur sozialwissenschaftlich orientierten Freiraumplanung 10 (1996) 28 ff. Vgl. dagegen D. Fehling, Ethologische Überlegungen auf dem Gebiet der Altertumskunde. Zetemata 61 (1974) 40 ff.; J. Pfeiffer, Petrarca und der Mont Ventoux, in: Germanisch-Romanische Monatsschrift N. F. 47, 1997, 1-24.

einem als heuristisch verstandenen Ansatz, sollen zunächst Heilige Orte angesprochen werden, die Voraussetzungen der Heiligen Landschaften. Dieser Abschnitt umfaßt im Griechischen die archaische und die klassische Epoche (6. - 4. Jh. v. Chr.). Das zweite Kapitel soll zum Phänomen der Heiligen Landschaften in den Epochen des Hellenismus und der frühen römischen Kaiserzeit beitragen (3. Jh. v. Chr. - 1. Jh. n. Chr.). Das dritte Kapitel gilt Heiligen Räumen. Hier sollen religiöse Phänomene innerhalb von Landschaft, und zwar zumeist aus der republikanischen Zeit Roms angesprochen werden.

1. Heilige Orte

In ihrer Abhandlung 'Griechische Gottheiten in ihren Landschaften' von 1939 gibt Paula Philippson eine komprimierte Schilderung ihres Erlebnisses von Delphi; Photos im abstrahierenden Schwarzweiß, zudem ohne eine Einbeziehung von Menschen, welche die Örtlichkeit auf ein menschliches Maß zu bringen vermöchten, wirken an dieser Impression mit (**Abb. 1**)[4]:

Abb. 1
Landschaft von Delphi

---

[4] Paula Philippson, Griechische Gottheiten in ihren Landschaften. Symbolae Osloenses Suppl. IX (1939) 8 f.

„Versuchen wir den Eindruck der Delphi-Landschaft zusammenzufassen, trotzdem wir wissen, daß Worte die Übergewalt dieser Wirklichkeit der Vorstellung nicht einbilden können. Der klare, fast rationale Aufbau der gesamten Landschaft, der sie zu einem Raum gestaltet; die Abgeschlossenheit diese Landschaftsraumes, in die gleichwohl die Ferne mit einbezogen ist, so daß diese Abgeschlossenheit nicht als Einsamkeit, sondern als das in sich beruhende Zentrum einer Welt wirkt; die Reinheit und der Schwung der sich scharf abhebenden Linien, der im Gegensatz steht zu der wuchtenden Masse der sich in unmittelbarer Gegenwart darstellenden Berge; die wilde Zerrissenheit ihrer Wände und Wölbungen, die das Herz plötzlich mit Schauer und Schrecken erfüllt, wenn der Eindruck des Großartigen in den des Grausam-Furchtbaren umschlägt; der unentrinnbare Ernst, der den großen Landschaftsraum durchwaltet; die Stille, die durch das Geläut der tief unten weidenden Herden noch fühlsamer ist; die Wolkenmassen, die plötzlich über den Parnaß-Kuppen aufsteigen, ihre fliegenden Schatten über die mächtigen, wilden Bergwände werfen und sich in Gewitter oder strömenden Regen entladen: dies sind die Grundelemente der Landschaft, die Apollon sich zu seiner ihm gemäßen Weissagungsstätte erkor. In diesem klar gebauten Landschaftsraum waltet er als Gott der klaren, ordnenden Einsicht; im Mittelpunkt der Welt, die von hier aus, durch seinen weitgeleiteten Spruch Weisung und Ordnung erhält; in Unnahbarkeit - denn anders als der böotische Daimon Trophonios spricht er nur durch den Mund seiner Priesterin, deren Stammeln durch die Propheten gedeutet wird; welcher Sterbliche ertrüge auch, Apollons Stimme selbst zu vernehmen -; strahlend im goldenen Schimmer, in Klarheit und Reinheit, die den blutbefleckten Mann, der sich zu ihm flüchtet, reinigt und entsühnt; in einer Größe, die auf den Sterblichen Schauer und Stille ausströmt und die in ihrer Reinheit und schroffen Unnahbarkeit Schrecken und unmittelbar tötendes Verderben aussenden kann.

Er ist in dieser Landschaft; diese Landschaft ist er."

Ein höchst expressiv empfundenes Landschaftsbild wird hier vermittelt. Es wird vorausgesetzt, daß nach griechischem Verständnis der Landschaftsausschnitt, überhaupt die Welt eine religiöse Qualität nicht erst durch die Beziehung auf einen Gott erhalte, der sich in ihr manifestiere, sondern daß sie wie eine vom *numen* besessene Stätte unmittelbar an der Göttlichkeit Anteil habe und damit in sich heilig sei. Eine solche Eigenständigkeit läßt es dann denkbar erscheinen, eine Art von Wesensverwandtschaft zwischen einer Gottheit und einer Landschaft zu vermuten, die ebendieser Gottheit als Wirkungsraum dient, ja die Kultlandschaft als etwas anzusehen, „in der sich das Göttliche dem frühen Griechen kundgetan hat, in der er den Gott erkannte". Diese Landschaft wäre die unmittelbare Erscheinungsform, in der die sich offenbarende Gottheit und der die Offenbarung empfangende frühe griechische Mensch - ohne die Zwischenwirkung der menschlichen Sprache und der bildenden Kunst - sich nahe sind.[5]

Aus der Distanz eines guten halben Jahrhunderts mutet diese Sichtweise bereits sehr fremd an. Und der Antike scheint sie in diesem pointierten Sinne nicht zu entsprechen - dem modernen Text kommt vornehmlich ein heuristischer Wert zu, er verweist auf die Anders- und die Eigenart der antiken Vorstellungen.

Träfe diese Interpretation nämlich auch für die Antike zu, so müßte der Apollon von Delphi grundsätzlich verschieden sein vom Apollon, der auf der kleinen, öden Kykladeninsel Delos verehrt wurde, auch von dem, der im fruchtbar-lieblichen Eurotastal seine Kultstätte besaß. Über lokal begründete Nuancierungen hinweg wurde aber in den verschiedenen Kulten die eine Gottheit erfahren, und von Delos macht sich gemäß dem Apollonhymnus Apollon auf zur Gründung seines Heiligtums in Delphi.

Auch die archäologischen Befunde sprechen dagegen, denn in Delphi ist Apollon ein jüngerer Gott, der diese Stätte in Besitz nimmt, nachdem sie zuvor einer weiblichen Erdgottheit zu eigen war. Das als Gaiaheiligtum gedeutete Bauwerk wird erst Ende des 6. Jh. v. Chr. durch die Neuerrichtung einer monumentalen Tempelterrasse der Sichtbarkeit entzogen. Im Mythos tötet Apollon die hier hausende, gefahrdrohende Pythonschlange und gründet selbst seinen Tempel (Apollonhymnus v. 291 ff.). Wenn folglich ein anderer Kult an diesem Ort älter ist, kann die umgebende Landschaft schwerlich unmittelbar auf Apollon hin interpretiert, ihm gleichgesetzt werden. Offenbar führt allein über den Kultraum Landschaft kein ergiebiger Weg zu einem Verständnis[6].

Das Faktum einer Kulttradition seit vorgriechischer Zeit trifft im übrigen für die meisten anderen frühen griechischen Kultstätten zu. Die zitierte moderne Position ließe sich folglich in ihr Gegenteil verkehren: Die frühen griechischen Kultlandschaften sind - räumlich begrenzte - Kultorte, und sie sind vor allem durch eine kultische Tradition geheiligt, die aus Vorzeiten stammt. Wohl sind von alters her Landschafts- bzw. Naturelemente einbezogen, der Erdspalt und die kastalische Schlucht in Delphi, der Kronoshügel in Olympia, ein Baum in Samos, sind Bergspitzen und Kaps Stätten von Kulten. Aber zur Ausbildung eines bedeutsamen Heiligtums bedarf es offenbar vor allem einer Kultkontinuität, und dies nicht, weil etwa die Natur

---

[5] Ebenda 3-4.

[6] Anders ist wohl die Auffassung vom Landschaftsausschnitt als Kultmal in der minoischen Religion zu sehen, etwa in der Angleichung des Idamassives - vom Palast von Phaistos aus gesehen - an das Kultzeichen eines Stiergehörns, was wohl die Ausrichtung des Palastes mitbeeinflußt haben wird. Auch den Phänomenen von Kultgrotte und -höhle oder von heiligen Bäumen scheint in dieser Zeit größere Bedeutung zugekommen zu sein als in der griechischen Epoche, wo sie - wohl beeinträchtigt durch den zunehmenden Anthropomorphismus der Göttervorstellung - zurücktreten.

in keiner Verbindung zum Göttlichen stünde, sondern weil im Gegenteil nach griechischem Empfinden die gesamte Natur eine von übermenschlichen Wesen belebte wie beseelte Welt ist.

Diese Auffassung wird durch ein Gegenbeispiel aufschlußreich erhellt: In griechischer Sicht ist es der Inbegriff menschlicher Hybris - und ein Grund für seine spätere Niederlage -, wenn der persische Großkönig Xerxes nach der Zerstörung seiner Hellespontbrücke durch Wind und Wellen das Wasser mit dreihundert Geißelhieben züchtigen, ein Paar Fußfesseln im Meer versenken, ihm sogar Brandmale aufdrücken läßt. „Du bitteres Wasser! So züchtigt dich dein Gebieter ... König Xerxes wird über dich hinweggehen, ob du es nun willst oder nicht" (Hdt. 7, 34-35). Aus persischer Sicht erweist sich die absolute Stellung des Großkönigs auch in seiner Dominanz über die Natur und deren Kräfte. Für Griechen bedeutet ein solches Verhalten dagegen eine Grenzüberschreitung, ja eine Auflehnung gegen Aiolos und weitere Windgottheiten, gegen Poseidon und Thetis wie andere übernatürliche Meeresbewohner. Im Walten der Naturkräfte äußern sich göttliche Mächte, die der Mensch nicht zur Rechenschaft ziehen kann.

Ein unmittelbares griechisches Zeugnis für die göttliche Durchdringung von Landschaftsteilen findet sich in Platons Phaidros: "Dies ist ein schöner Aufenthalt. Denn die Platane selbst ist prächtig belaubt und hoch und des Gesträuches Höhe und Umschattung gar schön, und es steht so in voller Blüte, daß es den Ort mit Wohlgeruch ganz erfüllt. Und unter der Platane fließt die lieblichste Quelle des kühlsten Wassers... Auch scheint hier nach den Statuen und Figuren ein Heiligtum einiger Nymphen und des Acheloos zu sein..." (Phaid. 230 b). Und das philosophische Gespräch endet mit einem Gebetsanruf: „Du lieber Pan und ihr Götter, die ihr sonst hier zugegen seid..."
Als göttlich beseelt gilt dieser schattige Platz sogar Sokrates, der doch zuvor bekannt hat, daß die Büsche und die Bäume ihn nichts lehren können, sondern nur die Menschen in der Stadt. Seine Naturwürdigung ist darum auch als übertreibende Erhöhung und damit als ein Element der sokratischen Ironie angesehen worden. In der Tat liegt der Akzent nicht auf dem persönlichen Bekenntnis, sondern auf der Funktion der Naturschilderung für den Dialog - der Landschaftsausschnitt einschließlich seiner Kulte dient dem dichterischen und erotischen Enthousiasmos zur Einführung[7]. Gleichwohl bleibt diese Äußerung auch ein Spiegel der geläufigen griechischen Vorstellung von der göttlichen Beseeltheit der Natur.

Berg, Baum bzw. Hain oder Grotte sind traditionell Orte, an denen diese Göttlichkeit zu erfahren ist. Bergheiligtümer sind das Ziel von Bergbesteigungen, die Wallfahrten ähneln; das Anliegen ist die Kulthandlung vor Ort. Die hohe Position entspringt keinem Naturgefühl - wie auch der Zweck

---

[7] W. Elliger, Die Darstellung der Landschaft in der griechischen Dichtung. Untersuchungen zur antiken Literatur und Geschichte 15 (1975) 288 ff.

der Besteigung nicht der Genuß der Aussicht ist - , sondern ist möglicherweise in einer angeborenen Neigung für die Signifikanz einer hohen Position begründet.[8] Haine kennzeichnen vielfach, zumeist in literarischen Erwähnungen überliefert, griechische Tempel und Heiligtümer.[9] Der geläufigste Hain ist die Altis, die den sakralen Kernbereich Olympias umfängt. Die Funktion eines solchen Haines scheint mit der eines Temenosbezirkes, der Ausgrenzung eines Sakralbereichs, grundsätzlich übereinzustimmen, mehrfach scheint die griechische Gattungsbezeichnung 'Halsos' nur als abgegrenzter Bereich verstanden worden zu sein. In Sonderfällen kann eine Analogie zu orientalischen Tempelhainen vorliegen, etwa beim Artemision in Ephesos, in den meisten Fällen aber mag eine Reminiszenz an eine frühe Heiligtumsform vorliegen, die noch keine eigene bauliche Ausgestaltung erfahren hatte.[10] Der Aspekt der Erschließung eines Landschaftsraumes als eines sakralen Bereiches liegt fern. Auch die Grotte ist ein scheinbar ursprünglicher Platz, an dem eine Gottheit erfahren werden kann. Eine solche Örtlichkeit kann für einen Kult aber auch neu bestimmt werden, so die Panshöhle am Akropolisfuß als Dank für die Hilfe Pans in der Schlacht von Marathon oder die Kultstätte für den Windgott Boreas am Ilissosfluß nach der Schädigung der anrückenden persischen Flotte durch einen Sturm am Kap Artemision (Paus. 1, 19,5). Göttliche Hilfe erfuhr man fern vom Platz der folgenden Kultsetzung. Die nachgeordnete Bedeutung des Ortes wird damit deutlich[11]. Die Besonderheit des heiligen Ortes erwächst aus der Gegenwart der Gottheit, aus der Inbesitznahme durch die Gottheit. Diese verändernde Kraft erfährt die Insel Delos im Apollonhymnus (v. 133-139, Übersetzung A. Weiher):

Sprachs und verließ im Schreiten die breiten Straßen der Erde,
Phoibos mit wallendem Haar, der Schütze ins Weite. Und alle
Göttinnen staunten. Ganz Delos strotzte von goldnem Gepränge,
Sah sie doch vor sich den Sohn des Zeus und der Leto; da ward sie
Freudig bewegt, daß der Gott sie erkoren vor Inseln und Festland,
Heimstatt ihm zu sein. So wuchs ihr die Liebe im Herzen,
Daß sie erblüht wie der Hügel am Berg, wenn die Wälder erblühen.

---

[8] Fehling, a. a. O. 39 ff.; ein Ritualbeispiel bei A. Henrichs, in: Ansichten griechischer Rituale. Geburtstags-Symposion für W. Burkert 1996 (1998) 38 ff. S. auch LIMC VIII 1, 854-860 siehe v. Montes (Kossatz-Deissmann).

[9] E. Krenn, Heilige Haine im griechischen Altertum, in: Akten des 6. österreichischen Archäologentages 1994 (1998) 119-122; dies., in: Kult und Funktion griechischer Heiligtümer in archaischer und klassischer Zeit. Schriften des DArV 15 (1996) 1-10.

[10] M. P. Nilsson, Geschichte der griechischen Religion 1 (³1967) 210.

[11] Es bleiben Orte auch dann, wenn sie als Landmarken Räume scheiden: „Die Quelle (eines bitteren Zuflusses in den Hypanis) liegt auf der Grenze zwischen dem Gebiet der Ackerbauskythen und der Alizonen. Die Quelle und die Gegend ihres Ursprungs heißt auf Skythisch Exampaios, auf Griechisch Heilige Wege" (Hdt. IV 52).

Auch Sapphos Schilderung des Aphroditeheiligtums empfindet in der Natur des Ortes die Nähe und die Wirkungsmacht der Göttin (5.6 Diehl, Übersetzung M. Hausmann):

Komm hierher ... zum weihevollen
Heiligtum! Da blüht ein Gehölz von leichten
Apfelbäumen, und auf Altären quillen
Wolken des Weihrauchs.

Kühle Wasser gehen gesangreich durch die
Apfelzweige, Rosen beschatten alle
Hänge, traumlos rieselt der Schlaf von ihren
Bebenden Blättern.

Überblüht von Blumen der Frühlingstage
Sinkt die Trift ins Feuchte hinab, den Pferden
Nahrung gebend. Leise veratmet seinen
Ruch das Aniskraut.

Komm doch, Kypris, waltend an dieser Stätte!
Und im Gold der Krüge vermisch den Nektar
mit dem zarten Duft der Festesfreude!
Gib uns zu trinken!

Erst die Gegenwart von Göttern verändert den Naturraum. Dieser Bezirk ist das Besitztum der Gottheit; die Inbesitznahme von Delos, vom Aphroditeheiligtum sind die Hauptaspekte der zitierten Texte. Innerhalb dieses Raumes läßt sich die Andersartigkeit der Gottheit erfahren; hier herrscht eine eigene Gesetzlichkeit, die - etwa bis ins Asylrecht - ihre die menschliche Gemeinschaft ordnende Funktion erweist.

Für die Deutung von griechischen Bildern gelten entsprechende Voraussetzungen: Im Blickfeld stehen einzelne Orte, an denen sich das Göttliche in besonderer Deutlichkeit manifestiert. In der Vorstellung wachsen solche Orte nicht in das Kontinuum der Landschaft hinein, es bleibt beim isolierenden Blick. Dies ist ein Zeitphänomen, denn es ist für die archaische wie klassische Epoche kennzeichnend.

Wie die Gegenwart der Gottheit den Dingen ihren Glanz verleiht, so geben die Bilder mit der Wiedergabe der Gottheit die Ursache dieser Strahlkraft an. Elemente der Natur haben in diesem Zusammenhang als solche keine Aussagequalität, sondern bleiben dem Bild der Gottheit zu- und untergeordnet.

Abb. 2
Athena und Herakles
Zeustempel von Olympia

Auf einer Reliefmetope des frühklassischen Zeustempels von Olympia (**Abb. 2**)[12] nähert sich Herakles der auf einem Felsen in der freien Natur sitzenden Athena, um ihr die erlegten stymphalischen Vögel vorzuweisen.

Das eigentliche Bildthema ist die Einstimmigkeit von Held und fördernder Göttin. Der Fels, der formal so eindeutig mit der Gestalt der Athena verwachsen ist, ist kein Mittel einer gleichsam idyllischen Schilderung, auch keine Art von - womöglich wiederauffindbarer – Erscheinungsbühne, sondern bietet als materiell dauerhaftes Beizeichen die Gewähr für die Tatsächlichkeit dieses Ereignisses - zunächst dieser Heraklestat, darüber hinaus aber und vor allem der dauernden Anteilnahme wie der Gegenwärtigkeit der Gottheit selbst. Felsen sind in diesem Zeitraum häufige Beizeichen in der Wiedergabe von mythischem wie nichtmythischem insbesondere von historischem Geschehen. Es geht mit seiner Unverwüstlichkeit um den Zeugnischarakter des Felsens, in Verbindung mit Götterdarstellungen nicht nur um ihre Verknüpfung mit der Realität menschlicher Umwelt, sondern um ihre dauernde Existenz, es geht mit dieser Vorstellung von Zeitlosigkeit um die Wirklichkeit der Gottheit. In der Verbindung mit der Göttin besitzt das Landschaftselement entsprechend keinen Eigenwert, sondern einen auf Interpretation verweisenden Charakter[13].

---

[12] H.-V. Herrmann, Olympia. Heiligtum und Wettkampfstätte (1972) 143 Taf. 56.

[13] Es ist einer unter mehreren Aspekten der Naturwiedergaben, wie sie J. M. Hurwit zu scheiden sucht: The Representation of Nature in Early Greek Art, in: D. Buitron (Hrsg.), New Perspectives in Early Greek Art (1991) 33-61.

In der Umzeichnung eines Vasenbildes (**Abb. 3**)[14] hat die Landschaftsangabe zugenommen. Der Jäger Kephalos sitzt in einem freien, in der Höhe durch Geländelinien gestaffelten Gelände und spendet aus einer Kanne der Gottheit Priapos, die als Hermenbild in einem Steinhaufen aufgerichtet ist. Das 'Draußen' wird aufgenommen und betont in der Einbeziehung der Artemis, deren Ausgestaltung als Jägerin sie als Herrin der freien Natur kennzeichnet. Im Wechselspiel mit dem Jäger Kephalos wird ein Umraum in der Vorstellung des modernen Betrachters evoziert. Aber es ist keine Idylle: Kephalos wird seiner Geliebten, für die er hier wohl den Priapos bittet, den Tod bringen, wobei nach einigen literarischen Versionen Artemis in diesen Ausgang einbezogen ist. Auch der Jagdhund des Kephalos kann mit dem

Abb. 3
Kephalos beim Opfer

Igel nicht fertig werden, d. h. diese Tiergruppe ist kein Genremotiv, sondern vertritt die Ebene des Gleichnisses. Offenbar gilt für das Bild, daß die Angaben zum Aufenthaltsort helfen sollen, die Erfassung zwischen-menschlichen Geschehens zu intensivieren.

Einen anderen Kompositionswert besitzt die Landschaftsangabe auf Nymphenreliefs. So bildet auf einem Relief, das Neoptolemos von Melite

---

[14] Tübingen, Archäolog. Sammlung der Universität Inv. F 2, um 400 v, Chr.; ARV² 1023 zu 147; Nilsson a. a. O. Taf. 33,1; LIMC VI 1,5 Nr. 31. 2 Taf. 8 s. v. Kephalos (E. Simantoni-Bournia).

Abb. 4
Götterversammlung in einer Grotte

bald nach der Mitte des 4. Jh. v. Chr. geweiht hat (**Abb. 4**)[15], das Innere einer geräumigen Grotte den Figurenraum. Hermes in der Mitte übergibt ein Bündel, das Dionysoskind, an eine Nymphe. Zwei weitere Nymphen, der gelagerte Pan und Acheloos schließen sich rechts an. Dieser Gruppe entspricht links ein Götterverein mit dem sitzenden Apollon, der stehenden Artemis sowie Demeter. Über die Mitte gelagert ist Zeus. Die scheinbare Binnenräumlichkeit der Grotte hätte ohne die Gegenwart der Götter allerdings keinen eigenen, verweisenden Wert. Auch entspricht diese Zusammenstellung von Göttern nicht einer mythischen Überlieferung, sondern erfolgte aus heute nicht mehr einsichtigen Gründen. Wie gering das Maß des Schilderns ist, wie eindeutig das gedankliche Konzept der Bildgestaltung dominiert, läßt sich daraus ableiten. Das Landschaftselement dient formal dem Kompositionszusammenschluß und der Binnengliederung, inhaltlich ist es als Attribut den Nymphen zugeordnet, es verhilft zu ihrer Identifizierung, ein autonomer Wert kommt ihm nicht zu.

---

[15]Athen, Agoramuseum Inv. I 7154. G. Günter, Göttervereine und Götterversammlungen auf attischen Weihreliefs. Untersuchungen zur Typologie und Bedeutung. Beiträge zur Archäologie 21 (1994) 24 ff. 124 A 54. Taf. 12,2; 340-330 v. Chr.

Daß dies im Prinzip richtig gesehen ist, bezeugt ein wenig älteres Nymphenrelief (**Abb. 5**)[16]. Die Weihung gilt dem Flußgott Acheloos, dessen Maske auf dem Opfertisch im Zentrum erscheint. Im Halbkreis sind darum sieben Gottheiten angeordnet, unter denen Zeus in der Mitte und links neben ihm Pan eindeutig zu identifizieren sind. So wie der Umriß des Reliefs die Grundform einer Grotte ins Künstlich-Zweidimensionale übersetzt hat, so bildet die Figurenkomposition ein Flächengebilde. Die Ferne von Räumlichkeit, geschweige von Perspektive dokumentiert formkünstlerisch gesehen den Primat der Gestalten, inhaltlich gesehen den der göttlichen Wesen. Das Attributive des Naturraums wird in seiner Umsetzung in ein flächiges

Abb. 5
Götterversammlung und Grotte

Gebilde seines Eigenwertes entkleidet: Das Wahrnehmen von Landschaftsräumen, entsprechend die Schlußfolgerung von einer mit Sakralelementen ausgestatteten Landschaft auf eine ihr innewohnende Gottheit, ist keine von Anfang vorgegebene Fähigkeit, sondern - zumindest im Griechischen - das

---

[16] Berlin, Staatliche Museen, Antikenabteilung Inv. 679 (K 82), aus Megara. Günter a. O. 72 ff. 159 G 1. Taf. 34,1; gegen Mitte des 4. Jh. v. Chr.

Resultat eines Werdeganges. Dieser sollte hier im Bereich der bildkünstlerischen Gestaltung nur angedeutet werden.

So bleiben bis zum Ende der klassischen Epoche geheiligte Orte; heilige Landschaften im Sinne eines sakralisierten Raumkontinuum scheinen nicht zu bestehen.

Doch es gibt eine Ausnahme, einen gedachten Bereich des leichten, ungestörten Daseins in einer harmonisch-lieblichen Natur: das Elysion[17] bzw. die Gefilde oder Inseln der Seligen. Ursprünglich (Od. d 561 ff.) ist es ein Ort, der für die bereit ist, welche nicht sterben müssen. Die Vorstellung wandelt sich zum paradiesischen, den Lebenden unerreichbar gelegenen Aufenthaltsort der Verstorbenen. Gedanklich verwandt ist der Garten der Hesperiden, welche hier die Äpfel zur Stiftung ewiger Jugend bewahren[18]. Für die antiken Mysterienreligionen haben derartige Bilder hohe Bedeutung besessen.

Die geheiligte Aura einer solchen Fiktion von Natur spiegelt sich in den knappen Bildangaben auf spätklassischen Grabvasen, etwa in Felsangaben, in übernatürlich-schönen Blumen in den Händen von Personen oder in der Gegenwart des Pan[19]. Unter dem Einfluß des Dionysos leben Personen in einer 'bakchisch-kultischen' Landschaft[20], sind Personen im Innenbild einer griechisch-unteritalischen Schüssel[21] in einen Naturausschnitt gesetzt, der mit Spendeschale und Binde eine sakrale Aura erhalten hat, ohne daß konkret ein Heiligtum wiedergegeben ist. Die beiden Frauen auf ihrem Felssitz wandeln zudem das ikonographische Motiv von Asylsuchenden ab - statt Not und Verfolgung bestehen Achtung und Harmonie.

Das Motiv der Landschaftszitate kommt auf einer anderen apulischen Grabvase sogar innerhalb der tempelförmigen Architektur vor, in welcher ein Verstorbener mit Waffen als Rangindikatoren sitzt[22]. Für die Außenstehenden, die Hinterbliebenen, ist er nur über den Grabkult erreichbar. Geländeangaben und Architektur schließen sich in der realen Baukunst wechselseitig aus; in dieser fiktiven Kombination verweisen sie auf die Andersartigkeit einer jenseitigen Existenz, die gesteigert, deren Ort wie paradiesisch erscheinen soll.

---

[17] Nilsson a. O. 324ff.; W. Burkert, Griechische Religion der archaischen und klassischen Zeit. Die Religionen der Menschheit 15 (1977) 305 f.

[18] LIMC V 1, 102-105 Nr. 2690-2729. 2 Taf. 102-106 s. v. Herakles and the Hesperides (G. Kokkorou-Alewias). V 1, 394-406. 2 Taf. 287-291 s. v. Hesperides (I. McPhee).

[19] Verf., Boreas 3, 1980, 154 f.

[20] W. Burkert, Antike Mysterien. Funktion und Gehalt (1990) 89.

[21] Münster, Archäologisches Museum der Universität. Griechische Vasen aus westfälischen Sammlungen. Ausstellungskat. 1984, 70 f. Nr. 15. Verf., Boreas 13, 1990, 203 ff.

[22] Münster, Archäologisches Museum der Universität. Griechische Vasen aus westfälischen Sammlungen a. O. 202 ff. Nr. 81.

Hier könnten Anknüpfungspunkte zu orientalischen Vorstellungen bestehen, denen die Sakralisierung von Naturraum als Grundtendenz zu eigen war. Es ließe sich zusätzlich an ein Nachleben älterer religiöser Vorstellungen denken, die aus der minoischen Kultur des 3. und 2. Jt. v. Chr. stammen könnten. Vielleicht trugen solche außergriechischen Momente dazu bei, daß es ein landschaftliches Konstrukt, eine Andeutung von Naturraum war, die als Hinweis auf eine Existenzform dienen konnte, die nur mit diesseitigen Bildformeln umschreibbar ist.

Insgesamt betätigen sich die weitgehende Ferne zum Phänomen der Heiligen Landschaft in der Epoche der archaischen und klassischen Zeit und die Beschränkung auf den durch die besondere Anwesenheit von Göttern geheiligten Ort. Die Vorstellung von einer göttlichen Durchdringung der Natur bildet allerdings die Voraussetzung für die Heilige Landschaft.[23]

2. Heilige Landschaften

Eine Vielzahl großer wie kleiner Heiligtümer fand sich seit frühgriechischer Zeit über ganz Griechenland verbreitet, es waren viele einzelne Orte, an denen man im Kult einer Gottheit begegnen konnte. Einen anderen Charakter vermittelt dagegen Strabons Beschreibung der Gegend um die Alpheiosmündung (VIII p. 343): "Neben seiner (i.e. des Alpheios) Mündung ist der Hain der Artemis Alpheonia oder Apheusa (denn man sagt beides) etwa 80 Stadien von Olympia entfernt. Dieser Göttin wird auch zu Olympia alljährlich ein Volksfest gefeiert, wie auch der Artemis Elaphia und Daphnia. Das ganze Land ist voll von Heiligtümern der Artemis, der Aphrodite und der Nymphen, meist Hainen, die des Wasserreichtums wegen reich an Blumen sind; zahlreich sind auch die Heiligtümer des Hermes an den Wegen und des Poseidon an den Küsten. Im Tempel der Alpheonia finden sich sehr berühmte Gemälde der Korinther Kleanthes und Aregon, von jenem die Eroberung Trojas und die Geburt der Athene, von diesem die auf einem Greifen emporschwebene Artemis"[24].

Das Land ist mit den Heiligtümern der Gottheiten verbunden, unter deren Obhut das Gedeihen der Tiere und Pflanzen steht, Nymphen werden als Baum- bzw. Quellnymphen verehrt, Straße wie Strand sind angemessen mit dem Wegegeleiter wie dem Meeresherrscher kultisch verbunden. Im Eigentümlichen der genannten Kulte klingt Altertümliches an. So wie die Funktionsbereiche aufeinander abgestimmt sind, bilden die verschiedenen Heiligtümer in der

---

[23] Hingewiesen sei auf die Arbeit von Jean Richer, Sacred geography of the ancient Greeks: Astrological Symbolism, in: art, architecture and landscape. SUNY Series in western esoteric traditions (1994, englische Ausgabe).

[24] Übersetzung von A. Forbieger, Strabos Erdbeschreibung 3 (1857) 171.

Beschreibung doch ein Kontinuum. Sie sind aus ihrer Vereinzelung herausgelöst und als Teil mit einem größeren Ganzen, das wie in einer Vogelschau in Erscheinung tritt, verschmolzen. Die Mikroperspektive der vorangegangenen Zeit hat sich in eine Makroperspektive verändert, an die Stelle einzelner heiliger Orte ist eine von vielen heiligen Orten durchwirkte Landschaft von heiterfriedvollem Charakter getreten. Es ist das Muster einer geheiligten, einer heiligen Landschaft. Im Bereich der Bildkunst hat sich für vergleichbare Phänomene der Begriff sakral-idyllisch eingebürgert.

Der Strabontext vermittelt allerdings auch, daß dieser Weltausschnitt nicht als autonome Größe verstanden, sondern in hohem Maße als Bündelung ästhetischer Reize gestaltet ist. Es geht um Reichtum und Schönheit, das idyllische Moment ist betont. Und das Kunstvolle des Arrangements gipfelt in der Angabe von Kunstwerken, welche zur Berühmtheit eines der Heiligtümer beitragen. Dies ist kaum eine realistische Beschreibung von Landschaft um ihrer selbst willen.

Offenbar ist eine Betrachtungsbasis vorgegeben. Es ist ein Blick aus der Distanz, und diese Setzung von Natur dient als Kontrastfolie. Für eine solche Funktion des Kontrastes gibt es Anhaltspunkte. Zur Verdeutlichung lassen sich, gleichsam als Kürzel, die großen Prunkschiffe hellenistischer Könige anführen. Das Spannungsgefüge von Schiffs- und Raumkonstruktion war auf dem Symposionsschiff des Ptolemaios Philopator mit einem Aphroditetempel samt Standbild, einer künstlichen, dem Dionysos geweihten Weinlaube sowie einer Grotte ausgestaltet, der aus Gold und Edelsteinen das Aussehen von Stein gegeben war und die zur Aufstellung königlicher Porträtstatuen diente (Athen. 5, 203b-206c). Auf dem Schiff des Hieron von Syrakus bestanden bewässerte Blumenbeete, Efeu- und Weinlauben mitsamt mit einem Aphroditeheiligtum (Athen. 5, 206d-209b). Dieser gesuchte Gegensatz zwischen Architektur und durch Künstlichkeit gesteigerter, sodann göttlich überhöhter Natur erfuhr durch die Ortsveränderlichkeit des fahrenden Schiffes, das Bauten und Natur ortsunabhängig werden ließ, eine zusätzliche Steigerung.

In entsprechender Weise wird man auch im Strabonkontext den einen Teil eines Spannungsgefüges vermuten. Es geht um den für die hellenistische Großstadtkultur kennzeichnenden Gegensatz von Stadt und Land, gesehen aus der Perspektive des Städters. Es ist ein Blick vom Gegenpol aus. Er findet sich gleichermaßen in der kleinformatigen Skulptur nicht nur der einfachen Leute, der Alten, Verbrauchten, verwachsenen Menschen, sondern ist auch mit den Wesen verbunden, welche die Belebtheit der Natur vermitteln, mit den Nymphen und Satyrn wie dem Gefolge des Dionysos und der Aphrodite. Diese gelten als weitgehend austauschbare Nuancen einer unbeschwerten, heilen Wunschwelt; gemeinsam ist ihnen die Distanz zur Lebenswirklichkeit.[25] Ähnlich muß der Blick auf die Landschaft im Sinne eines Gedankenspieles, als

---

[25] Verf., Zur Bedeutung des Formats. Eikon 3 (1996) 38-75.

eine Art von Eskapismus verstanden werden. Daß die religiöse Deutung nicht im Vordergrund steht, sondern Versatzcharakter besitzt, ist offenkundig. Ganz vergleichbar diente die Dionysoslaube auf dem Schiff des Philopator mit ihren Klinen einer Nutzung durch die Schiffsgäste ebenso wie das Aphroditeheiligtum auf dem Schiffe Hierons. Es geht um die überkommenen Chiffren vegetativer Kraft, eine göttliche Belebung der Natur, die sich in der Wahrnehmung einer sakral-idyllischen Landschaft niederschlagen. Das Göttliche als ein in diesem Zusammenhang traditionell verstandenes Element birgt zudem einen weiteren Verweis, es lenkt den Blick über die Vergangenheit hinaus auf den gedachten Anfang allen menschlichen Lebens, es spiegelt die Vorstellung von einem goldenen Zeitalter.

Hier läßt sich offenbar eine spezifisch hellenistische Sicht fassen. Um so deutlicher wird sie, stellt man ihr die bildlichen Wiedergaben von Kultvorgängen gegenüber. Geht es nämlich vorrangig um religiöse Inhalte, dominiert

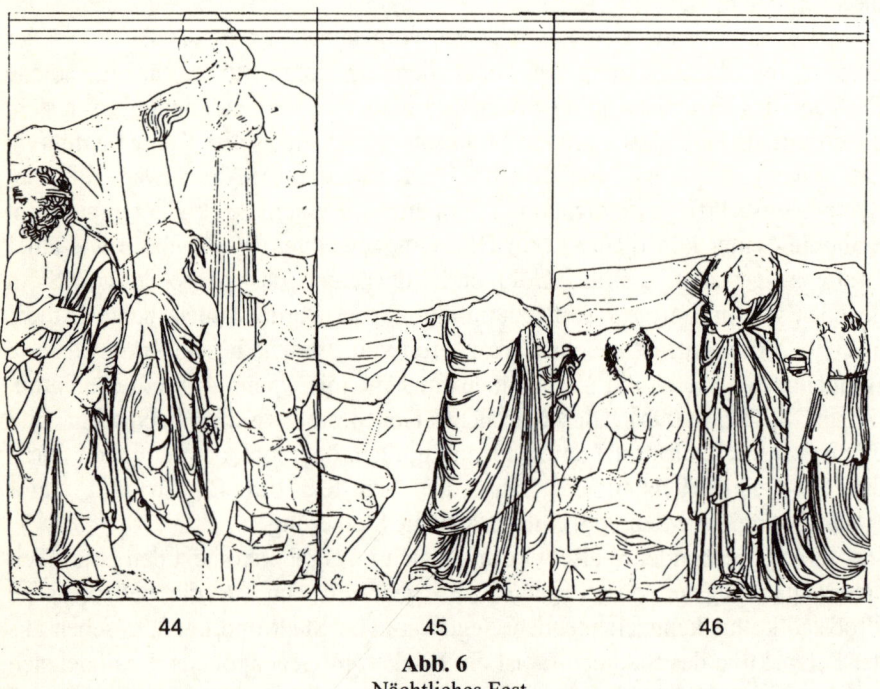

Abb. 6
Nächtliches Fest
Pergamonaltar, Telephosfries

nach wie vor die göttliche bzw. übernatürliche Gestalt vor einem weitgehend zurückgenommenen Landschaftsprospekt; ähnlich treten die Kultausübenden in den Vordergrund. Die Kultgründung in der freien Natur, welche der Telephosfries des Pergamonaltares auf der Plattenfolge 44 - 46 abbildet (**Abb. 6**),[26] zeigt

---

[26] W.-D. Heilmeyer (Hrsg.), Der Pergamonaltar. Ausstellungskat. (1997) 110 f. Abb. 15 - 16. Gegen Mitte des 2. Jh. v. Chr.

zwei statuarisch wirkende Frauen, deren Rang in einem Falle durch die Beifügung einer Dienerin angegeben ist.

Sie stehen mit allen übrigen Figuren auf derselben Standlinie und dominieren vor einem Felsprospekt, der durch zwei Satyrn, die auf Steinen sitzen, gleichsam ins Belebte veranschaulicht ist und der durch eine hohe Sphinxsäule aller Alltäglichkeit wie Beliebigkeit enthoben ist. Mit der lodernden Fackel des jungen Mädchens links ist überdies nächtliches Dunkel suggeriert. Das Atmosphärische der Szene ist so gegenüber klassischen Vergleichsbeispielen entsprechend gesteigert. Da die benachbarten Bildszenen Architektur zum Hintergrund haben, ließe sich eine Kontrastspannung mit dem nächtlichen Kultfest im Freien auch hier vermuten. Religiöse Vorstellungen bleiben allerdings an die kultisch Handelnden, vor allem die Götter selbst gebunden, die auf dem Telephosfries im Falle des Dionysos als lebend agierend, mehrheitlich aber in der Distanz der Kultbildstatue vergegenwärtigt sind.

Eine ähnliche Spannung ist im Relief des Archelaos von Priene (**Abb. 7**) unmittelbar ins Bildliche umgesetzt.[27] Der Szene der Huldigung Homers im untersten Register ist eine horizontale, für alle gleiche Standlinie untergezogen; Vorhänge schließen jede Raumtiefe ab. Dies ist 'Stadt'. Darüber erhebt sich eine Felslandschaft, die mit dem auf der Spitze gelagerten Zeus den Charakter eines Weltenberges angenommen hat. Ihm zugeordnet ist Mnemosyne, selbst mit Zeus die Mutter der Musen, die durch die Verbindung auf den tieferen Reliefbändern als eine Kultgemeinschaft mit Apollon dargestellt sind, eine fiktive Realität, die in diesem Fall dem ausgezeichneten Dichter die Vergegenwärtigung als Statue zuerteilt. Anders als bei den klassischen Weihreliefs ist

Abb. 7
Musenberg und Homerkult
Relief des Archelaos

nicht die Nähe der Gottheit zu ihren Verehrern herausgestellt, sondern mit dem Wechsel der Realitätsebenen ihre Andersartigkeit. Es ist jenes Maß an Reflexion, mit dem auch die Sakrallandschaft wahrgenommen wird.

Werden Menschen in diesen ausgedachten Landschaftsraum einbezogen, teilen sie die relative, d. h. geringe Größe; auch sie trifft der distanzierte Blick,

---

[27] K. Schefold, Die Griechen und ihre Nachbarn. PropKg 1 (1967) Taf. 141. Um 100 v. Chr.

der zur Interpretation verleitet. Ein übergroßer Kantharos im Agora-Museum Athen (**Abb. 8**)[28] trägt eine Weihinschrift: *Menekles Dionyso kai Artemidi*. Die in blaßem Rot aufgemalte bildliche Wiedergabe zeigt auf der einen Gefäßseite, d. h. hier oben, einen Jäger, der mit seinem Speer gegen einen Panther angeht und von seinem Jagdhund darin unterstützt wird. Links hinter dem Jäger stehen ein Beter vor einem Altar, auf dem das Opferfeuer lodert, und davor ein Steinpfeiler, der an eine anikonische Vergegenwärtigung des Apollon Agieus erinnert. Rechts vor der Jagdszene erhebt sich ein Naiskos mit einer Statue, die dem vermutlichen Oberteil eines Köchers zufolge wohl Artemis darstellt, dahinter steht ein großer Hirsch. Die Gegenseite setzt die Schilderung mit Szenen der Jagd auf einen Löwen und einen Eber fort. Ländlich einfache Kultstätten rahmen so die Hauptgruppe und evozieren die Vorstellung vom Draußen, von der Jagd in der Landschaft. Mit den hier verehrten Göttern sind einerseits vegetatives Wachstum bzw. die Wohlfahrt des Wildes andererseits der Jagderfolg der Jäger verbunden. Die Kultstätten künden wohl gleichermaßen von göttlicher Gegenwart wie von menschlicher Bitte und menschlichem Dank. Zugleich geht damit in der Jagdsituation das Moment der Gefährdung zurück, die Jagd wird zum Teil des ländlichen Lebens. Die Verkleinerung des Panthers insbesondere gegenüber dem Artemis-Hirsch weist darauf unmittelbar hin. In spielerisch wirkender Kombination wird eine bildliche Verdichtung erzielt, die über die Schilderung eines realen Vorganges hinausführt. Die gedankliche Mehrschichtigkeit erschließt sich erst der Reflexion.

Ähnlich künstlich findet sich die Landschaft einschließlich der ihnen eingebundenen Welt der Jäger, Hirten und Landleute in der literarischen Gattung der Bukolik, die mit Theokrit im 3. Jh. v. Chr. anhebt. Es sind vor allem die Verbindung des (Kuh-) Hirten mit der Landschaft, die dieser Tätigkeit zugeschriebene Muße wie die Dauerhaftigkeit des Aufenthaltes fern der Großstadt in der Natur, in der man übermenschlichen Wesen wie etwa dem Pan (Theokrit Eid 1,15 - 23, Übersetzung F. P. Fritz) zu begegnen vermag:[29]

> *Brauch ist es nicht, o Schäfer, bei uns, nicht Brauch ists, am Mittag*
> *Flöte zu spielen; wir fürchten Gott Pan; denn er schläft zu der Stunde,*
> *Müd wie er ist, und ruht von der Jagd. Seine Art ist ja heftig,*
> *Und es sitzt ihm beständig der grimmigste Groll in der Nase.*
> *Du aber, Thyrsis, weißt von den Leiden des Daphnis zu singen*
> *Und hasts zum Meister gebracht in der Kunst des bukolischen Liedes.*
> *Setzen wir uns zu der Ulme hierher, gegenüber Priapos*
> *Und gegenüber den Quellen, wo jener Sitz für die Hirten*
> *Ist dort unter den Eichen.*

---

[28] S. I. Rotroff, Hellenistic Pottery. The Athenian Agora XXIX (1997) 1, 270 f. Nr. 271. 2 Taf. 26 f. 2. H. 3. Jh. v. Chr.

[29] Elliger a. O. 318 ff.

Eine antike Ableitung der Bukolik aus ländlichen Kulten und Kultliedern könnte diesen Einbezug des Religiösen zu erklären helfen, auch die andere, von Reitzenstein formulierte, moderne These der Herkunft aus einem poetischen Thiasos der Artemis oder des Dionysos - das Raffinement dieser hellenistischen Dichtungsgattung verschließt sich aber doch einer unmittelbaren Ableitung aus der Volksdichtung. Es ist eine Literatur, die der Epik entgegengesetzt ist und doch mit ihr eine Einbeziehung der Landschaft gemeinsam hat, welche vom Menschen aus gesehen, durch menschliche Sichtweise interpretiert ist bzw. menschliches Fühlen und Handeln verständlich macht.[30] Entsprechend gattungsbedingt ist die häufigere Anführung von Gottheit und Landschaftsausschnitt in der hellenistischen Hymnendichtung.

Landschaft ist nicht etwas, das als ein Vorgegebenes wie selbstverständlich genommen wird, sondern es ist auf den, der sich der Landschaft nähert, abgestimmt. Sie spiegelt Empfindungen, d. h. sie ist als Teil des Sichtbaren und Gegenständlichen ein Korrelat zum Geistig-Seelischen. Diese Verbindung kann in der Einstimmigkeit zwischen Landschaftsstimmung und subjektiver Gemütslage, aber auch durch eine gesuchte Gegensätzlichkeit bestimmt sein. "Siehe, es schweigt das Meer, es schweigen die Winde, aber nicht schweigt drin in der

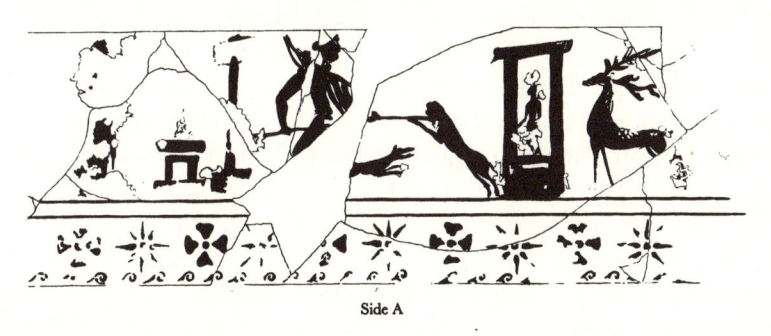

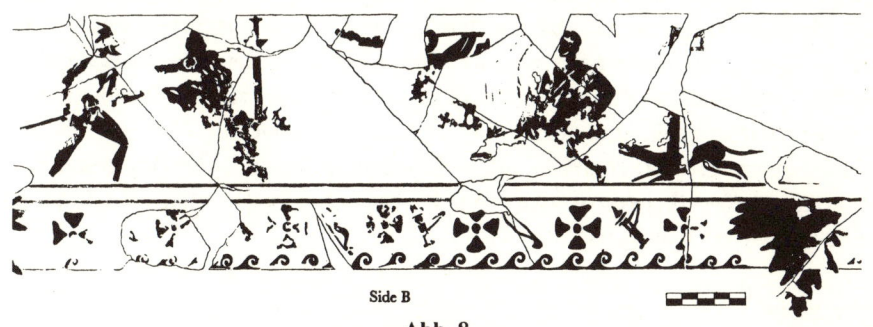

Abb. 8
Jagd und Opfer
Bilder auf einem Gefäß

---

[30] A. Hurst, Geographie als Gegenstand der Dichtung bei Apollonios Rhodios. Vortrag Münster 4. XII. 1997.

Brust meine Qual." (Theokrit, Pharmakeutriai 2,38 ff.). Die religiösen Elemente in diesen literarischen wie bildkünstlerischen Landschaften begründen nicht eine eigenständige Gattung, sondern stellen eine Nuancierung dar. Sie betonen den Einklang des Menschen mit der Natur und den in ihnen wirkenden Kräften, stellen gleichsam eine Urlandschaft vor Augen, in die man nicht bloß aus einzelnen aktuellen Anforderungen des Tages entkommen, sondern in die man generell und auf Dauer zurückkehren möchte.

Wohl das umfassendste Bildbeispiel für diese Landschaften, in welchen den Sakralbauten die Funktion einer Evozierung göttlicher Belebtheit der Natur zukommt, ist das große Mosaik aus dem Fortunaheiligtum in Palestrina.[31] Das Mosaik gibt eine Quintessenz des dicht belebten Niltales und seiner in Wüste übergehenden Ränder, des Lebensbereiches wilder Tiere. Aus der Vielzahl von Bauten und Szenen setzt sich ein makroskopisches Landschaftsbild zusammen, in welches auch Sakralbauten einbezogen sind, deren einer Schauplatz einer Isisprozession ist (**Abb. 9**). Auch ägyptische Religionsausübung wirkt als Lokalkolorit. Vornehmlich scheinen sich mit solchen Sakralhinweisen Vorstellungen von Tradition, von glücklicher wie gesegneter Vergangenheit und daraus abgeleitet von Beständigkeit zu verbinden.

Wir haben die hellenistische Sakrallandschaft durch eine Beschreibung kennengelernt. Offen bleiben mußte dabei, ob es sich um die wirklichkeitsgetreue Vermittlung eines Landschaftsraumes oder um eine literarische Stilisierung handelte. Bisweilen allerdings lassen sich antike Schilderung und Landschaftsausschnitt noch miteinander vergleichen, so im Falle des Tempetales, das die Bergmassive von Olymp und Ossa trennt[32].

Weil es als Inbegriff eines Landschaftstyps galt, ist es gleichsam ortsversetzt in der Repräsentationsvilla des Kaisers Hadrian bei Tivoli nachgestaltet. Der heutige Besucher des Tempetales, durch zahlreiche Landschaftsprospekte in der größeren Welt überdies verwöhnt, ist in der Regel wohl nicht ebenso beeindruckt. Er nimmt sicherlich den Gegensatz zwischen den Flußauen des Peneios, den sanften Hängen und den steilragenden Felsen nicht in gleichem Maße wahr wie der antike Besucher. Die Raumsituation als Ganzes genießend trennt er wohl nicht in derselben Weise zwischen dem Fruchtbar-Geordneten und dem Unfruchtbar-Ungeordneten, d. h. er scheidet nicht in einem gedanklichen Zugang zwischen dem, was positive Stimmung wie andererseits Ängstlichkeit weckte. Wieder erweist sich der antike Blick als so subjektiv wie auch analytisch.

---

[31] G. Gullini, I mosaici di Palestrina (1956) Taf. 19; A. Steinmeyer-Schareika, Das Nilmosaik von Palestrina und eine ptolemäische Expedition nach Äthiopien (1978); R. Merkelbach, Isis regina - Zeus Sarapis (1995) Abb. 169 - 180. Zumeist in Verbindung mit der Heiligtumsarchitektur um 80 v. Chr. datiert.

[32] M. B. Hatzopoulos - L. D. Loukopoulos, Ein Königreich für Alexander. Philipp von Makedonien (1982) 80 f.

Ein eindeutiger Hinweis hierauf ist, daß Natur nicht als ein Gegebenes genommen, sondern auch als Gestaltungsmasse des Menschen angesehen wird. Nahe der Stadt Rhodos läßt sich noch heute eine antike Parkanlage durchschreiten, deren gewundene Wege zwischen Bäumen und Felsen hindurchführen.[33] Vereinzelt finden sich Grotten in den Felshängen, die von teils natürlicher, teils künstlicher Gestalt sind. Eine Landschaft ist hier der menschlichen Vorstellung zufolge modelliert wie interpretiert. Verschiedentlich finden sich niedrige, wie Naturfelsen wirkende Sockel, auf denen unterlebensgroße Statuen gestanden haben werden. Als Bildthemen bieten sich neben Göttern ihrer vegetativen Kräfte wegen Nymphen und andere halbgöttliche Wesen an. Durch die künstlerische Ausstattung ist der Naturraum übersetzt in einen eigenen Raum, der vom Göttlichen durchdrungen ist. Reale Kultplätze scheinen nicht vorhanden zu sein, darum muß der Aufenthalt in einem solchen Park am ehesten als Ausstieg aus dem Gewöhnlichen und als das Eintauchen in eine sorgenfreie, paradiesische Welt verstanden worden sein. Künstlich wie die kleinformatigen,

Abb. 9
Ägyptischer Kult
Mosaik von Palestrina, Ausschnitt

d. h. der Wirklichkeit ebenfalls nicht entsprechenden menschengestaltigen Abbilder[34] sind auch solche Landschaftsbilder; geht es dort um die Projektion

---

[33] H. Lauter, AntK 15, 1972, 49 ff.

[34] Zur analytischen Aufnahme minderformatiger Plastik vgl. Verf., Zur Bedeutung des Formats a. O. 36 f.

von Vorstellungen und Stimmungen, so werden sie hier den Besuchern, die sich auf diesen Ort einlassen, gleichsam gestiftet.

Die Künstlichkeit, die Setzung von Landschaft konnte noch deutlicher ausfallen. Im Stadtgebiet von Alexandrien erhob sich ein künstlicher Berg, auf dessen Spitze ein gewundener Weg hinaufführte. Einem Heiligtum des Pan verdankte dieser Stadtberg die Bezeichnung Paneion. In Strabos Beschreibung (XVII 794) handelt es sich um einen eigenen Berg, aber in der wissenschaftlichen Literatur hat man einen Zusammenhang mit dem Alexandergrab erwogen. Der Grabhügel wäre demzufolge in einen Lustort umgewandelt worden.

Künstlich ist dieser Berg, weil er sich im Flachland des Nildeltas erhebt. Die Notiz über eine Kultivierung von Bergpflanzen in Alexandrien läßt sich am ehesten mit dieser Anlage verbinden - das Außergewöhnliche, die Anlage von Menschenhand wider die Natur wie insbesondere die räumliche Transponierung von landschaftsgebundener Vegetation, diente auch der Vermittlung herrscherlicher Macht. Die Verbindung mit dem Pansheiligtum ergab zugleich auch eine sakrale Überhöhung, die sich dem rhodischen Park vergleichen ließe. Wie mit dem Ausblick von erhöhter Stelle die Welt der Großstadt durchbrochen wurde, so wurde der dem Pan geweihte Berg gedanklich aus seinem städtischen Areal gelöst, und der sakrale Aspekt förderte seinerseits das Zurückbleiben des Alltäglichen. Das Außerstädtische wird als der wünschenswerte, als der eigentlich gemäße Aufenthaltsraum des Menschen hingestellt. Die religiösen Aspekte vertiefen eine Fiktion.

Vielleicht aber reichte das sakrale Verständnis in diesem Falle noch weiter. Man könnte nämlich die Weltenberge assoziieren, von denen insgesamt vier nach ägyptischer Vorstellung Erde und Himmel auf Abstand halten. Hellenisch sei dagegen die Vorstellung von einer zentralen Stütze und dem Götterberg.[35] Auch in einem solchen Verständnis wäre die zugeteilte, die übertragene Sinngebung dieses alexandrinischen Naturausschnittes offenkundig, er wäre die Vergegenwärtigung einer von den Göttern eingerichteten Ordnung; nach griechisch-hellenistischer Auffassung wäre er zugleich ein dinglicher Erweis der Legitimation wie der Schaffenskraft der ptolemäischen Könige. Das eine wäre gemäß traditionellem Verständnis von göttlicher Einrichtung bzw. Götterschutz formuliert, das andere wäre gemäß hellenistischem Fortschrittsdenken zugleich mit dem Aspekt des technisch Machbaren angereichert. Wie bedingt das religiöse Moment in der hellenistischen Landschaftsauffassung, ja Landschaftssetzung verwandt wurde, inwieweit Kulteinrichtungen und -hinweise ihren spezifisch religiösen Kern eingebüßt hatten, läßt sich im Ansatz ermessen.

---

[35] So E. Wiken, bei Nilsson a. O. 325 Anm. 1.

Reichere Bildnachweise für diese Form der sakralen Landschaft finden sich in der römischen Wandmalerei. Auf den Innenwänden städtischer Häuser angebracht, bewirken diese Bilder eine gedankliche Durchbrechung der Wand, ermöglichen den Blick in das Andersartige, das als das Natürliche und Heile vorgestellt wird. Die hellenistische Antithese Stadt - Land hat sich geweitet zu einer überall, d. h. beliebig zitierbaren Chiffre. Im Hause des Augustus auf dem Palatin macht ein Steinpfeiler, ein Baitylos, den Mittelpunkt eines Gemäldes aus[36], das zentral in eine Wanddekoration gesetzt ist. Ähnlich wie die weiteren Bilder, welche mythische Begebnisse zeigen, wird so der Landschaftsraum zum göttlich durchwirkten Bereich. In der Villa von Oplontis nahe Pompeji sind in dem villaeigenen Caldarium jeweils auf die Wandmitte Landschaftsbilder gesetzt. Ihr besonderer Charakter läßt sich in einem Bilde erkennen[37], in dem einer der mächtigen Bäume durch eine Binde als Stelle der Begegnung mit dem Göttlichen bezeichnet ist, wo auf einer Bodenerhöhung zwei Granatäpfel liegen und wo auf einer eingeebneten Fläche die Gestalt des Hercules zu sehen ist, der seine Keule schultert (**Abb. 10**). Auf den ersten Blick scheint dies ein Bild der elysischen Landschaft zu sein, aber man könnte in der braun-gefärbten Gestalt des Helden auch ein Bronzestandbild vermuten, in diesem Falle das Arrangement als das ländliche Heiligtum des Nothelfers Hercules verstehen und in den Granatäpfeln die Gaben der einfachen, ländlichen Bevölkerung sehen.

Das Distanziert-Gedankliche, das diesen Bildern eigen ist geht in anderen, meist kleinerformatigen Wandgemälden von den Bestandteilen menschlichen ländlichen Lebens aus. Zu den Häusern, Pferchen und Stallungen treten Zeugen von Kult, nämlich umkränzte Bäume, kleine Tempel, Götterstatuen und Weihegaben in ländlichen Heiligtümern. Auch Grabdenkmäler gehören dazu, durch welche die Einbettung in eine Tradition im Zeitmaß des Menschen ausgedrückt wird und doch zugleich einer überhöhten Würde nicht entbehrt.

Abb. 10
Herakles im Hain
Villa von Oplontis

---

[36] Th. Kraus, Das Römische Weltreich. PropKg 2 (1967) Taf. 121.
[37] A. de Franciscis, Die pompejanischen Wandmalereien in der Villa von Oplontis (1975) Taf. 30.

Auch in Arkadien ist der Tod,[38] und die Idylle ist eine Fiktion, die es gedanklich sich bewußt zu halten gilt. Diese verweisenden Bestandteile sind in Landschaften aus Wasser, Wald, Fels und Anhöhe verteilt, die vielfach durch die Duftigkeit ihrer Wiedergabe oder durch ihre isolierende Setzung, - durch einen freien, unbemalten Raum zwischen der Landschaftsausführung und der Gemäldebegrenzung erzielt wird - auf eine konkrete Schilderung zugunsten der Imagination des Betrachters zu verzichten trachten.

Diesem zweiten Typus folgen etwa Bilder aus Pompeji, aus der Casa della Fontana piccola[39] bzw. aus der Villa von Boscotrecase[40]. In dem einen gehen Natur in Form von Baum und Berg mit den Aedikulen eine dichte Symbiose

Abb. 11
Architekturlandschaft
Villa von Boscotrecase

ein, im anderen (**Abb. 11**) hat sich die Natur die Bauten weitgehend assimiliert, sieht man durch die offene Aedikula doch einen Baum aufsteigen, gleichsam

---

[38] E. Panofsky, Et in Arcadia ego. Poussin und die Tradition des Elegischen (1936). Wiederabdruck in: ders., Sinn und Deutung in der bildenden Kunst (1975) 351 ff.

[39] G. Cerulli Irelli [u. a.], Pompejanische Wandmalerei (1990) Abb. 49. Zu den kulturgeschichtlichen Aspekten K. Schneider, Villa und Natur: eine Studie zur römischen Oberschichtkultur im letzten vor- und ersten nachchristlichen Jahrhundert. Quellen und Forschungen zur antiken Welt 18 (1995).

[40] P. H. v. Blanckenhagen - Chr. Alexander, The Paintings from Boscotrecase. RM 6. Ergh. (1962) Taf. A.

aus ihr herauswachsen. Auf diesem Bild ist das Unvollständige der Architektur, der Versatzcharakter von Vorhallen und Eingängen ganz deutlich; die Wiedergabe dokumentiert nicht, sondern läßt Raum für Assoziationen. Vergleichbar muß das Handeln der Personen nicht ausschließlich an der Wirklichkeit gemessen werden. Aus demselben Haus zeigt ein weiteres Bild[41] eine Art Felsbühne für die dargestellten Menschen vor einem Hintergrund aus Sakralarchitektur-Elementen und freier Natur. Die Säule vor dem Baum bindet beide Bereiche zusammen zu einer formalen wie gedanklichen Einheit.

Wie auf einer Bühne eingerahmt befinden sich wenige Figuren auf dem Wandbild aus dem pompejanischen Haus des Lucius Ceius Secundus[42]. Die Statik bzw. Gemessenheit ihres Verhaltens scheinen der sakralen Würde ihrer Umgebung angepaßt zu sein, lassen aber auch den Auftritt des Ziegenhirten und einer Kuhherde in einer weiteren, von Götterbild und Götterschrein durch-

Abb. 12
Landschaft mit Hirten
Wandgemälde aus Pompeji

---

[41] Kraus a. O. Taf. 127.
[42] Cerulli Irelli a. O. Abb. 7.

Abb. 13
Ziegenhirt und ländliches Heiligtum
Wandgemälde aus Pompeji

wirkten Landschaft zu (**Abb. 12**)[43].

Auch unmittelbar wird gezeigt, wie der Hirte seine Ziege zu einem ländlich-bescheidenen Kultplatz treibt (**Abb. 13**)[44].

Der Landschaftsraum und die in ihm lebenden Menschen sind eins, nicht nur in einem örtlich-konkreten Sinne, sondern auch in der Zuwendung des Menschen zum Göttlichen, das sich im Freien auf vielfältige Weise äußert. Das Unstädtische, das Private sind zum Kontrast dargestellt, und das Ausblenden von Mühe und Anstrengung, welche der ländlichen Bevölkerung in Wirklichkeit abverlangt wurden, betont um so mehr das Unrealistische dieses verklärenden Blickes. Dieser Grad an Verkennung, besser an Transformierung von Realität kennzeichnet das Fiktive dieser Gegenwelt mit aller Deutlichkeit. Es ist eine *Saturnia terra*, ein Idealbild vorstädtischer glücklicher Lebensform.

Mehrere inhaltliche Aspekte können ineinander verwoben sein (**Abb. 14**): eine Landschaft, die Andeutung von Sakralem in der Form eines Naiskos mit Hirschstandbild, eine Pans-Statue vor einer einzelnen Säule, eine umwundene Steinplatte zusammen mit einem harmonischen Paar im Vordergrund, vielleicht Ortsnymphen, dazu Szenen einer real wirkenden Treibjagd mit Netzen im Hintergrund sowie eines mythischen Ereignisses im Vordergrund, des Todes

---

[43] A. Maiuri, Museo Nazionale di Napoli (1957) Abb. S. 111; Cerulli Irelli a. O. Abb. 151.

[44] Maiuri a. O. Abb. S. 107; A. de Franciscis, Museo Nazionale di Napoli (1963) Taf. LXXVII; Cerulli Irelli a. O. Abb. 150.

von Niobesöhnen. Dieses pompejanische Wandbild ist hier in einer Umzeichnung vorgestellt, die genauere Betrachtung ermöglicht[45]. Um so deutlicher fällt das Komposite dieses Bildes ins Auge, schon etwa in der uneinheitlichen Proportionierung der Figuren, dann in der Unterschiedlichkeit der thematischen Bereiche. Aber eine solche Annäherung ist vergleichsweise beckmesserisch, geht es doch um ein erhöhtes Landschaftsbild, das seine Stimmungen durch die Kumulierung von thematischen Facetten zu steigern sucht.

Daß diese frühkaiserzeitlichen Wiedergaben hellenistische Sakrallandschaften zum Vorläufer haben, ist offensichtlich. Die Gliederung des Raumes in Erscheinungsorte der Gottheit, wie sie Strabons Beschreibung evozierte, die Klarheit der Erfassung ist hier allerdings einer Überblendung der einzelnen Elemente im Sinne einer komplexen Stimmungssteigerung gewichen. Das Niobidenbild erhält einen Teil seiner Wirkung gerade aus der Mischung im Grunde unvereinbarer thematischer Komplexe, bezieht aus dem Ungewohnten die Vorstellung des Unkontrollierbaren, vermittelt über das Staunen das Geheimnisvolle des Andersartigen als Empfindungsakt. Es verunklärt sich im gewissen Maße jene Funktion der früheren Bilder, seelischen Regungen durch Spiegelung eine Ausdrucksmöglichkeit zu verleihen, indem sie im Raume sichtbar gemacht werden.

Abb. 14
Jagd und Tod der Niobiden
Wandgemälde aus Pompeji

---

[45] C. Robert, Die antiken Sarkophag-Reliefs III 3 (1919) 375.

Damit scheint sich keine spezifische Deutung der sogenannten Sakrallandschaften im Sinne eines religiös motivierten Innehaltens wie Reflektierens zu ergeben. Man hat dies allerdings auch anders verstanden. Angesichts des Mosaiks mit Nillandschaft in Palestrina hat man auf Darstellungen ägyptischer Riten in einer Sakrallandschaft im Isistempel von Pompeji[46] hingewiesen und die gesamte Bildgattung mit der Ausbreitung des Isiskultes in der griechisch-römischen Welt in Verbindung gebracht. Man hat in diesen Bildern die Auswirkungen göttlichen Segens gesehen und ihnen damit eine eindeutig religiöse Funktion zugewiesen. Eine andere Deutung sieht eine Betonung der Grenze zwischen Menschheit und Gottheit; Aufgabe der Bilder sei es, den Blick in eine andere Welt, in die der Gottheit zu ermöglichen.

Die erste Deutung stößt allerdings auf Schwierigkeiten, denn das Bildphänomen der sogenannten Sakrallandschaft gehört schon in das 3. Jh. v. Chr., d.h. vor den Siegeszug der Isisreligion außerhalb Ägyptens. Es ist im Wesentlichen daher eine griechische Erfindung, die im Zusammenhang mit der Bukolik in der hellenistischen Dichtung gesehen werden muß. Auch die zweite Deutung scheint zu pointiert, da in Pompeji gleichermaßen auch Landschaftsbilder vorkommen, in denen die Sakralarchitektur durch Profanbauten ersetzt ist. Die sogenannte Sakrallandschaft stellt nur eine Nuance in der künstlerischen Auseinandersetzung mit der Landschaft dar.

3. Heilige Räume

Von anderem religiösem Ernst erfüllt ist ein Relief, das in mythischem Umfeld einen realen Opfervorgang im Ausschnitt wiedergibt. Es gehört zur Umfassung des Altares, den Augustus 13. v. Chr. als Friedensaltar, als Ara Pacis Augustae, gründete und im Jahre 9. v. Chr. einweihte (**Abb. 15**).[47]

Ein urtümlich-einfacher Altar ist unter einer Eiche errichtet. Vor ihm vollzieht ein Opferer mit bedecktem Haupt das Voropfer. Es ist Aeneas, der nach langen Irrfahrten hier Latium betritt, die zukünftige Heimat seines Geschlechtes. Ihm folgt sein Sohn Ascanius-Iulus. Von den beiden Opferdienern trägt der eine Gaben zum Voropfer, der zweite führt zum Hauptopfer ein Schwein herbei, die dem Aeneas vorhergesagte weiße Sau von Lavinium. Aeneas opfert sie den Penaten seines Hauses, die ihn von Troja aus glücklich bis hierher, ans Ziel, geführt haben. Ihnen wird er an der höchsten Stelle von Lavinium ein Heiligtum errichten. Im Vorgriff darauf ist es hier bereits dargestellt; dem Minderformat der Gottheiten zufolge, nicht etwa einer Perspektive entsprechend, ist es von geringer Größe. Das Handeln des Aeneas ist so deutlich in den Schnittpunkt von Vergangenem und

---

[46] MonPitt, Sez. III, Pompei, Fasc. III-IV (O. Elia).

[47] E. Simon, Ara Pacis Augustae 23 f. Taf. 24-25.

Abb. 15
Aeneas opfert den Penaten
Relief von der Ara Pacis

Zukünftigem und zugleich in einen bestimmten Raum gestellt. Göttliche Fügung erfüllt sich in diesem Vorgang, zugleich an dem hier gemeinten landschaftlichen Ort. Götterwille kann in einem Landschaftsausschnitt erfahren werden.

Das Bild scheint eine religiöse, rituelle Praxis zur Voraussetzung zu haben. In der Verbindung von Kultbau und Landschaftsausschnitt läßt diese sich auch in der Realität nachweisen.

In seinen *Antiquitates rerum humanarum et divinarum* überliefert M. Terentius Varro (116-27 v. Chr.) römische religiöse Tradition. Enthalten ist darin auch die Erklärung des Augurium:

„Auf der Erde wird Templum der Bezirk genannt, der zum Zwecke des Augurium oder Auspicium mit gewissen, ganz klar formulierten Worten bestimmt wird. Es wird aber nicht überall mit den gleichen Worten angesagt. Auf der Burg heißt es, wie folgt: „Templa und Tesca sollen die Grenzen haben, so wie ich sie mit meiner Stimme benenne: Jener Baum hier, welch immer er auch ist, den genannt zu haben ich mir bewußt bin, soll für das Templum und das Tescum mir die Grenze zur Linken sein. Jener Baum dort, welch immer er auch ist, den genannt zu haben ich mir bewußt bin, soll für das Templum und Tescum mir die Grenze zur Rechten sein. In diesem Raumausschnitt, Blickfeld, Bezugsbereich, so wie ich sie mit aller

Aufmerksamkeit wahrgenommen habe, sollen meine Beobachtungen gelten"[48].

Die Formel ist alt, scheint wenigstens aus dem 2. Jh. v. Chr. zu stammen, aber auch ältere Anklänge einzuschließen. Tescum ist die Bezeichnung für rauhes, verlassenes Land und bedeutet hier wohl das Land außerhalb des Augurium-Bereichs. Templum dagegen ist der durch Bäume, d. h. Landschaftsteile bezeichnete Betrachtungsausschnitt. Die Verwandtschaft des Begriffs mit dem Verbum *contemplare* betont den Aspekt des Sichtbaren, optisch Wahrnehmbaren des festgelegten Raumausschnitts. Die Gestalt dieses Betrachtungsausschnittes ist dabei variabel. Ausgangspunkt ist die Position des Augurs, der sich auch in einer Bretterhütte, einem Tabernaculum aufhalten kann (Servius, um 400 n. Chr.). Der später an einem solchen Ausgangspunkt entstehende Tempel ist entsprechend ebenfalls auf einen Raumausschnitt gerichtet, er bildet mit dem zugehörigen Landschaftsteil einen durch Riten, durch die Erkenntnis des göttlichen Willens geheiligten Zusammenhang. Auch dies ist ein Aspekt der 'Heiligen Landschaft'. Zur Differenzierung wird für das Phänomen des Augurium der Begriff 'Heiliger Raum' verwandt.[49]

Die hohe Lage von römischen Tempeln ist darum nicht nur eine Demonstration naturdominierender menschlicher Leistungsfähigkeit[50], sondern auch ein Aspekt des sakralen Ausblicks. Besonders eindrucksvoll ist dies beim Fortuna-heiligtum von Praeneste / Palestrina, das dem frühen 1. Jh. v. Chr. ent-stammt (**Abb. 16**)[51].

Abb. 16
Fortunaheiligtum von Praeneste
(nach Kähler)

---

[48] Übersetzung: H. Kähler, Der römische Tempel (1970) 13 f.

[49] Im Griechischen blickt der das Vogelorakel Vollziehende stets nach Norden; von seiner linken Seite nahen sich die Vögel, die Negatives ankünden (daher der sprachliche Euphemismus '*aristeros*' für 'links'), von seiner rechten diejenigen, die Positives anzeigen. Ein eigener Betrachtungsraum mußte nicht etabliert werden.

[50] H. Drerup, Gymnas. 73, (1966), 181 ff. Das Phänomen der hohen Position - vgl. Fehling a. O. 54 f. - trifft nur indirekt zu.

[51] Kraus a. O. Taf. 12-13; Kähler a. O. Taf. 13-15; F. Rakob, RM 97, (1990), 61 ff.

Es ist eine raumgreifende Komposition von Terrassen und Treppen, die zu einem Halbrund mit Stufenreihen ansteigt, hinter und über dem sich ein Rundtempel erhebt. Die Aufgänge sind zunächst seitlich angelegt und verdoppelt, führen dann in der Mittelachse empor: Es herrscht eine Axialität, die zugleich an Höhe gewinnen läßt und immer eindeutiger auf das Ziel hinleitet. Zu einem solchen Blick von unten kommt der Blick von oben ins Weite, es ist eine Aussicht, die seitlich durch die Spitzen der Volsker- bzw. Albanerberge begrenzt ist (**Abb. 17**). Der Tempel öffnet sich in die Landschaft, zusammen mit dem Landschaftsausschnitt bildet er ein Ganzes, in dem die Gottheit gegenwärtig ist, und zwar unmittelbar als Kultbild in der Verehrungsarchitektur, mittelbar sodann im Landschaftsraum, in dem sich göttlicher Wille kundtat. Die Ordnung dieses Raumes geht vom Tempel aus.

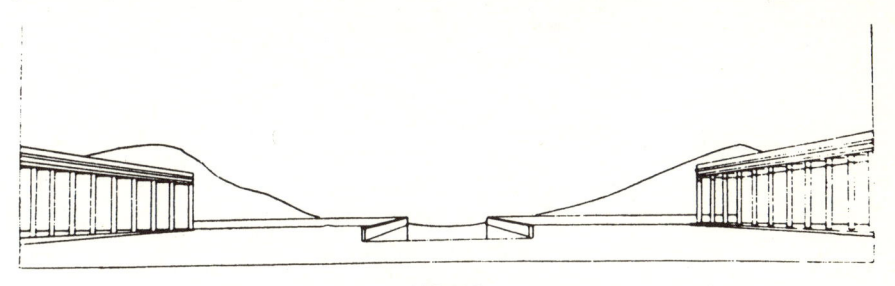

Abb. 17
Praeneste, Blick vom Heiligtum in den Landschaftsraum
(nach Fasolo)

Durch die Festlegung eines Landschaftsausschnittes zur Beobachtung von Vorzeichen waren auch die Tempel Roms entstanden und bestanden als 'Auguracula' fort[52]. Das Auguraculum auf dem Capitol hatte seinen Standort auf der Arx beim Juno Moneta-Tempel (S. Maria in Ara Coeli). Die Blickachse führte längs der Via Sacra zwischen Palatium und Velia, der Erhebung an der Nordostecke des Palatins, einem der traditionellen Hügel, hindurch über den Caelius bis zum fernen Mons Albanus, wo ebenfalls ein - späterer - Tempel der Juno Moneta stand[53], der das Zentrum des Latinerbundes war (**Abb. 18**). Falls allen Bündnern eine kultische Ausrichtung auf den Mons Albanus eigen war, wäre der Berg überdies das Zentrum einer noch weiträumiger erfahrenen Landschaft gewesen. Das Auguraculum auf der Arx war eine dauerhafte Einrichtung zur Erschließung eines sakral erfahrenen Raumes: Der von Marius auf der Velia errichtete Tempel des Honos und der Virtus mußte niedriger gebaut werden als üblich, und das Privathaus des Ti. Claudius Centumalus auf dem Caelius mußte um 80 v. Chr. in der Höhe verringert werden, wurde anläßlich eines Besitzerwechsel

---

[52] H. Cancik, Rome as a sacred landscape. Visible Religion IV-V. Approaches to Iconology (1985-86) 250-265; F. Coarelli, Il Foro Romano. Periodo Arcaico (1983) 97 ff.

[53] Gründungsdatum in Rom: 344 v. Chr., auf dem Mons Albanus: 168 v. Chr.

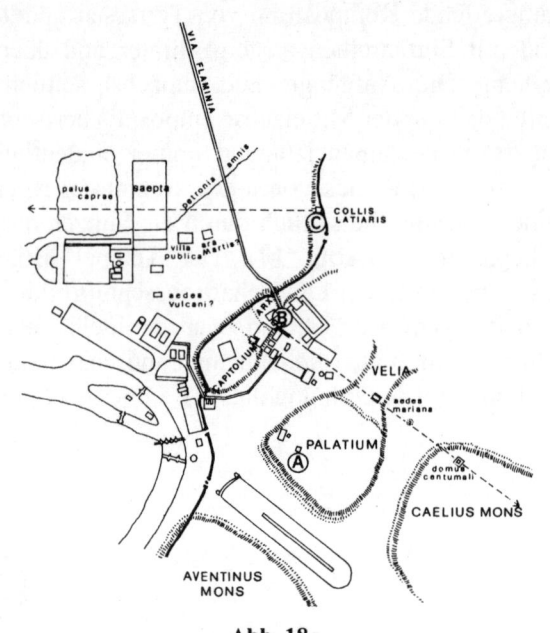

Abb. 18
Rom, Auguriumsbezirke auf dem Palatin (A),
auf der Arx (B) und auf dem
Collis Latiarus (C), (nach Coarelli)

dann gänzlich abgerissen – spätere Bauten dürfen die geheiligten Blickachsen oder Markierungspunkte nicht stören und das Kontinuum des heiligen Raumes, der heiligen Landschaft nicht unterbrechen.

Diese heilige Landschaft ist in der Tat ein Ausschnitt aus der realen Natur, der durch natürliche, aber auch von Menschenhand geschaffene Zeichen als Sinnzusammenhang determiniert ist und aufgrund von Überlieferungen und insbesondere von religiösen Riten und Vorstellungen als in sich geschlossen und geheiligt verstanden wird.

Diesen anderen Wert, den Raumausschnitte im Römischen besitzen können, begünstigte wohl die Beibehaltung von Ortsgottheiten in Verbindung mit bestimmten Landschaftsmerkmalen. So wie die Diva Rumina in der Ficus Ruminalis, dem Feigenbaum auf dem Forum, gegenwärtig blieb[54], so standen auch die ursprünglichen sieben Hügel Roms mit Ortsgottheiten in Verbindung; die Hügel hatten teils Priester, etwa die Diva Palatua auf dem Palatin. Dieser Kult von Berggeistern besaß ein gemeinsames Fest, das Fest des Septimontium als das Fest der frühen Stadt[55]. Die anfänglichen Einzel-

---

[54] K. Latte, Römische Religionsgeschichte. HdA 5,4 ([2]1967) 111. Bäume, die durch den Bezug auf eine Gottheit heilig sind, kennen auch die Griechen. Häufig sind es künstliche Bäume. Sie machen in Besonderheit etwas sichtbar, das über die Konkretheit von Natur wie Naturausschnitt hinausgeht.

[55] Latte a. o. 112; Cancik a. o. 250 f.

kulte wuchsen auf solche Weise zusammen und vermittelten einen regionalen Ausschnitt als Ganzheit. Ein Aspekt der durch Religion definierten Landschaft ist auch dies.

Auch Prozessionen, welche unterschiedliche Heiligtümer miteinander verbanden, stifteten über das Sakrale hinaus zugleich einen räumlichen Zusammenhang. Gegenüber der auch im Griechischen üblichen Prozession, die auf ein Ziel hinführt, setzt eine solche Prozession mehrere Raumpunkte zueinander in einen engen Bezug. Prozessionen schritten auch Kultgrenzen ab. Am Lupercalienfest fand eine Prozession rund um den Palatin statt, Mitte März führte eine Prozession durch vier alte Stadtbezirke zu den Heiligtümern der Argei, vierundzwanzig an der Zahl[56].

In vergleichbarer Form ist das Stadtzentrum ein durch Riten geheiligter und stabilisierter Raumausschnitt, das Pomerium. Dieses Pomerium ist ein Ganzes von besonderer Heiligkeit, wie sie etwa in Rom das Verbot des Waffentragens, der Verehrung fremder Götter oder der Bestattung kennzeichnet. Sein Zentrum ist eine Opfergrube, ein Mundus. Die Grenze zwischen Urbs und Ager ist durch den Gründungsritus des Primigenius Sulcus gestiftet, der Ziehung der ersten Furche rund um das geplante Stadtgebiet[57]. Mit diesem Ritus verband man die eigene Stadtgründung, ihn wandte man auch bei Neugründungen an: Ein Pflug, von einem weißen Stier und einer weißen Kuh gezogen (Ovid, Fasti IV 821-826), gibt mit seiner Furche den späteren Stadtgraben, mit der aufgeworfenen Scholle den Mauerring an; an der Stelle der späteren Tore wird der Pflug aus der Erde gehoben. Eine ähnliche magische Sicherung von Mauern kennt auch Griechenland, sie wird dort durch die Verbindung mit Heiligtümern oder Ahnengräbern, auch in deren konkreter materieller Einbringung, sogar durch eine unmittelbare Vernetzung mit dem Haupttempel, d.h. durch persönlich vorgestellte Kräfte bewirkt[58]. Gegenüber der griechischen Vorstellung von einer Grenze, die etwa auch eine Territorialgrenze sein kann - wie die attische Demamauer - orientiert sich im Römischen die Vorstellung mehr auf den umschlossenen, geheiligten Raum.

In dieser Auffassung vom begrenzten Raum, vom Landschaftsausschnitt lebt wohl etruskisches Erbe weiter. Daß die 'römische Raumerfassung'[59] auch auf kartographischem Felde hier Verbindungen aufzuweisen scheint, kommt wohl nicht von ungefähr. Das Römische an dieser Vorstellung von der heiligen Landschaft beruht wohl auf der historischen Ableitung, auf der

---

[56] Latte a. o. 84 f. 412 ff.; Cancik a. o. 255 ff.

[57] Th. Lorenz, Römische Städte (1987) 13 ff.; G. Brands, AA 1991, 594 f.

[58] Verf., Form und Funktion. Kunstwerke als politisches Anschauungsmittel. Eikon 2 (1993) 13 ff.; Hdt. 1, 16: „Als er (Kroisos) die Stadt (Ephesos) belagerte, weihten die Ephesier sie der Artemis und zogen vom Artemistempel ein Seil bis an die Stadtmauer."

[59] K. Brodersen, Terra Cognita. Studien zur römischen Raumerfassung (1995).

Koppelung von Landschaftsteilen an alte Gebräuche und deren Fortführung im Sinne einer religiösen Tradition und darin auch einer gesellschaftlichen Stabilisierung.

Aus solchen römischen Bräuchen hat vieles nachgelebt, ist uns noch aus dem Brauchtum vertraut. In Rom sei nur an die Wallfahrt durch die sieben Hauptkirchen erinnert. In der Spätantike dann gewinnen herausgehobene Stätten eine besondere Sakralität, die Landschaft der Inkarnation Christi. Der leibhaftige Kontakt Christi mit bestimmten Orten macht diese zu Stätten der Heilsgeschichte, zu Heiligen Stätten. Die Pilgerreise ist eine Art von Spurensuche[60]. Alle Vorstellungen von Heiligen Landschaften kulminieren im 'Heiligen Land'.

4. Schluß

Heilige Landschaft, das ist kein Begriff aus der Geographie. Was ihn ausmacht, ist sein verweisender Charakter. Dort, wo die durch Götter gegebene Ordnung der Welt sich im Räumlichen äußert - und dies muß ursächlich mit dem Augurenwesen, der Vorzeichenbeobachtung zusammenhängen - kann ein heiliger Raum auch direkt als Sinnzusammenhang erfahren werden. Dies trifft vor allem für die römische Auffassung zu.
Im Griechischen scheint es eine Vorstellung zu sein, die sich erst im Hellenismus in ausgebildeter Form zeigt, aber ohne die frühere Vorstellung von einer göttlichen Beseelung aller Natur nicht entstanden wäre. Sie gehört vor allem in den Bereich der Literatur wie der bildlichen Wiedergaben; hier gibt der Kontext die jeweilige Funktion vor.
Entsprechend vielfältig mußte der Überblick über dieses Phänomen ausfallen, zumal in seiner Beschränkung auf Bildzeugnisse. Aber auch durch viele einzelne Aspekte mag etwas wie Struktur durchschimmern und für sich anschließende Detailbetrachtungen angemessene Fragestellungen ermöglichen.

---

[60] A. Stock, Katholizismus, in: Tworuschka a. O. 9-19.

Abbildungsnachweise

Abb. 1: P. Philippson, Griechische Gottheiten in ihren Landschaften. Symbolae Osloenses Suppl. IX (1939) Taf. gegenüber S. 55.

Abb. 2: H.-V. Herrmann, Olympia. Heiligtum und Wettkampfstätte (1972) Taf. 56.

Abb. 3: C. Watzinger, Griechische Vasen in Tübingen (1924) Taf. 41 (unten).

Abb. 4: G. Günter, Göttervereine und Götterversammlungen auf attischen Weihreliefs (1994) Taf. 12, 2.

Abb. 5: C. Blümel, Die klassisch griechischen Skulpturen der Staatlichen Museen zu Berlin (1966) Taf. 103.

Abb. 6: W.-D. Heilmeyer (Hg.), Der Pergamonaltar. Die neue Präsentation nach der Restaurierung des Telephosfrieses (1997) Falttaf. S. 192-193 (Neuzeichnung M. Heilmeyer).

Abb. 7: D. Pinkwart, Das Relief des Archelaos von Priene. AntPl. 4 (1965) 55 ff. Taf. 28.

Abb. 8: S. I. Rotroff, Hellenistic Pottery. Athenian and imported wheelmade table ware and related material. The Athenian Agora XXIX 2 (1997) Taf. 27.

Abb. 9: G. Gullini, I mosaici di Palestrina. ArchClass. Suppl. 1 (1956) Taf. XVIII.

Abb. 10: A. de Franciscis, Die pompejanischen Wandmalereien in der Villa von Oplontis (1975) Taf. 30.

Abb. 11: P. H. v. Blanckenhagen - Ch. Alexander, The paintings from Boscotrecase. RM 6. Ergh. (1962) Taf. A.

Abb. 12: B. Maiuri, Museo Nazionale di Napoli (1957) 107.

Abb. 13: ebd. 109.

Abb. 14: C. Robert, Die antiken Sarkophag-Reliefs 3 (1919) 375.

Abb. 15: E. Simon, Ara Pacis Augustae (1967) Taf. 24/25.

Abb. 16: H. Kähler, Der römische Tempel (1970) Abb. 1.

Abb. 17: F. Rakob, RM 97, 1990, 82 Abb. 12.

Abb. 18: F. Coarelli, Il Foro Romano. Periodo Arcaico (1983) 102 Abb. 33.

„Die Tempel sind die Augen der Städte" –

Religiöse Landschaft und Christianisierung in Nordsyrien

Johannes Hahn

I.

Im Jahre 356 n. Chr. feierten die Einwohner der syrischen Metropole Antiochia unter großer Beteiligung von Fremden und Besuchern das wichtigste und prächtigste Ereignis im Leben ihrer Stadt, die Olympischen Spiele. Einer der Höhepunkte der tagelangen Feierlichkeiten war die Festansprache des berühmten Redners Libanios, dem die ehrenvolle Aufgabe zugefallen war, eine der Bedeutung des Anlasses und dem Glanz des Festes entsprechende Lobrede auf die Stadt und ihre Bewohner zu halten.[1]

Dieser Panegyrikos auf Antiochia, der zu den wenigen erhaltenen Exemplaren seiner Gattung aus der Antike zählt, bedeutet uns heute ein unschätzbares Zeugnis des politischen, kulturellen und religiösen Selbstbewußtseins und der öffentlichen Selbstwahrnehmung einer städtischen Gesellschaft in der Spätantike.[2] Gerade deshalb erschließt der Text auch einen Ausgangspunkt für das Thema, das Problem der religiösen Landschaft in Nordsyrien, ihrer Voraussetzungen und Transformationen im 4. und 5. Jh. n. Chr. Denn der Blick des Redners auf die religiöse Identität seiner Heimat spiegelt - ebenso wie seine Ausführungen zur Geschichte, Kultur und Verfassung der Stadt - Vorstellungen und Erwartungen seines Publikums, der Bürgerschaft Antiochias.

Diese durfte mit Fug und Recht erwarten, einen wahrhaften Lobpreis der Vaterstadt zu Gehör zu bekommen: Und so rühmt der Redner ausführlich die glanzvolle Vergangenheit der Stadt, lobt ihre privilegierte Lage am Fluß Orontes zu Fuß des Berges Silpius ganz in der Nähe des Mittelmeeres, das weitläufige ihr zugehörende Territorium (wohl an die 10.000 km²) **(Abb. 1)**,

---

[1] Zu den Olympischen Spielen Antiochias in der Spätantike und ihrer Bedeutung für das öffentliche Leben der Stadt siehe Downey 1939; Petit 1955, 122ff. und zusammenfassend Liebeschuetz 1972, 136ff. Beachte auch Petit 1983, bes. 134ff.

[2] Liban., Or. 11 (Antiochikos). Zu dieser Rede und ihrer historischen Aussagekraft siehe grundlegend Downey 1959; R. Martin in Festugière 1959, 38-61; Fatouros / Krischer 1992.

das sich im Nordosten bis nahe an Kyrrhos, im Osten an Beroea (heute Aleppo), und im Süden bis kurz vor Apamea erstreckte, im Westen aber das Mittelmeer erreichte, also den größten Teil Nordsyriens umfaßte.[3]

Hervorgehoben wird von Libanios auch die unvergleichliche Lage der Stadt im Verkehrsnetz Syriens, ja des gesamten Orients; gerade diese Lage hatte die Stadt zunächst zur Hauptstadt der Provinz Syrien prädestiniert, in der Spätantike war ihr darüber auch die Rolle des Verwaltungszentrums der riesigen Diözese Orient zugefallen.[4] Und der Redner versagt es sich ebenso wenig, das milde Klima und die Fruchtbarkeit der lieblichen und vielfältigen Landschaft der Antiochene seinen Zuhörern vor Augen zu führen: von der Mittelmeerküste über die antiochenische Orontes-Ebene, den großen (heute verlandeten) See nördlich der Stadt, zum ebenso reichen und wohlbevölkerten Hinterland im Kalksteinmassiv.[5]

All dies verdankt Antiochia - und hier gelangt Libanios zu einem zentralen Motiv seiner Rede - der Gunst der Götter. Göttlich war der Ort und seine Umgebung, wie er ausführt, schon lange zuvor.[6] Seine Gründung selbst verdankte Antiochia dann gar dem höchsten Olympier, Zeus selbst, als dieser König Seleukos zur Gründung veranlaßte. Und Seleukos schmückte auch bereits Daphne, jenes idyllische kleine Plateau 15 km südlich der Stadt, das Antiochia als kultisches Zentrum, aber auch als bevorzugte Sommerfrische der Oberschicht diente, mit einem ersten Tempel und einem heiligen Hain. An diesem Ort sollte sich der Tempel des Apollon zum Mittelpunkt des antiochenischen Kultlebens entwickeln und weit in den Mittelmeerraum ausstrahlen.[7] Libanios weiß im folgenden eine ganze Reihe von Heiligtümern und ihren Gründungsgeschichten zu benennen, zählt einige der hier verehrten Gottheiten - etwa Minos, Demeter, Herakles - auf, die in immer reicherer Zahl von den Antiochenern verehrt wurden. Und so geht für ihn der Ausbau und die Blüte der Stadt einher mit der Verehrung der Götter: „Tempel auf Tempel wurde errichtet und der größte Teil der Stadt bestand aus Heiligtümern. Denn der Sitz eines Gottes ist für die Stadt beides zugleich: Schmuck und Schutz."[8]

---

[3] Zum Territorium Antiochias siehe Liebeschutz 1972, 40f.; Millar 1993, 250.

[4] Zur administrativen Stellung Antiochias im Orient im spätantiken Imperium Romanum siehe Liebeschuetz 1972, 105ff., 135f.

[5] Liban., Or. 11, 13-41.

[6] Liban., Or. 11, 20ff.; vgl. 44ff., 64ff., 85ff., 110ff. (beachte 118).

[7] Zum Kultbezirk und Kult des Apollon von Daphne siehe Downey 1961, 83ff. und passim. Libanios hat das berühmte Kultbild des Apollon von Daphne von der Hand des Bryaxis von Athen (2. Hälfte 4. Jh. v. Chr.) an anderer Stelle (Or. 60,9f.) eingehend geschildert (vgl. auch Amm. Marc. 22, 13, 1).

[8] Liban., Or. 11, 125.

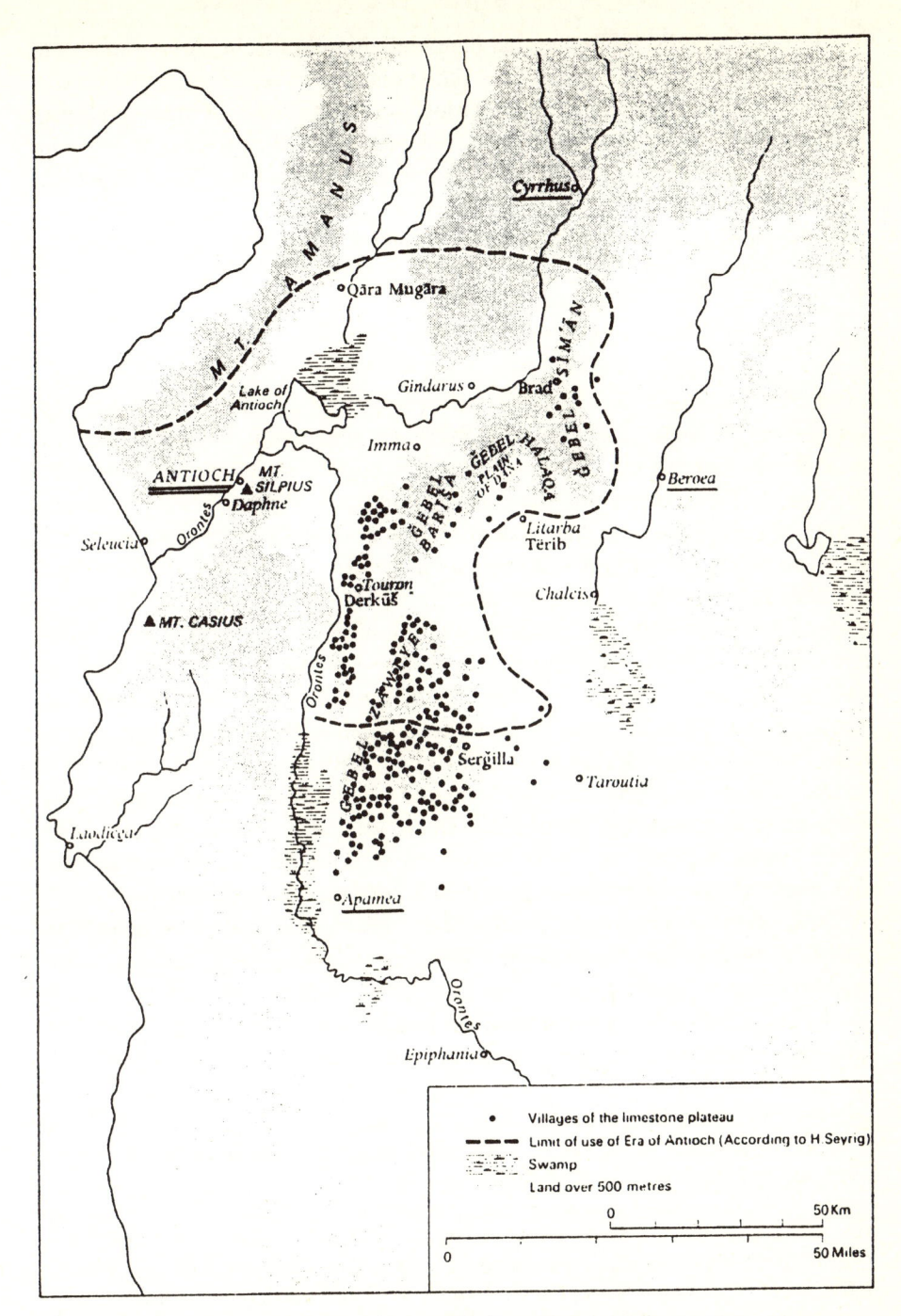

Abb. 1
Antiochia und sein Territorium; markiert sind Nachbarstädte, wichtige Orte, die Dörfer des Kalksteinmassivs und die vermutl. Grenze des Stadtterritoriums
(Liebeschuetz 1972, Karte 1)

Der antiochenische Redner hat eine vielfältige kultische Topographie im Blick, und auch wenn er diese - was schon die Regeln seiner Kunst verbieten - nicht im Detail oder erschöpfend darlegt, so führt er doch seinen Zuhörern, hierin ganz offensichtlich deren hochgesteckten Erwartungen an den Lobpreis ihrer Vaterstadt folgend, *en miniature* zugleich eine blühende religiöse Landschaft vor Augen: Eine Landschaft, die wie ihre Tempel, Schreine und heiligen Haine zu Schönheit und Ruhm Antiochias beiträgt.

II.

Doch wie steht es - jenseits der panegyrischen Vignette - um die historische Realität, die konkrete Situation jener religiösen Landschaft, welche Libanios mit kunstvollen Worten seinen Hörern ins Bewußtsein ruft? Wie ist es inbesondere in seinen Tagen um jene Tempel bestellt, deren Gründung und Blüte als „Augen der Städte"- er eingeflochten in einen Abriß der Geschichte Antiochias - zu evozieren weiß? Diese Frage gewinnt ihre Schärfe und Brisanz aus der Zeitstellung der Rede des Libanios: Im Jahre 356 n. Chr. unter Kaiser Constantius, dem Sohn Konstantins und am Beginn der massiven Christianisierung des Imperium Romanum gehalten,[9] spiegelt sich in ihr nichts von jener epochalen Veränderung, dem endgültigen Vordringen von Christentum und Kirche, und läßt sich ebenso wenig ahnen, daß die aktuelle Religionspolitik des Constantius eine aggressiv antiheidnische Richtung verfolgt. Libanios bedeckt das Christentum mit Schweigen und übergeht ebenso die Tatsache, daß Antiochia bereits einen hohen Anteil an Christen in der Bevölkerung aufweist, und gleichermaßen, daß eine große, von Konstantin gestiftete Kirche die Metropole ziert.[10]

Wie steht es mithin um die von Libanios in seiner Rede visualisierte religiöse heidnische Landschaft? Welche Möglichkeiten gibt es, ihre ungebrochene Vielfalt und Lebendigkeit nachzuvollziehen? Eine Vorstellung, wie eine solche urbane heidnische Topographie - also zunächst nur der einfache Bestand an heidnischen Sakralbauten - in der Mitte des 4.

---

[9] Petit 1983; ebd. 141ff. zum Verhältnis von mündlich vorgetragener und (überlieferter) schriftlich ausgearbeiteter Fassung.

[10] Zur Entwicklung des Christentums in Antiochia und der Situation im 4. Jh. siehe Downey 1961, 272ff., 350ff.; Liebeschuetz 1972, 224ff.; Wilken 1983, 5ff.; vgl. Canivet 1989. Eine ähnliche Einstellung und Verhaltensweise pflegt der nur wenige Jahre später schreibende anonyme heidnische Verfasser der *Expositio totius mundi et gentium*, der in seinem Überblick über die östliche Mittelmeerwelt zwar das blühende kultische Leben des ägyptischen Alexandria eingehend würdigt – insbesondere den großen Tempel und Kult des Serapis (Expos. 35ff.) -, aber die dominierende religiöse und gesellschaftliche Kraft seiner Zeit in der ägyptischen Metropole, die christliche Kirche, gänzlich unterschlägt.

Jhs. n. Chr. ausgesehen haben oder strukturiert gewesen sein mag, vermittelt uns für Alexandria in Ägypten, eine andere der großen Metropolen des Mittelmeerraumes, eine unvergleichliche Quelle, ein summarisches städtisches Gebäudekataster: Dieses weist aus, daß in den alten Stadtvierteln der ägyptischen Kapitale insgesamt über 2400 Heiligtümer standen, wobei allerdings recht verschiedene Erscheinungsweisen von Heiligtümern - Tempel, Schreine und sonstige in baulicher Form fixierte Kultstätten - erfaßt gewesen sein dürften.[11]

Es ist allerdings aussichtslos, einen ähnlichen zahlenmäßigen Befund für Antiochia erheben zu wollen. Libanios bietet namentlich kein Dutzend Tempel, die literarischen Quellen insgesamt für Antiochia - und dies für die gesamte Geschichte der Stadt seit ihrer Gründung im Jahr 300 v.Chr.! - lassen schwerlich mehr als zwei Dutzend Heiligtümer zusammenkommen.[12] Die Archäologie ist hier gleichfalls wenig hilfreich: Ausgedehnte Grabungskampagnen der Universität Princeton im Gebiet der antiken Stadt (heute der türkischen Kleinstadt Antakia) in den 30er Jahren gestatteten zwar ein Reihe wichtiger Erkenntnisse, insbesondere über die Ausrichtung der Stadtanlage (**Abb. 2**), und vermochten wesentliche topographische Feststellungen des Libanios im Antiochikos über seine Vaterstadt eindrucksvoll zu bestätigen. Doch jeglicher systematischen archäologischen Erschließung des Stadtgebietes und seiner baulichen Infrastruktur stellen sich die teils über 10 m dicken Schwemmlandschichten über dem Bodenniveau des antiken Antiochia entgegen: Kein einziger Tempel ließ sich angesichts dieser Bedingungen bislang lokalisieren.[13]

Wie sonst läßt sich die von Libanios behauptete heidnische religiöse Landschaft in und um Antiochia in der Mitte des 4. Jhs. verifizieren oder falsifizieren - also blühende Kulte, die nicht nur das urbane Erscheinungsbild Antiochias und seines Umlandes strukturieren, sondern ebenso den Alltag der Antiochener in vielfältigen religiösen Sinnbezügen dominieren und die Bürger in einer Art Koordinatennetz sakraler Bande haben leben lassen? Erste Hinweise geben einige literarische Quellen.

---

[11] Fraser 1951, 104ff. Erfaßt - und separat zusammengestellt - werden nur die Bauten der traditionellen Stadtbezirke Alexandrias, Alpha bis Epsilon; bereits die wichtige städtische Region Rhakotis (u.a. mit dem großen Serapeum) im Südwesten der Stadt fehlt.

[12] Vgl. Petit 1955, 197ff. zu einigen der im 4. Jh. n. Chr. von Profanierung oder Umwidmung betroffenen Tempeln; vollständiger Downey 1961, 750 (mit den Verweisen).

[13] Die in 5 Bänden publizierten Grabungsergebnisse (Elderkin u.a. 1934/72) sind von Downey in seiner grundlegenden, 1961 erschienenen Monographie zur Geschichte Antiochias berücksichtigt worden. Beachte darüber hinaus zuletzt Callu 1997 mit einer aktuellen Bestandsaufnahme der Topographie Antiochias.

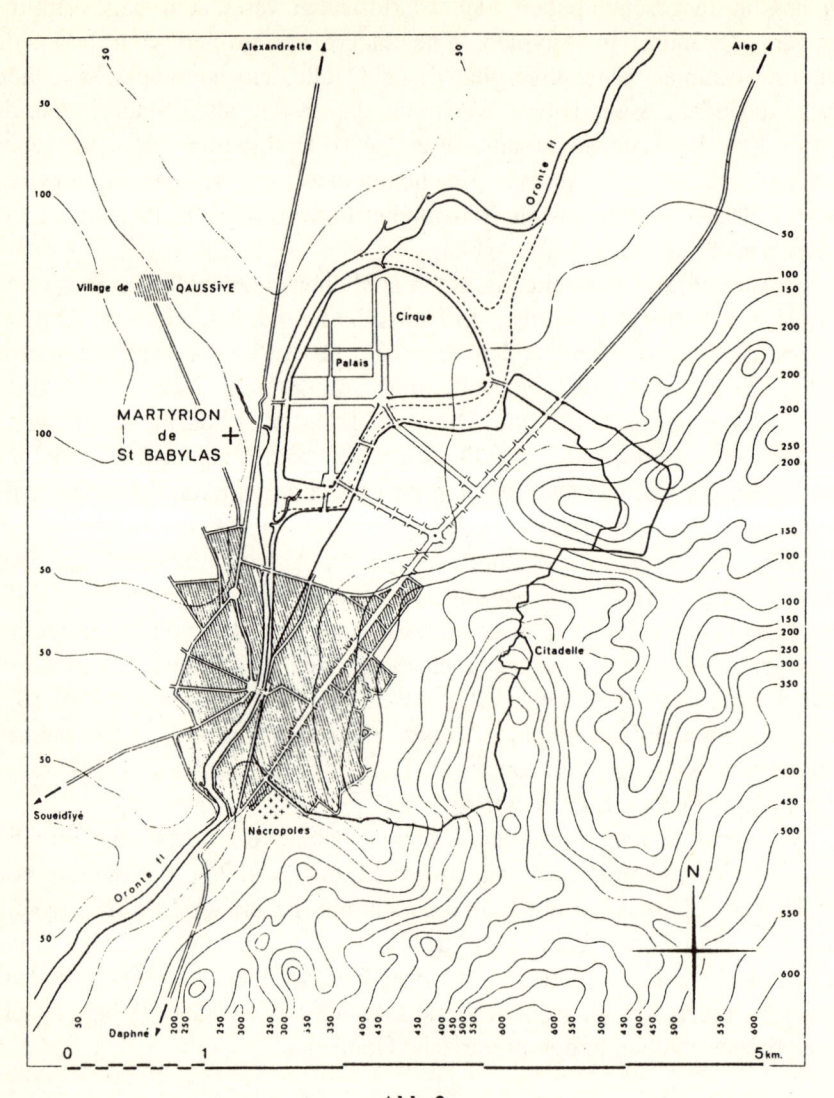

Abb. 2
Antiochia, Stadtanlage mit Verlauf der Prachtstraßen, Orontes-Insel, Stadtbefestigung; rechts
Berg Silpius, links (markiert) der einzige archäologisch
identifizierte Sakralbau Antiochias, die Babylas-Kirche
(Tchalenko 1979, 544)

Die letzten bezeugten Tempelneubauten - und zwar für Zeus und Nemesis - verdanken sich Kaiser Diokletians Aufenthalten um die Wende vom 3. zum 4. Jahrhundert n. Chr. in Antiochia und Daphne; dort ließ der Kaiser auch den Tempel des Apollon erneuern.[14] Über konkrete kultische

---

[14] Malal. 12, 38 (p. 307 Z. 14ff., Dindorf). Die populäre Weltchronik des Malalas (6. Jh.), eines Antiocheners, enthält ausgezeichnetes Material zur Baugeschichte seiner

Aktivitäten gestatten die dürftigen Quellen allerdings keine Erkenntnisse. Doch im zweiten Drittel des 4. Jhs. gibt es andere Hinweise: im Jahre 335 wird der an prominenter Stelle im Zentrum der Stadt befindliche Musentempel zu einem Prätorium umgewidmet.[15] Zwei Jahre später wurde offenbar der Tempel des Hermes in eine Markthalle umgebaut, in der Jahrhundertmitte der Tychetempel noch als eine Art Hörsaalgebäude genutzt, wenig später aber all seines Schmuckes beraubt.[16]

Die Zahl der in diesen Jahrzehnten aufgegebenen, zweckentfremdeten oder abgerissenen Tempel Antiochias muß allerdings weit größer gewesen sein. Im Jahre 363 n. Chr., also nur sieben Jahre nach der eingangs zitierten Lobrede, wagt nämlich Libanios dem heidnischen Kaiser Julian zu erklären, daß dieser sicher wisse, daß zahlreiche große Tempel in Antiochia noch stünden; und der Redner meint auf den Sachverhalt stolz sein zu dürfen, daß "... obwohl es Kreise gab, die die Tempel zerstören wollten, diejenigen, die noch nicht verfallen waren, durch den massiven Widerstand von Personen, die mit ihrem Abriß nicht einverstanden waren, gerettet worden sind."[17] Gerettet - so formuliert Libanios - seien diese Tempel worden, doch man kann sich nur schwer des Verdachtes erwehren, daß solche verdienstvollen Aktionen nur der baulichen Substanz gegolten haben, die Kultpflege aber schon lange vorher erloschen war. Antiochia - eine lebendige religiöse Landschaft? Man sollte hier wohl viel eher nur von Bestandteilen einer ursprünglich heidnischen Topographie sprechen, deren musealer oder Denkmalcharakter nunmehr in den Vordergrund zu treten beginnt.[18]

Heimatstadt: Eine detaillierte Stadtchronik wurde von ihm in sein großes Geschichtswerk eingearbeitet; Downey 1961, 37ff. Zur Chronik und ihrem spezifischen Wert für die Geschichte des spätantiken Antiochia, insbesondere der Baugeschichte, siehe nun die Studien in Jeffreys 1990, v.a. A. Moffat, ebd. 87ff.

[15] Malal. 13,3 (p. 318 Z. 23ff., Dindorf). Dieser Bau diente dem neu geschaffenen Amt des *comes Orientis* als Dienstgebäude, der in der Spätantike in Antiochia residierte.

[16] Malal. 13, 4 (p. 319 Z. 7ff., Dindorf): Die Basilika scheint vom Prätorianerpräfekten Rufinus eingerichtet worden zu sein (zu den Problemen siehe Downey 1961, 349f.). Liban., Ep. 88: Tychetempel (vgl. Petit 1955, 197 mit Anm. 7).

[17] Liban., Or. 15, 53.

[18] Zu diesem Phänomen, das - wie v.a. die Gesetzestexte spiegeln - in theodosianischer Zeit schließlich zur Überlebensfrage der heidnischen Heiligtümer (wie auch ihrer statuarischen u.a. Ausstattung) angesichts der christlichen Zerstörungen wird, siehe gut Saradi-Mendelovici 1990.

III.

Bislang wurde die religiöse Landschaft oder – besser gesagt - heidnische Infrastruktur nahezu nur für Antiochia selbst ausgeleuchtet - allein Daphne, der südlich der Stadt gelegene bedeutende Vorort, fand daneben Erwähnung. Dies ist darin begründet, daß sich hier in der Tat das hauptsächliche städtische Kultareal befand. Libanios gibt darüber hinaus kaum einen Hinweis auf Heiligtümer andernorts im weiten Umland Antiochias. Dies ist ebenso bemerkenswert wie erklärungsbedürftig, ist doch bekanntermaßen in der griechischen Welt seit der archaischen Zeit die untrennbare Verschränkung einer Polis mit ihrem Hinterland, der politisch zugehörigen *chora,* durch ländliche Heiligtümer ausgedrückt worden.[19] Zugleich wurde hierdurch das konstituiert, was wir als religiöse Landschaft bezeichnen: das Netz der kultischen, sozialen und politischen Sinnbezüge und die mit kultischen Mitteln gegliederte Ordnung einer Polis im geographischen Raum.

Das fast gänzliche Schweigen des Libanios ist zweifellos zum Teil mit dem bereits erhobenen Befund zu erklären, nämlich dem Niedergang des Heidentums in Antiochia und vielleicht auch der Antiochene insgesamt. Doch lassen sich gewichtige Gründe dafür anführen, daß ein ganz anderer Sachverhalt entscheidender ist: Obwohl Antiochia über ein riesiges Hinterland verfügte und hier etwa die Besitzungen der städtischen Aristokratie (wie z. B. auch des Libanios) lagen,[20] so fehlte in Antiochia - wie übrigens auch in den anderen griechischen Städten Syriens - offenbar weitgehend jenes einigende Band, das ebenso die Zugehörigkeit des Landes zur Stadt wie insbesondere auch die gegenseitige soziale und kulturelle Durchdringung dieser komplementären Räume garantierte. Denn tatsächlich klaffte zwischen den Bewohnern der Stadt Antiochia und der Bevölkerung des Umlandes ein tiefer kultureller Graben. Jene Landbevölkerung sprach aramäisch und gehörte der syrisch-aramäischen Koine an, während die griechischen Städte seit ihrer Gründung Jahrhunderte zuvor fast völlig ihre griechische Identität, Kultur und Sprache bewahrt hatten.[21]

---

[19] Siehe nur Alcock / Osborne 1994; für die Kaiserzeit und Spätantike beachte Le Glay 1986, MacCormack 1990 und, mit komparatistischer Herangehensweise, Carmichael 1994.

[20] Liebeschuetz 1972, 43ff., 74ff.

[21] Millar 1971, 3ff., bes. 6f.; Millar 1987; Millar 1993, 232f., 489ff., bes. 506ff. und 524ff. Johannes Chrysostomos war so nicht in der Lage, die Sprache der Landbevölkerung zu verstehen, die zu Markt- und Festtagen nach Antiochia kam; Hom. 19,1 de stat. (PG 49, 188).

Allerdings ist die Quellenlage für die im Territorium Antiochias gelegenen Tempel[22] als außerordentlich dürftig zu bezeichnen: Inschriften über Kultbetrieb, Feste, Finanzierung, Beamte etc., also diejenigen Quellen, die für den Nachweis von Kultbezügen zwischen Stadt und Territorium meist allein aussagekräftig sind, fehlen nämlich nicht erst für die Spätantike. Unsere Wissenslücken gehen so weit, daß sogar im Falle des für Antiochia wichtigen, 65 km südwestlich der Stadt gelegenen und auf einen alten Baalkult zurückgehenden Zeus-Heiligtums auf dem Berg Kasios weder ein literarischer noch ein archäologischer Hinweis dafür zu gewinnen ist, welche genaue Lage und bauliche Struktur dieses Heiligtum überhaupt besessen hat.[23]

Hinsichtlich des großen, in der Mitte des 2. Jhs. n. Chr. fertiggestellten Tempels von Sheikh Barakat **(Abb. 3)**,[24] über 70 km östlich Antiochias im Kalksteinmassiv gelegen, lassen sich aufgrund der fast vier Dutzend im Heiligtum aufgefundenen Inschriften immerhin gute Gründe dafür vorbringen, daß kaum bedeutende kultische Beziehungen zum administrativen Zentrum des Territoriums bestanden haben dürften: Allein ein Dedikant gibt sich als Antiochener zu erkennen, die Mehrzahl der hier bezeugten Namen sind hingegen semitisch-syrisch und ihre Träger als Bewohner der umliegenden wohlhabenden Dörfer ausgewiesen.[25] Nicht allein die Sprache der Inschriften ist aber griechisch; auch der Tempel selbst, „Zeus Madbachos und Selamanes, den väterlichen Göttern geweiht", ist graeco-römischen Typs. Der archäologische Befund gestattet hier eine weitgehende Rekonstruktion der Anlage: Innerhalb eines gewaltigen fundamentierten und ummauerten Areals von 68 m im Quadrat mit Portikusanlagen befand sich ein Tempel von 11 x 20 m Grundfläche. Zudem legt die imposante Anlage nahe, daß sie nicht von lokalen Werkstätten, sondern von aus einem großen städtischen Zentrum – und das heißt sicher: aus Antiochia – herbeigeholten Spezialisten errichtet wurde. Rückschlüsse auf die Kultsituation im 4. Jh. n. Chr., insbesondere auf die Aktivität des Heiligtums oder die Herkunft von Kultteilnehmern, sind nicht möglich.

---

[22] Lassus 1947, 245ff.; Tchalenko 1953, 13ff. sowie Tafeln VII-XV; Callot / Marcillet-Jaubert 1984; Trombley 1994, 134ff., 247ff. Zur Rolle der heidnischen Heiligtümer im Kalksteinmassiv östlich Antiochias siehe auch Tate 1992, 287ff. (in Auseinandersetzung mit den Theorien Tchalenkos).

[23] Die literarischen Belege für die Existenz dieses Heiligtums sowie eine Diskussion der vermutlichen Lage am Kasios bei Djobadze 1986, 3ff. Zur Bedeutung des Tempels für das Kultleben Antiochias siehe auch im weiteren.

[24] Theodoret., Hist. rel. 4, 1. Peeters 1908; Tchalenko 1953, 103ff.; Festugière 1959, 358; Callot / Marcillet-Jaubert 1984, 187ff.; Millar 1993, 254ff.; Freiberger 1998, 70ff.

[25] Callot / Marcillet-Jaubert 1984, 187ff.; Millar 1993, 254f. mit wichtigen Beobachtungen.

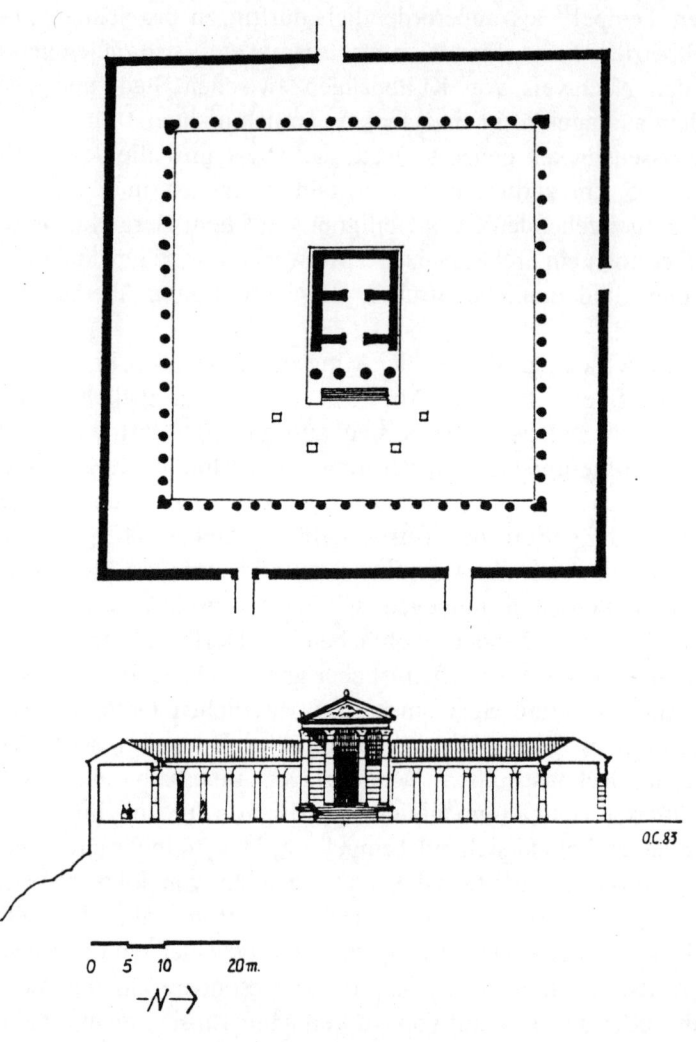

Abb. 3
Dschebel Sheikh Barakat: Heiligtum des Zeus Madbachos und Selamanes
a) Grundriß; b) Rekonstruktion
(Freyberger 1998, Beilage 24)

Die religiöse Landschaft der heidnischen antiochenischen Bevölkerung endete so offenbar überwiegend an den Mauern der Stadt bzw. an den Grenzen der nahen Vororte wie Daphne; darüber hinaus gab es offenkundig nur wenige Heiligtümer im Umland - vor allem dasjenige des Zeus Kasios auf dem Berg Kasios -, die im städtischen kultischen Leben eine Rolle spielten oder aber einzelne Antiochener aufs Land und zur Verehrung dortiger Gottheiten zogen. Die Quellen sind nun, wie angedeutet, hinsichtlich dieser wichtigen Frage nicht eben redselig, doch darf der große kultische Rundgang, den Kaiser Julian Apostata in Antiochia unmittelbar nach seiner Ankunft am 18. Juli 362 n. Chr. durchführte, um dabei in den bedeutenden städtischen Heiligtümern zu opfern, als repräsentativ betrachtet werden: Er besuchte die Tempel des Hermes, Pan, der Demeter, des Ares, der Kalliope (neben Apollon Schutzgöttin der Stadt), die mit einiger Sicherheit alle in Antiochia selbst gelegen waren, weiterhin den Tempel des Apollon in Daphne, den des Zeus „in der Stadt" und dem der Tyche.[26] Darüber hinaus begab er sich nur noch zum Zeus Koryphaios, „auf dem Gipfel", also dem Tempel auf dem Berg Kasios, um an all den genannten Stationen zu opfern.[27]

Diese lange Liste sollte aber, wenn man erneut die Frage nach der Lebendigkeit des Heidentums kurz nach der Mitte des 4. Jhs. stellt, nicht allzusehr beeindrucken. Von den genannten neun Tempeln hatte Julian - noch auf dem Weg nach Antiochia - vor seinem Eintreffen zwei zuvor ihren früheren kultischen Bestimmungen überhaupt erst wieder zuführen lassen müssen.[28] Der Haupttempel Antiochias hingegen, der des Apollon von Daphne, mußte zudem zunächst regelrecht restauriert werden. Zahlreiche der repräsentativen Marmorsäulen waren unter Julians Vorgänger Constantius dem Bauwerk abhanden gekommen; wie wir hören, hatten sie statt dessen in kaiserlichen wie privaten Bauten dekorative Verwendung gefunden.[29]

Angesichts dieser Voraussetzungen waren die hochgespannten Erwartungen und Pläne Julians auf seinem Weg nach Antiochia überzogen. Es scheint, daß nicht zuletzt die vollmundigen Erklärungen eines Libanios hinsichtlich des Traditionsbewußtseins und der frommen Götterverehrung der Antiochener den heidnischen Kaiser zu einer völlig verfehlten Einschätzung der Lage hatten kommen lassen. Julians darauf gründender Plan, gerade diese Stadt zum Ausgangspunkt des Kernstückes seines Reformprogrammes zu machen, nämlich der Wiederherstellung und Wiederbelebung der heidnischen Kulte, scheiterte jedenfalls vollständig.[30]

Die Vorfreude des Kaisers auf seine persönliche Teilnahme am Jahresfest des Apollon in Daphne ist durch eine eigene Schilderung Julians gut bezeugt: An diesem Ort hoffte er, die gesamte Bevölkerung in weißer Festkleidung und in Begleitung unzähliger Opfertiere anzutreffen. Als er

---

[26] Liban., Or. 15, 79 sowie Or. 1, 121 und Julian., Misop. 346B. Petit 1955, 197ff.; Lieu ²1989, 44ff.

[27] Ausführlich hierzu Amm. Marc. 22, 14, 4 sowie Julian., Misop. 346B.

[28] Julian, Ep. 80 (Bidez - Cumont) = Ep.29 (Wright, Loeb Classical Library).

[29] Ebd. Siehe auch Cod. Iust. 8,10,7, weiterhin Festugière 1959, 508f.

[30] Liban., Or. 15, 52 (vgl. Suet., Aug. 28) zu den Absichten Julians gegenüber Antiochia sowie die eigenen Feststellungen Julians im Misopogon, passim (insbes. 347C-D). Vgl. Liban., Or. 1, 121f. und Amm. Marc. 22,14,4. Siehe auch Lieu ²1989, 41ff. Zur Diskussion um Intentionen und Reichweite der mit Antiochia verbundenen Politik Julians beachte Pack 1986, 303ff.

aber Daphne, von Süden kommend, schließlich erreichte, bot sich ihm ein ganz anderes Bild dar. Kein einziger Festbesucher war zu erblicken, und nur der städtische Apollonpriester stand mit einer kleinen Gans zum Opfer bereit - das Tier hatte er, wie er dem Kaiser erklärte, zudem aus eigenen Mitteln erstanden.[31]

Die Schlußfolgerungen aus all dem Gesagten sind nicht schwer zu ziehen: Ein lebendiges Heidentum existierte in Antiochia nicht mehr; allein dessen historische Zeugen, die Tempel, standen wohl noch in größerer Zahl, befanden sich aber offensichtlich in recht unterschiedlichem Zustand. Jene blühende kultische Landschaft, die Libanios nur wenige Jahre zuvor seinen Zuhörern ausgemalt hatte, war schon lange nicht mehr als das Produkt rednerischer Imaginationskraft. Und alle jene glänzenden „Augen der Städte", wie der Redner die Tempel genannt hatte, waren längst zu hohlen Fassaden, zu nutzlosem baulichem Inventar einer Stadt und ihrer näheren Umgebung verkommen.[32]

IV.

Gänzlich ausgeblendet blieb bei den bisher angestellten Betrachtungen das Christentum in Antiochia. Welchen Einfluß hatte sein Vordringen auf die geschilderte kultische Infrastruktur der Stadt und ihre Umgebung? Vor allem aber: Welche Anfänge einer christlichen religiösen Landschaft gab es in oder um Antiochia vor der Spätantike und wie entwickelte sich diese seit Konstantin? Im folgenden gilt es also, die im Titel ins Auge gefaßten Problemstellungen der Veränderungen der religiösen Landschaft in der Epoche der Christianisierung zu diskutieren.

Zwei Feststellungen müssen hier am Anfang stehen. *Erstens* entwickelte sich Antiochia bereits im 1. Jh. zu einem wichtigen Zentrum des jungen Christentums. Hier vollzog sich der entscheidende Schritt zur Heidenmission, hier wurde erstmals die Bezeichnung 'Christen' für die junge Glaubensgemeinschaft benutzt. Eine hervorragende Rolle innerhalb der frühen Kirche spielte die antiochenische Gemeinde auch im 2. und 3. Jh., und es lassen sich gute Argumente dafür vorbringen, daß - ungeachtet der offiziellen Illegalität - die christliche Gemeinde nach Zahl und Einfluß ihrer Mitglieder bereits erhebliches Gewicht in der Stadt auszuüben vermochte,

---

[31] Julian., Misop. 346B.
[32] Mehrere Briefe des Libanios bezeugen, daß Angehörige der städtischen Oberschicht aus seinem persönlichen Umfeld frühere Sakralbauten - vor dem Regierungsantritt Kaiser Julians wohl durchaus auf legaler Grundlage - zu Wohnhäusern umgebaut oder anderweitig profaniert hatten; Epp. 718. 724. 828. 1364. Siehe auch Petit 1955, 209.

Antiochia mithin schon vor Konstantin in beachtlichem Maße christianisiert war.[33]

Zweitens: Dennoch brachte diese frühe und anhaltende Blüte, wie auch andernorts, zunächst kaum Elemente einer christlichen Topographie oder religiösen christlichen Landschaft hervor. Friedhöfe und Martyrien - dies ebenfalls Grabanlagen außerhalb der Stadt - dienten in der Regel als Versammlungsorte der Christen. Nach Zahl und Ausstattung wenig spektakulär fungierten sie, insbesondere an wichtigen Jahrestagen, immerhin als Zielpunkte von Prozessionen, Orte liturgischer Handlungen, und gewannen so eine nicht geringe Bedeutung für die Identitätsbildung und -wahrung der frühen Gemeinde. Hiermit unterstreichen sie zugleich die durchaus suburbane Orientierung des christlichen Gemeindelebens. Gebunden war diese an die wenigen, entweder an Hinrichtungs- oder Bestattungsorten von frühen Glaubenszeugen errichteten Schreine. Gerade dieses Prinzip gestattete keinerlei lokale Flexibilität hinsichtlich der weiteren Ausbildung einer religiösen Landschaft.[34]

Immerhin erfährt man für Antiochia - ein bemerkenswerter Sachverhalt an sich - von der Existenz einer Gemeindekirche in der Stadt noch vor Konstantin.[35] So ließe sich mit der konstantinischen Wende gerade in Antiochia eine besonders dynamische Entwicklung der Kirche und ihrer Infrastruktur erwarten. Daß diese nicht zustande kam und nach der Errichtung einer großen Bischofskirche im Rahmen des konstantinischen Kirchenbauprogramms in Antiochia für mehr als ein halbes Jahrhundert eine Stagnation, ja Lähmung der Kirchenentwicklung – und ebenso des Kirchenbaus - eintrat, kann hier nicht im einzelnen verfolgt werden. Die mehrfache Spaltung der antiochenischen Kirchenorganisation über dogmatischen Streitigkeiten hatte verständlicherweise keinen positiven Einfluß auf ihr öffentliches Profil und ebenso wenig auf kirchliche Bauprogramme. So kam es erst kurz vor Ende des 4. Jh.s n. Chr. zur Errichtung einer weiteren Kirche in Antiochia – allerdings außerhalb des eigentlichen Stadtareals, auf dem nördlichen Orontes-Ufer (**Abb. 4**).

---

[33] Zur Geschichte des Christentums in Antiochia sowie im syrischen Raum vom 1.-3. Jh. n. Chr. siehe die zusammenfassenden Darstellungen bei Downey 1961, 272ff.; Kollwitz 1950; Canivet 1989, 115ff.; P. Hofrichter (13ff.) und S. Fick (32ff.) in Ruprechtsberger 1993. Wichtig zur Bedeutung der Gemeinde und ihres Bischofs im Antiochia der zweiten Hälfte des 3. Jh.s Millar 1971.

[34] Diese Situation läßt sich für Antiochia noch mit Hilfe von Hinweisen in Predigten des Johannes Chrysostomos recht detailliert rekonstruieren, in denen eine ganze Reihe von Märtyrerfesten und Martyria außerhalb der Stadt genannt werden. Das entsprechende Material stellte Baur 1929, 24ff. mit 164f. zusammen; vgl. auch Maraval 1985, 337ff.

[35] Downey 1961, 336 (vs. Eltester 1937, 272ff.).

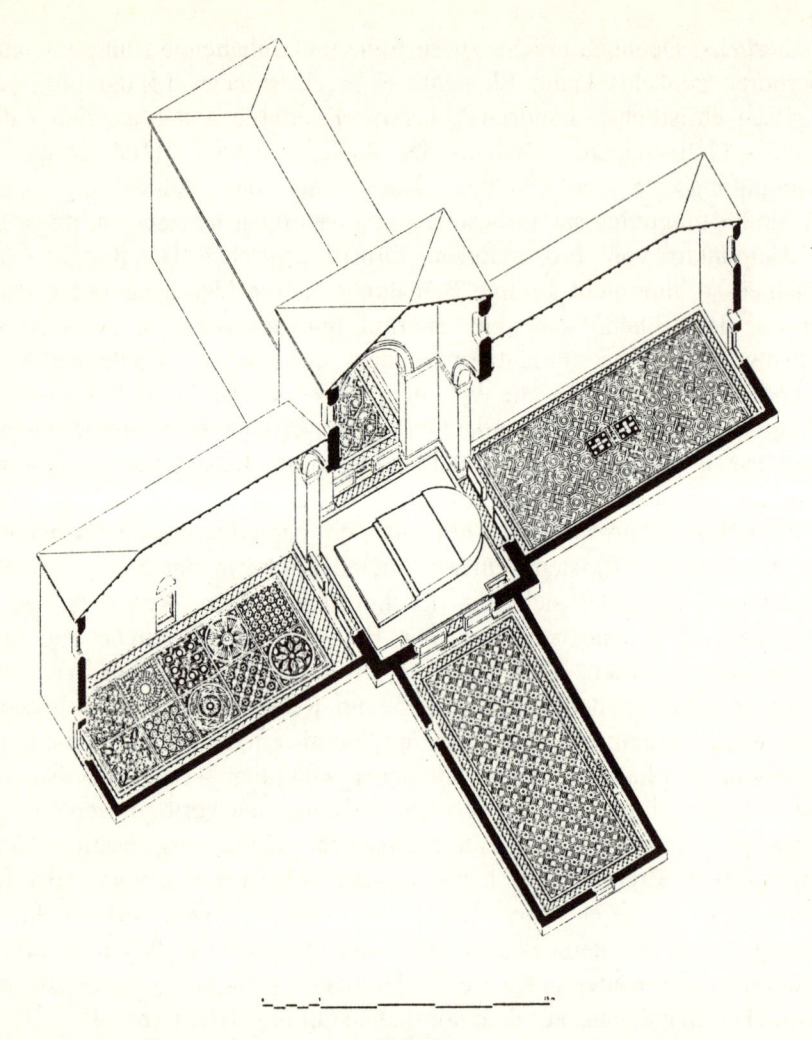

Abb. 4
Babylas-Kirche, ca. 379/385 n. Chr.: Zeichnerischer Aufriß
(Tchalenko 1979, 547)

Dieser Bau, 379/80 n. Chr. begonnen und dem früheren Bischof und Märtyrer Babylas geweiht, hat, ein Glücksfall in der Topographie des spätantiken Antiochia, identifiziert und mit spektakulären Erkenntnissen hinsichtlich des Grundrisses und der ornamentalen Ausgestaltung des Baukörpers archäologisch eingehend untersucht werden können.[36]

---

[36] Zum Ausgrabungsbefund J. Lassus in Elderkin 1938, 5ff.; Lassus 1947, 123ff.; Festugière 1959, 414f.; Downey 1961, 415ff.

So dürftig offenbar im 4. Jahrhundert in der Summe die bauliche Durchdringung der bedeutendsten Metropole des Ostens mit christlichen Bauten ausgefallen zu sein scheint – eine Feststellung, die vor allem aus dem Vergleich mit der dynamischen baulichen Entwicklung der religiösen christlichen Infrastruktur Alexandrias (aber auch anderer syrischer Städte) in diesem Zeitraum ihre Aussagekraft bezieht[37] –, so wird doch dessen ungeachtet gerade in Antiochia in der Mitte des 4. Jahrhunderts eine bahnbrechende Technik entwickelt, die grundlegende Bedeutung für die weitere Ausbreitung des Christentums gewinnen sollte. Grundlegend erstens dahingehend, daß sie die Eroberung fremder heiliger Räume ermöglichte, und zweitens, weil sie ein wesentliches Element der nun einsetzenden Schaffung einer neuen christlichen religiösen Landschaft darstellt: die Translation von Reliquien.

Nur etwa zwei Jahre vor der Rede des Libanios, gegen 354 n. Chr., hatte nämlich Gallus, ein Halbbruder Julians und Caesar unter ihrem Onkel Constantius, in Antiochia die Gebeine eines lokalen Märtyrers, Babylas, von ihrer Grabstätte vor dem südlichen Stadttor nach Daphne in den Kultbezirk des Apollon verbracht und dort in einem hierfür errichteten kleinen Martyrion niedergelegt.[38] Dies mußte nach heidnischen Maßstäben ein unerhörtes Sakrileg – ein Leichnam in einem Kultbezirk – und eine bewußte, aggressive Provokation bedeuten. Zugleich drückt diese Handlungsweise wie keine andere den Willen aus, das kultische Zentrum Antiochias in christlichen Besitz zu nehmen. Das Martyrion war darüber hinaus in unmittelbarer Nähe der kastalischen Quelle plaziert, der von alters her Orakelkräfte zugeschrieben wurden. Die exorzistische Absicht war offensichtlich und nach christlicher Überlieferung dazu noch von sofortigem Erfolg gekrönt: „Von diesem Moment an hörte der Dämon auf, Weissagungen zu geben."[39]

Diese erste bezeugte Reliquientranslation der Kirchengeschichte war in mehrfacher Hinsicht innovativ, ja revolutionär: Sie implizierte die spirituelle Reinigung eines paganen kultischen Raumes, brachte dessen offensive sakrale Inbesitznahme durch die Kirche zum Ausdruck und verwirklichte schließlich die Neukonstituierung einer nunmehr christlichen Verehrungsstätte. Über eine heidnische Reaktion erfahren wir nichts, hören vielmehr in den folgenden Jahren nur davon, daß eine Reihe christlicher

---

[37] Zusammenfassend zur christlichen Infrastruktur Alexandrias und ihrer Entwicklung im 4. Jh. n. Chr. Martin 1984. Zur religiösen Topographie syrischer Städte und ihrer Entwicklung in der Spätantike siehe v.a. Goossens 1943 (Hierapolis); Segal 1970 (Edessa); Sartre 1985 (Bostra).

[38] Socr., Hist. eccl. 3, 18; Sozom., Hist. eccl. 5, 9, 12. Vgl. Joh. Chrys., De S. Babyla c. Iulian. 76ff. (XIV) (PG 50, 554). Hierzu Downey 1961, 364; Maraval 1985, 336; Lieu ²1989, 48ff.

[39] Sozom., ebd.

Gräber in unmittelbarer Nachbarschaft des kleinen Schreins angelegt wurde, die so die spätere Erlösung versprechende Bestattung *ad sanctum* suchten. Kaiser Julian sollte Jahre später vergeblich versuchen, diese radikale Transformation der städtischen religiösen Identität in Daphne rückgängig zu machen: Zwar gelang der Rücktransport der sorgfältig geborgenen Gebeine an ihren früheren Ort vor dem Stadttor und wurde die Purifikation des Kultbezirks nach uralten Vorbildern skrupulös vorgenommen, doch blieb die kastalische Quelle, wie die Christen höhnten, für immer stumm.[40] Der von Julian restaurierte und nach Kräften wiederbelebte Tempel des Apollon fiel zudem - ein göttliches Zeichen? - nur Wochen später einem verheerenden Brand zum Opfer.[41]

Zu wenig ist über ähnliche Vorkommnisse nach dem Tode Julians bekannt. Immerhin sollen Christen wenig später den Trajanstempel in Brand gesteckt haben,[42] und auch die christliche Übernahme einer alten jüdischen Verehrungsstätte, des Grabes der Makkabäerbrüder in Antiochia, ist - noch vor der Jahrhundertwende - bezeugt.[43] Die erfolgreiche Übernahme von heiligen Orten heidnischer und jüdischer Provenienz durch die Kirche ist in Antiochia somit umrißhaft zu fassen, die sukzessive Übernahme und Neuprägung der sakralen Identität der syrischen Hauptstadt unzweifelhaft.

V.

Das wichtigste und wirkungsmächtigste Phänomen im Zusammenhang der Christianisierung Nordsyriens blieb dennoch bislang ganz außer Betracht: Das Wirken des christlichen Mönchtums im Umland und Hinterland Antiochias. Erst dieser spirituellen Bewegung gelingt es, jenen oben skizzierten Graben zwischen Stadt und Land zu überwinden und hierüber auch die Herausbildung einer völlig neuartigen christlichen religiösen Landschaft anzustoßen.

Die Anfänge der alternativen Lebensform und spirituellen Praxis des Mönchtums sind in Syrien, wo in kurzer Zeit praktisch alle Landstriche von dieser Bewegung erfaßt wurden, nur schwer zu fassen, aber sicherlich unabhängig von der zeitgleichen Herausbildung des Asketentums in

---

[40] Liban., Or. 60, 5; Socr., Hist. eccl. 3, 18, 2; Artemii passio 53; Sozom., Hist. eccl. 5, 19, 16f. sowie Amm. Marc. 22, 18, 8f.

[41] Amm. Marc. 22,13; Liban., Or. 60; Julian., Misop. 361B; Joh. Chrys., De S. Babyla c. Iulian. 91ff. (PG 50, 559ff.) u.a. Hierzu zusammenfassend Lieu ²1989, 46-53.

[42] Hierzu knapp mit den Quellen Downey 1961, 398.

[43] Siehe hierzu Schatkin 1974; Wilken 1983, 88ff.

Ägypten.[44] Die Antiochener wurden direkte Augenzeugen dieser Bewegung, denn unmittelbar vor ihrer Haustür, an den steil aufragenden Hängen des Mons Silpius - immer aber außerhalb ihrer Stadt - siedelten jene Glaubensstreiter, häufig als Eremiten, und demonstrierten so zugleich ihre Distanz, wenn nicht Verachtung, gegenüber dem städtischen Leben. Binnen einer Generation verwandelte sich dieses Karstgebirge, wie ein Zeitgenosse es ausdrückte, zu einem „Blumengarten der Askese".[45] Die Mehrheit der Mönche rekrutierte sich aus der niederen ländlichen Bevölkerung, sprach so meist nur Syrisch und entbehrte jeder Bildung.[46] Trotzdem vermochten sich zahlreiche Antiochener, ungeachtet der sonst gepflegten Vorurteile, dem Duft dieses Blumengartens und der dort gelebten Spiritualität nicht zu entziehen. Nicht allein der junge Johannes Chrysostomos begab sich gegen 370 n. Chr. als Novize zu jenen Asketen; doch mußte er aufgrund seiner schwachen körperlichen Konstitution nach zwei Jahren in die Stadt zurückkehren.[47]

Vor allem aber zog es auch einfache Gläubige aus der Stadt an die von Mönchen besiedelten Berghänge. Höhlen, Gräber und einfache Hütten dienten hier als Wohnstatt der Asketen, und die Christen zogen zu ihnen, um Rat, Zusprache und Linderung - wenn nicht sogar Heilung oder gar Wunderhandlungen - bei Krankheit und persönlichen Schicksalsschlägen zu erhalten.[48] Jene in der Einsamkeit praktizierenden Gottesmänner vermochten, wie die syrischen Mönchs- und Heiligenviten des 4. und 5. Jhs. zeigen, ein weites Spektrum von Erwartungen zu erfüllen. Als unzweifelhaft charismatische Figuren wurden sie zu Kristallisationspunkten von intensiver Frömmigkeit und christlichem Glaubenseifer und damit - so lautet meine These - Bestandteile einer neuen religiösen Landschaft, in der sich Gläubige und Bedürftige sammelten und Orientierung fanden. Neu war diese Landschaft, aus der Sicht der Stadt, auch insofern, als diese verehrungswürdigen Asketen eben untrennbar mit dem Land verbunden waren und ihr Besuch nur über das Verlassen der Stadt möglich war. Ihr

---

[44] Zu den Anfängen des syrischen Mönchtums siehe Schiwietz 1938 (zu Antiochia ebd. 354ff.), Vööbus 1958/60; Brock 1973; Canivet 1989, 132ff.; Brenk 1993.

[45] Theodoret., Hist. rel. 4, 28, 3. Zu den Anfängen des Eremitentums um Antiochia auch ebd. 4,12 sowie Festugière 1959, 245ff. und Canivet 1977, 157ff.

[46] Siehe die Zusammenstellung der Belege, vornehmlich aus der *historia religiosa* des Theodoret, bei Canivet 1977, 235ff.

[47] Pallad., Dial. 5; vgl. Socr., Hist. eccl. 6, 3 mit der späteren (unzuverlässigen) Überlieferung.

[48] Beachte exemplarisch Theodoret., Hist. rel. 9, 5f.; 13, 16ff. (Besuche der Mutter Theodorets). Vgl. die Kennzeichnung bei Joh. Chrys., Hom. 14 in Ep. I ad Tim. (PG 62, 628f.). Hierzu Festugière 1959, 247ff.; Canivet 1977, 7ff., 79ff.; umfassend und analytisch grundlegend Brown 1971 und 1976.

Wirken läßt die Grenzen zwischen Stadt und Land verschwimmen und rückt das Land vielen christlichen Städtern überhaupt erst in Blickweite.[49]

Zur Vertiefung dieser Überlegungen ist der bisherige Blick zu erweitern: Der eigentliche Wirkungsbereich der syrischen Asketen war nämlich nicht das unmittelbare Vorfeld der Stadt wie der Mons Silpius in Antiochia. Tatsächlich scheint es, als ob diese relative Stadtnähe bereits ein erst späteres Entwicklungsstadium spiegelt. Hauptsächliche Wirksamkeit entfalteten die Asketen nämlich auf dem flachen Land, weit ab der Stadt. Die inschriftliche Überlieferung dokumentiert, daß gerade das weite städtische Hinterland in Syrien lange gänzlich heidnisch war, die Christianisierung erst sehr spät einsetzte.[50] Angesichts der erwähnten ethnischen und sprachlichen Schranken verwundert dies nicht; auch war die Amtskirche immer stark städtisch verwurzelt. So steht auch fest, daß die binnen Generationen erfolgreiche Christianisierung der Landbevölkerung Syriens das entscheidende Verdienst des frühen Mönchtums darstellt. Es ist dieser Aspekt, der zunächst zu verfolgen ist.

Die Voraussetzungen, diesen Prozeß in seiner Eigenart näher zu fassen, sind für Nordsyrien (Abb. 5) außerordentlich günstig: Einerseits verfügen wir über eine ganze Serie von Mönchsviten aus der Feder des Bischofs von Kyrrhos, Theodoret, andererseits sind wesentliche Bereiche dieses Raumes archäologisch ungewöhnlich gut dokumentiert. Das Kalksteinmassiv, jene östlich Antiochias parallel zur Mittelmeerküste verlaufende, über 140 km sich erstreckenden, mit fruchtbaren Binnenebenen durchsetzten Bergketten, zählt zu den am intensivsten erforschten Regionen der antiken Welt, da es eine seit der Spätantike weithin kaum gestörte archäologische Landschaft mit dichter baulicher Hinterlassenschaft darstellt.[51] Trotzdem darf auch hier kein vollständiges Bild erwartet werden. Dies gilt vor allem für die Zahl und Verteilung der in Surveys erfaßten heidnischen Heiligtümer (Abb. 6); gerade diese waren doch in der Spätantike Opfer des schleichenden Verfalls, wenn nicht der gewaltsamen Zerstörung durch Mönche gewesen.[52]

---

[49] Dies wird schon in den Schilderungen des Wirkens der Asketen vor Antiochia deutlich (beachte Festugière 1959, 247ff.), aber erweist sich als grundlegender Zug auch der Perspektive des Theodoret; Canivet 1977, 157ff.

[50] Tchalenko 1953, 145f.; Liebeschuetz 1979; Drijvers 1982; Canivet 1989, 129ff.; Brenk 1993; Tate 1992; Trombley 1994, 134ff., 247ff.

[51] Tchalenko 1953/58; Kennedy 1987; Liebeschuetz / Kennedy 1988 sowie die Literatur in der vorherigen Anm., außerdem Tate 1992 und Strube 1996, jeweils mit weiterer Literatur. Beachte auch Kennedy 1987 und Foss 1995, 213ff. mit Überblick über die Forschungsgeschichte.

[52] Lassus 1947, 245ff.; Tchalenko 1953, 13ff. sowie Tafeln VII-XV; Liebeschuetz 1972, 237ff.; Callot / Marcillet-Jaubert 1984, 185; Gawlikowski 1989, 334ff.; Frend 1990; Tate 1992, 65; Trombley 1994, 134ff., 247ff. (besonders 248).

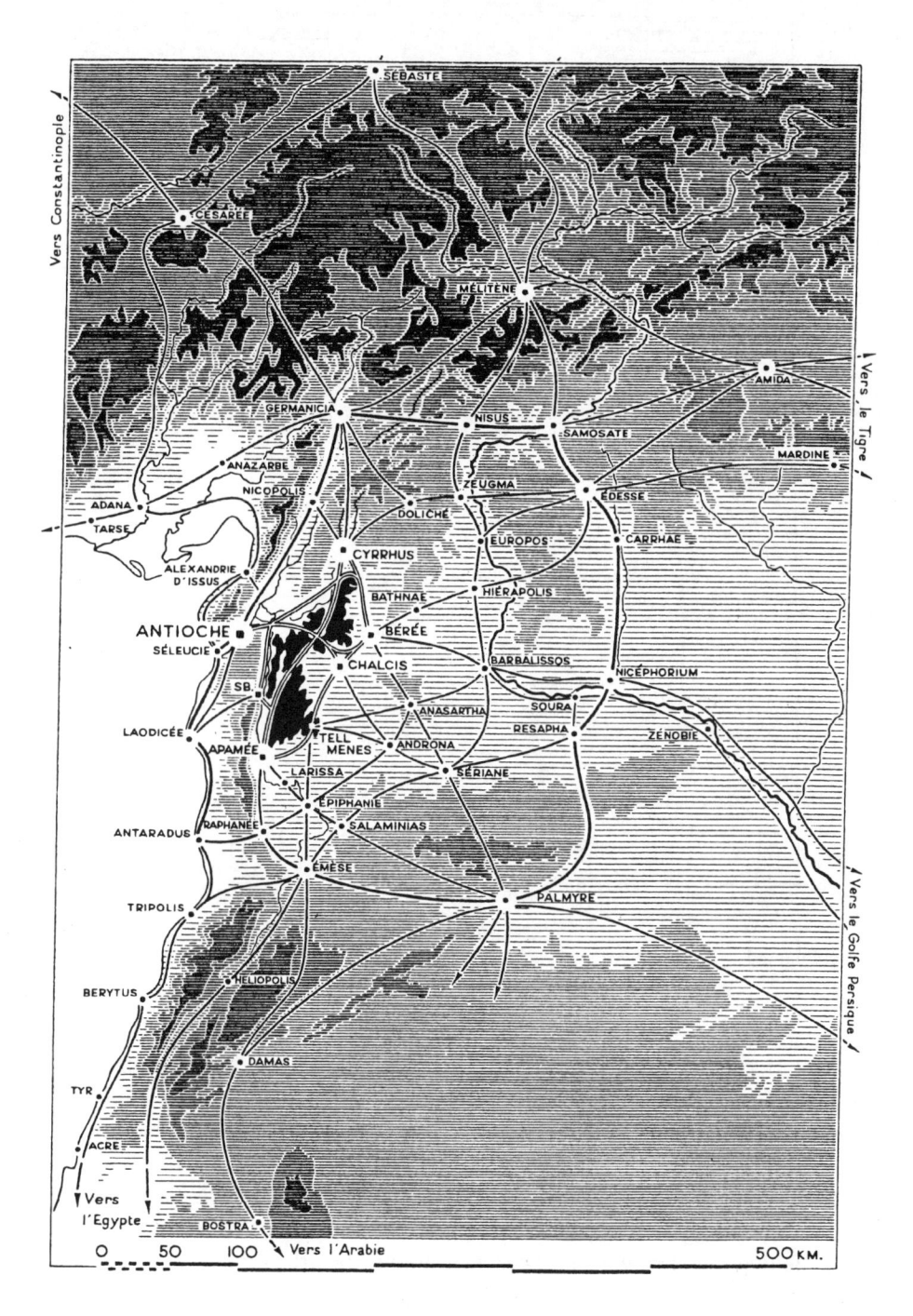

Religiöse Landschaft und Christianisierung in Nordsyrien 159

Abb. 5
Das Kalksteinmassiv mit Höhenzügen und Fernstraßenverbindungen
(Tchalenko II, 1953, pl. XXXIX)

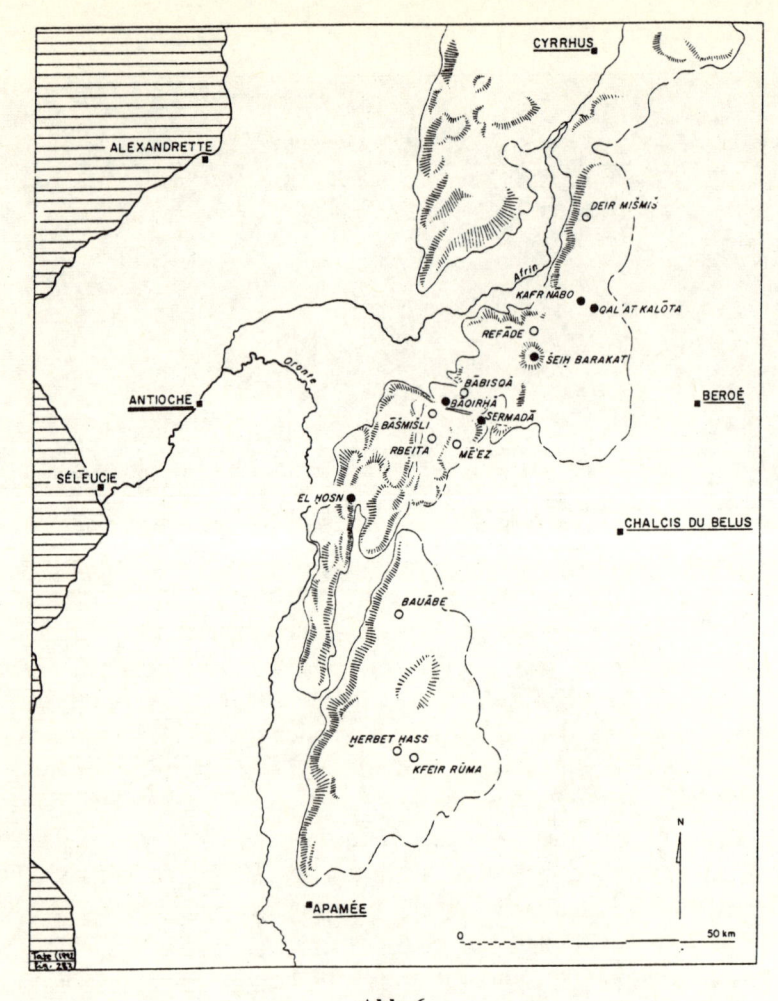

Abb. 6
Verteilung der identifizierten heidnischen Heiligtümer im östlichen Territorium Antiochias
und im weiteren Kalksteinmassiv
(Tate 1992, fig. 283)

In der Tat spielt gerade die Bekämpfung des Heidentums und insbesondere der heidnischen Tempel eine herausragende Rolle im missionarischen Wirken der ersten Mönche. Charakteristisch für heidnische Verehrungsstätten im syrischen Raum sind Bergheiligtümer.[53] So heißt es etwa in der Vita des Asketen Maron: „Er wählte ein Leben unter freiem Himmel und zog sich auf einen Berggipfel zurück, der von Alters her von den Heiden verehrt wurde. Diesen Dämonenbezirk weihte er Gott und

---

[53] Callot / Marcillet-Jaubert 1984 mit einer Analyse der archäologisch am besten bezeugten Höhenheiligtümer des Raumes.

wählte ihn zu seinem Aufenthaltsort".[54] Maron war allerdings nicht der einzige Asket, der solchermaßen gezielt Bergkuppen aufsuchte, auf denen sich heidnische Verehrungsstätten befanden. Im Falle eines anderen Eremiten, den Theodoret erwähnt, läßt sich aufgrund der eingehenden Landschaftsbeschreibung die entsprechende Bergspitze genau bestimmen. Es handelt sich um den einzigen echten Gipfel im gesamten Kalksteinmassiv, den Dschebel Sheikh Barakat und das dort befindliche, oben bereits diskutierte große Zeus Madbachos-Heiligtum. Unzweifelhaft bestand an diesem Ort eine uralte vorgriechische Kulttradition, die nun, in der Mitte des 4. Jhs., zu ihrem Ende kam. Dem einsamen Asketen folgten bald erste Schüler; die umliegenden Dörfer bekehrten sich zum Christentum, und schon in den 30er Jahren des 5. Jhs. konnte man hier Klosteranlagen antreffen.[55]

Gerade zentrale, vormals bedeutende heidnische Landheiligtümer waren allenthalben ein vorrangiges Ziel der Aktivitäten von Mönchen. Johannes Chrysostomos sammelte später, als er in Konstantinopel erster Bischof der östlichen Kirche war, persönlich Gelder von hochgestellten Damen, um Mönchsgruppen mit geeignetem Werkzeug auszustatten, bevor er sie nach Phönizien sandte, um hier Tempel zu zerstören, und Libanios klagt bei Kaiser Theodosius über eben diese, übrigens illegalen, Übergriffe von Mönchen.[56] Doch bei der Zerstörung allein blieb es oftmals nicht; gerade die Übernahme eines heiligen Ortes, mithin die dauerhafte Inbesitznahme und Verchristlichung früherer heidnischer Plätze charakterisiert das asketische Vorgehen in Nordsyrien. Heidnische Infrastruktur, Tempel und Haine, werden nunmehr - dies zugleich Ausdruck des Triumphes des christlichen Glaubens - zu Elementen neuer, christlicher Sinnbezüge im Raum umgearbeitet.

Die zeitgenössische christliche Überlieferung stellt diesen Aspekt allerdings nicht in den Mittelpunkt: Sie betrachtet vielmehr das persönliche Wirken jener Asketen. Diese wichtige - aber auch bereits gut erforschte[57] - Seite des Mönchtums muß hier fast ganz übergangen werden. Nur wenige, für die hier verfolgte Fragestellung wichtige Aspekten können im folgenden herausgearbeitet werden.

Das Wirken jener Mönche zeichnete sich kaum durch missionarische Wandertätigkeit oder Predigten aus. Aufmerksamkeit und Nachfolge gewannen sie vielmehr durch ihre aufsehenerregenden asketischen

---

[54] Theodoret., Hist. rel. 16,1.
[55] Dokumentiert bei Tchalenko 1953, 154ff. und Tchalenko 1958, Tafel 168,1.
[56] Liban., Or. 30. Hierzu Petit 1951, besonders 56ff.; Frend 1990; Trombley 1994, 134ff. Johannes Chrysostomos: Theodoret., Hist. Eccl. 5, 29.
[57] Siehe hierzu – neben den grundlegenden Arbeiten von Brown (folgende Anm.) – für Nordsyrien Canivet 1977; Festugière 1959, passim.

Praktiken, etwa jahrelanges Leben unter freiem Himmel, die Selbsteinmauerung in winzige Zellen, extreme Formen der Selbstkasteiung und die Einhaltung rigoroser Fasten- und Speiseregeln. Verbunden mit ihren staunenswerten Fähigkeiten, göttliche Wunder zu bewirken, galten sie der Landbevölkerung als unschätzbare Mediatoren der Gnade eines überlegenen Gottes: So wurde ihr Kontakt gesucht und gepflegt.[58] Die Plätze ihrer Askese, ob auf Gipfeln, in Höhlen oder an Straßen, zunächst bar jeder baulichen Fixierung, wurden so zu regelrechten Verehrungsstätten. Ein wachsender Strom von Verehrern, Gläubigen und Hilfsbedürftigen aus der lokalen Bevölkerung ergoß sich zu ihnen.[59]

So entwickelte sich - noch vor der Errichtung der ersten Kirchen - in diesem ländlichen Raum in der Frühphase der Christianisierung eine sakrale Landschaft ganz neuen Typus: Sie bestand ausschließlich aus heiligen Männern, deren Aufenthaltsorte ein Netz von spirituellen Bezugspunkten über die Region zog.[60] Dieses Netz war zugleich von nicht geringer Differenziertheit und Flexibilität: Abhängig von der jeweiligen Wirksamkeit eines Asketen, der Verbreitung seines Ruhmes, der Entstehung von Jüngerkreisen (die wenig später frühklösterliche Organisationsformen annahmen) und deren auch räumlicher Ausbreitung lebte diese Landschaft im Wortsinne, veränderte sich stetig, bildete Schwerpunkte und weitete sich aus. Nicht nur in dieser Hinsicht zeichnete sie sich durch eine erhebliche Mobilität aus: Anders als die frühchristlichen Märtyrerschreine, die neben ihrer örtlichen Fixierung fast immer nur eine lokale Verehrung erfuhren, vermochte der Ruf eines bedeutenden Asketen auch überregionale Anziehungskraft zu entfalten.

Für uns ist dieser Beginn der Ausbildung einer neuen religiösen Landschaft in Nordsyrien nur noch in den frühen Mönchsviten eines Theodoret und Äußerungen anderer Zeitgenossen des ausgehenden 4. und frühen 5. Jh.s, wie etwa Johannes Chrysostomos, erkennbar.[61] In denselben Texten und zudem in den archäologischen Befunden gut zu fassen ist dann die zweite Phase, die ich als die Verstetigung und weitgehende Stabilisierung der neuen religiösen Landschaft bezeichnen möchte. Diese

---

[58] Die klassische Analyse dieses Phänomens ist die von Brown 1971, erweitert durch Brown 1983 sowie spätere Arbeiten (beachte besonders Brown 1988).

[59] Siehe hierzu nun eindringlich und detailliert die Monographie von Frank 2000.

[60] Exakt dieses Bild einer lebendigen religiösen Landschaft hat auch der zeitgenössische Chronist des nordsyrischen Mönchtums und Kirchenhistoriker Theodoret vor Augen, als er jenen 'Blumengarten der Askese' in seiner Genese und seinem räumlichen Ausgreifen zwischen 350 und etwa 440 n. Chr. schildert.

[61] Tchalenko 1953, 20 betont zu Recht, daß die Anfänge des Mönchtums in Nordsyrien keine archäologisch faßbaren Spuren hinterlassen haben und insofern – anders als für die späteren Entwicklungsschritte – ein Konflikt zwischen dem Zeugnis der Texte und dem der Monumente zutagetritt.

Phase dokumentiert etwa ein Text, der zunächst die enorme Intensität der durch diese Asketen fokussierten Spiritualität verdeutlicht, daneben aber den Übergang zur Fixierung der zuvor ‚lebendigen' religiösen Topographie signalisiert: „Nach dem Tod des Asketen Maron entstand unter der Nachbarschaft ein heftiger Streit um seinen Leichnam. Ein angrenzendes sehr zahlreiches Dorf kam mit seiner ganzen Einwohnerschaft herbei, vertrieb die anderen und riß den heißbegehrten Schatz an sich. Sie erbauten ihm eine große Kirche und empfangen seither bis heute Wohltaten von ihm, wobei sie durch ein öffentliches Jahresfest jenen Sieger ehren."[62]

Die Errichtung von Schreinen oder gar Kirchen mit dazugehöriger Liturgie und Jahresfesten war jedoch nicht zwangsläufig ein Schritt, der erst nach dem Tod eines Heiligen erfolgte. Die bedeutendsten Heiligen konnten bereits zu Lebzeiten eine solch außerordentliche Verehrung erfahren, daß sich um den „Kampfplatz ihres Agons", wie die Mönchsviten gerne formulieren, eine eigene Infrastruktur entwickelte. Das wohl bekannteste Beispiel, das des Säulenstehers Symeon, vermag diese Entwicklung zu veranschaulichen und zugleich weitere Eigentümlichkeiten der nunmehr weit entwickelten nordsyrischen religiösen Landschaft auszuleuchten. Symeon Stylites (der Ältere) repräsentiert zudem das hervorragendste Beispiel jenes Stylobatentums - also die asketische Praxis des lebenslangen Stehens auf einer Säule -, das zugleich genuines Merkmal des syrischen Asketentum ist.[63]

Symeon (388 - 459 n. Chr.) bestieg nach ersten Erfahrungen mit verschiedenen Formen der extremen Askese in seiner Jugend erstmals gegen 415 n. Chr. eine Säule von zunächst 6 Ellen Höhe **(Abb. 7)**. Diese Praxis - im Verein mit den von ihm getätigten Wundern - erregte ungeheures Aufsehen. Dem wachsenden Ansturm der Besucher und Verehrer entzog sich Symeon durch den Wechsel auf immer höhere von seinen Jüngern errichtete Säulen. Die letzten 30 Jahre seines Lebens verbrachte er auf einer knapp 18 m hohen Stele. Auf seiner Säule stehend und meditierend, zwischen Himmel und Erde, fern der Menschen und doch nah, praktizierte er seine Askese, äußerlich weit ab der Stadt, zwischen Antiochia und Beroea. Doch die Gläubigen zogen ebensosehr aus Antiochia wie aus dem unteren Mesopotamien (ca. 1500 km), aus Gallien oder Rom nach Telanissos (Deir Sim' an), jenem Flecken im Hinterland von Antiochia, suchten hier Zuspruch, Erbauung und Heilung, aber ebenso scharenweise die Bekehrung

---

[62] Theodoret, Hist. rel. 16, 4.
[63] Siehe hierzu – neben der klassischen Darstellung von Delehaye 1923 – Peña 1975, Ashbrook Harvey 1988, Frankfurter 1990 (mit Verweisen auf die vorchristliche Tradition des Säulenstehens), Trombley 1995 sowie nun auch die Untersuchung von Frank 2000, passim. Eine Zusammenstellung der bezeugten Styliten bei Peña 1975, 60ff. (mit Verbreitungskarte 64; vgl. auch Karte 31).

zum Christentum.[64]

Abb. 7
Symeon Stylites auf seiner Säule; Schrankenplatte (?), Syrien, 5./6. Jhdt. Symeon, durch das
Kreuz auf der Kapuze als Mönch kenntlich, wird von einem Vogel
durch einen Kranz (?) ausgezeichnet; der ein Weihrauchfaß schwingende
Mönch auf der Leiter zeigt die Verehrung des Heiligen an
(A. Effenberger, Mus. f. Spätantike & Byz. Kunst Berlin. Mainz 1992, 147)

Die Verehrung Symeons ließ so die weltlichen Grenzen - ob zwischen Syrien und seinen Nachbarprovinzen, dem Orient und dem Westen des Reiches oder gar zwischen Imperium Romanum und Perserreich - ebenso wie diejenigen zwischen Stadt und Land belanglos werden. Die

---

[64] Die noch zu Lebzeiten des Symeon verfaßte Darstellung seines Wirkens durch Theodoret (Hist. rel. 26) schilderte den durch Berichte von Wunderheilungen des Styliten ausgelösten Zustrom von Gläubigen (26, 11): ‚So kamen sie von allen Seiten ... Nicht nur die Bewohner unseres Landes drängen sich dort zusammen, sondern auch Ismaeliten, Perser und die von ihnen unterjochten Armenier, Iberer, Homeriten und Völkerschaften, die noch weiter im Innern wohnen. Es kommen auch viele vom äußersten Westen, Spanier und Britannier und Gallier, welche zwischen diesen wohnen – von Italien brauchen wir nicht eigens zu sprechen.' Vgl. V. Symeon. (syr.) 82: 13monatige Reise einer Gruppe von Pilgern aus dem Osten zu Symeon. Hervorzuheben ist die (historisch wirksame) Ausstrahlung verschiedener Styliten auf nomadisierende arabische Stammesgruppen; hierzu Shahîd 1989, 149ff. 159ff.; Shahîd 1995, II, 949ff.; zusammenfassend Frank 2000, 159ff.

traditionellen religiösen Bezüge hatten ihre Bedeutung verloren und diesen Heiligen zum wichtigsten Ansprechpartner und Orientierungspunkt weiter Kreise der antiochenischen Kirche und Bevölkerung (und weit darüber hinaus) werden lassen. So pflegte auch der Bischof von Antiochia enge Beziehungen mit dem berühmten Asketen.[65]

Nach dem Tode des Asketen 459 n. Chr. auf seiner Säule gelang der Kirche von Antiochia ein Überraschungsschlag: Sie erwirkte die kaiserliche Erlaubnis, den Leichnam nach Antiochia zu holen und zu bewahren. „Der Sarkophag des Heiligen wurde auf einem Wagen, der mit Kerzen geschmückt war und Weihrauchbecken trug, über Land nach Antiochia transportiert ... Die ganze städtische Bevölkerung aber, in weißer Festkleidung und mit Kerzen und Lichtern in den Händen, eilte dem heiligen Toten bereits weit außerhalb der Stadtmauern entgegen, brachte ihn in die Stadt und dort in die Cassianus-Kirche. Nach 30 Tagen aber wurde er in die große Bischofskirche gebracht und dort gemäß einem göttlichen Zeichen in einem eigens errichteten Oratorium niedergelegt, wo er nun Wunder tut."[66]

VI.

Die Verbringung des Leichnams des Symeon nach Antiochia wirft übrigens ein bemerkenswertes Schlaglicht auf die Kehrseite der so machtvollen und eigener Dynamik folgenden Entwicklung des vormals heidnischen Umlandes Antiochias zu einer christlichen religiösen Landschaft mit enormer Ausstrahlung auf die Bevölkerung der Metropole. Denn diese Transformation spiegelte nicht zuletzt eine grundsätzliche Verlagerung der spirituellen Macht weg vom kirchlichen Zentrum. Die Gewinnung der Reliquien des berühmten Heiligen, ihre Verwahrung und angemessene Präsentation am Bischofssitz Antiochia suchte die alte Ordnung nicht nur symbolisch wiederherzustellen.

Spätestens mit Symeon zählt Nordsyrien zusammen mit Palästina und einigen Gegenden Ägyptens zu den meistbesuchten Wallfahrtsregionen der alten Kirche. Und wohl nahezu alle der Innovationen, die mit der Entstehung und dem Ausbau des Pilgerwesens einher gingen, lassen sich mit einigen ihrer frühesten Belege in Nordsyrien nachweisen: Das Einsammeln heiliger Erde, der Erwerb oder Raub von Kleidungsstücken von Asketen, der Vertrieb von Fläschchen mit von Heiligen gesegnetem Öl und andere Arten von Pilgerandenken, denen Übel abwehrende, heilbringende Kräfte

---

[65] Theodoret., Hist. rel. 26, 10. Vgl. auch V. Symeon. (syr.) 130f., Evagr., Hist. eccl. 1, 13. Hierzu Delehaye 1923, XXII; Festugière 1959, 369.
[66] Anton., V. Symeon. 31f. Die anonyme syrische Vita, 473 n. Chr. verfaßt, bietet 125ff. eine noch ausführlichere Schilderung.

zugeschrieben wurden.[67] Noch zu Lebzeiten Symeons wird von Bildnissen des Styliten berichtet, die in römischen Werkstätten hingen, und Eulogia, Pilgerandenken mit Darstellungen Symeons, zählen zu den frühesten bildlichen Wiedergaben des Styliten.[68] Sie dokumentieren einen Schritt der Loslösung der Heiligenverehrung vom Ort des Geschehens und unterstreichen die Mobilität und Ausbreitung der Verehrung des Styliten insgesamt. Auf diesem Wege etablierte sich Nordsyrien nicht zuletzt zugleich auch als Bestandteil der religiösen Landschaft des christlichen Imperium Romanum insgesamt.

Das machtvolle Aufkommen der Pilgerbewegung wiederum hatte seinerseits weitreichende Auswirkungen auf den weiteren Ausbau und die Struktur der religiösen Landschaft Nordsyriens. Um die Säule Symeons entstand ein Pilgerzentrum.[69] Doch noch vor diesem wuchs über Reliquien des heiligen Symeon – hierin spiegelt sich erneut das enorme religiöse Potential von Reliquientranslationen - ganz in der Nähe, im 30 km entfernten Qalbloze, eine große Pilgerkirche heran, deren Entstehung – ihre Fertigstellung erfolgte vor 470 n. Chr. - ohne die Mitwirkung erstklassiger städtischer Steinmetzwerkstätten nicht vorstellbar ist und so auch die organisatorische und finanzielle Beteiligung der Kirche Antiochias oder städtischer Kreise nahelegt.[70] Erst anschließend folgte auch Qal'at Sim'an, der Ort des Wirkens Symeons selbst. Hier entstand seit ca. 480 n. Chr., also erst zwei Jahrzehnte nach dem Tod des Heiligen, in mehreren Bauphasen eine riesige Anlage, die größte Nordsyriens.[71] Im Zentrum der kreuzförmigen Kirche befand sich die Säule des Symeon, deren Stumpf sich dort heute noch an ihrem Platz befindet.

Verschiedene Umstände der Errichtung des Heiligtums verweisen darauf, daß sowohl Kaiser Zenon (474 - 490), der früher, im Jahr 464 n.

---

[67] Siehe die verschiedenen Belege in der *historia religiosa* des Theodoret, etwa in der Schilderung des Jakob von Kyrrhos: so das Wegtragen der vom Heiligen betretenen Erde als Schutzmittel (21, 4); der Raub des sterbenden Eremiten, um sich seine Reliquien zu sichern (ebd. 5; 9); die apotropäische Wirkung von durch ihn geweihtem Wasser (ebd. 14); das Berühren und der Raub von Kleidungsstücken des Asketen (26, 12: Symeon) u.ä.

[68] Theodoret., Hist. rel. 11. Eulogia: siehe z.B. Tchalenko 1958, Tafel 62, Abb. 25f.; Sodini 1993, 141f.; Strube 1996, 59 mit Abb. 101f. Beachte zum Phänomen insgesamt Kötting 1950, 407ff.; Maraval 1985, 183ff.

[69] Die Anfänge dieses Pilgerbetriebes und seiner Organisation – noch vor seiner endgültigen baulichen Ausgestaltung – durch die Schüler Symeons sind ausgezeichnet in der 15 Jahre vor dem Tode Symeons, 444 n. Chr., verfaßten Lebensbeschreibung Theodorets zu fassen (Hist. rel. 26, 6ff.). Vor Errichtung des großangelegten Pilgerzentrums ab ca. 480 n. Chr. existierten nur eine Reihe von Pilgerherbergen in dem nahegelegenen Dorf Telanissos.

[70] Strube 1996, 61ff.

[71] Tchalenko 1953, 223ff.; Christen 1983, 219ff.; Sodini 1993; Strube 1996, 61ff.

Chr., als *magister militum* in Antiochia residiert hatte, als auch die syrische Metropole bzw. die antiochenische Kirchenorganisation die Initiative und notwendigen finanziellen und handwerklichen Ressourcen zu diesem außerordentlichen Bauvorhaben, das binnen 15 Jahren verwirklicht wurde, beigesteuert haben.[72] Die Monumentalisierung der jahrzehntelangen Wirkstätte des bedeutendsten syrischen Asketen der Spätantike wurde mithin vom kirchenpolitischen Zentrum gefördert, die Fixierung und bauliche Ausgestaltung der religiösen Landschaft also nun von der Hierarchie vorangetrieben und dirigiert.

Die gewaltige Anlage dieses frühbyzantinischen Pilgerheiligtums vermag vor allem ein differenziertes und neuartiges Verständnis der Wallfahrt zu vermitteln: Der Pilger erreichte nach seiner langen Reise und einem Aufstieg von dem zu Füßen des Berghanges gelegenen Pilgerort Telanissos das Wallfahrtsheiligtum durch einen Torbogen (**Abb. 8**). Die hier beginnende *via sacra* passierte unmittelbar darauf einen ersten Baukomplex, in dem sich ein Baptisterium befand, in dem er, am Ziel seiner Pilgerreise angelangt, *in loco sancto* die Taufe empfangen konnte, um dann zunächst in einer der anschließenden Herbergen zu nächtigen. Erst anschließend gelangte er mit Blick auf die prächtige Eingangsfassade zu dem zentralen kreuzförmigen Bau, in dem sich die Säule des Symeon und damit das eigentliche Ziel seiner Reise befand.[73]

Das Pilgerwesen transformierte die christliche Landschaft Nordsyriens, deren schrittweises Entstehen hier nachgezeichnet wurde (und deren Erscheinungsbild und Struktur um die im 5. und 6. Jh. n. Chr. in erstaunlicher Zahl entstehenden Kirchen noch zu ergänzen wäre[74]), noch in manch anderer Weise. Schon der bereits zitierte Chronist des frühen syrischen Mönchtums, Theodoret, hatte als Bischof die Asketen in seiner Diözese und darüber hinaus bis Antiochia aufgesucht, daneben aber auch - in seiner Eigenschaft als Bischof von Kyrrhos - hochrangige Besucher persönlich von Eremit zu Eremit geführt: Hier erkennt man deutlich die ersten Ansätze eines „Asketen-Tourismus".[75] Die Institutionalisierung solcher Rundreisen mit zahlreichen Stationen bei den bedeutendsten heiligen Männern, mithin die Etablierung von Pilgerrouten, spiegelt sich am eindrücklichsten in der baulichen Hinterlassenschaft des Kalksteinmassivs.

---

[72] Tchalenko 1953, 205ff.; Sodini 1993, 130f.; Strube 1996, 69f.

[73] Christen 1983, 219ff.; Sodini 1993, bes. 131ff. (mit Verweis auf jüngere französische Forschungen in Qal'at Sim'an).

[74] Die Zahl der Kirchen sowie der Klöster in den Dörfern des Kalksteinmassivs ist erstaunlich. Selbst Siedlungen mit nur knapp 50 Häusern verfügen zuweilen über mehrere Kirchen, teils verbunden mit Klosteranlagen; Strube 1996, 3f. mit Abb. 3 und 26 zu Dar Qitā.

[75] Theodoret., Hist. rel. 24, 8; Brenk 1993, 67.

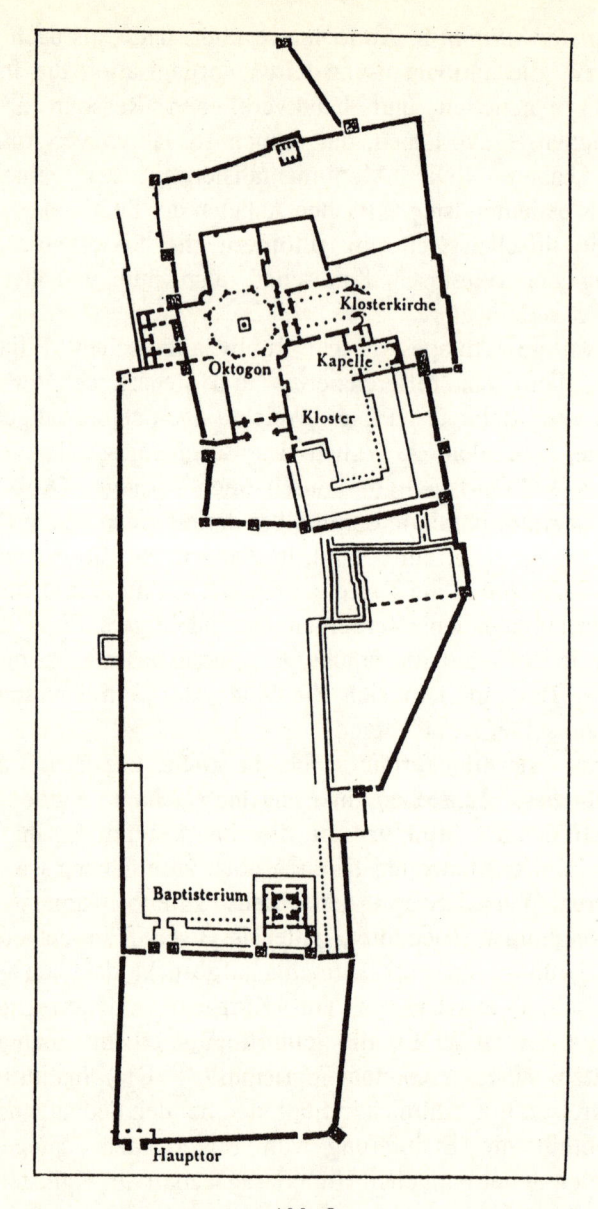

Abb. 8
Pilgerheiligtum von Qal'at Sim'an (5./6. Jh.): Rekonstruktion
(Sodini 1993, 370, Abb. 98)

Nicht nur in Qalbloze und Qal'at Sim'an wurden Xenodochoi, Pilgerherbergen, errichtet, vielmehr bildete sich binnen weniger Generationen ein Netz von Herbergen in diesem Raum heraus, die in unmittelbarer Nähe der großen Verehrungsstätten lagen.[76] Ebenso wie das sich herausbildende und sprunghaft ausbreitende Klosterwesen - oft in der Nähe berühmter Asketen oder ihrer Reliquien - orientieren sich diese Bauten und Anlagen fast immer an den großen Überlandverbindungen und am Wegenetz des Kalksteinmassivs und sicherten so die leichte Erreichbarkeit der verschiedenen Plätze.[77]

Die spirituellen Sinnbezüge der nun dem Gläubigen sich darbietenden religiösen Landschaft waren nicht mehr so sehr von der punktuellen, weitreichenden Ausstrahlung einzelner bedeutender Asketen bestimmt, sondern mehr und mehr durch die Summe der hier lebenden und wirkenden Asketen, der sich verdichtenden Menge von Orten mit Martyrien und Reliquienschreinen. Das Abwandern zahlreicher heiliger Stätten, das Verfolgen fester Routen mit einer Vielzahl verehrungswürdiger Punkte, also das Abarbeiten eines regelrechten Itinerars rückte nun in den Vordergrund: Die religiöse Landschaft als geschlossene Formation statt eines durch einzelne verstreute Fokussierungspunkte geordneten und strukturierten Raumes bildete sich heraus.[78]

Aber tiefgreifende Veränderungen des Charakters der urtümlichen religiösen Landschaft, wie sie die ersten Asketen, die unter freiem Himmel und auf Berggipfeln ihren Agon praktiziert hatten, bewirkten, ergaben sich auch von anderer Seite. Das erwähnte Netz von Klöstern dokumentiert einerseits die endgültige Durchdringung der vormals heidnischen Landschaft, illustriert also, zusammen mit den zahllosen Kirchenbauten des späten 4. bis 6. Jh.s n. Chr. in den Dörfern der Antiochene und ihrer Nachbarregionen, auch die erfolgreiche Christianisierung Nordsyriens;[79] zugleich signalisiert es aber auch das Ende der urwüchsigen Anfänge des nordsyrischen Asketentums der ersten Phase mit seiner hohen Mobilität. Die bauliche Fixierung, ja sakrale Monumentalisierung der Landschaft zog unausweichlich eine mannigfache Disziplinierung und Regulierung nach sich. Dem relativen Rückgang des unabhängigen Eremitentums steht die steigende Zahl klösterlicher Gemeinschaften gegenüber: mit hohem

---

[76] Tchalenko 1953, 19f., 82ff. et passim.; Strube 1996, 21ff., 83f.; vgl. auch Tate 1992, 78ff.

[77] Diesen Charakterzug zeigen gerade auch sehr frühe Anlagen wie das gegen 420/430 n. Chr. zu datierende, in strategischer Lage unmittelbar an der Straße Antiochia – Beroea (Aleppo) gelegene Kloster Qasr el Banat: Tchalenko 1953, 159ff.; Brenk 1993, 68ff. (jeweils mit Abb.).

[78] Dieser Prozeß ist in der spätantiken literarischen Überlieferung – insbesondere aufgrund der bewahrten Itinierarien (etwa des ‚Pilgers von Bordeaux' oder der Egeria) – für das Heilige Land weit besser dokumentiert; siehe Hunt 1982. Für Ägypten siehe jetzt Frankfurter 1998.

[79] Lassus 1947; Tchalenko 1953, 13ff. et passim; Tate 1992, 65ff.; Dentzer 1993, Strube 1996, 19ff. et passim.

Ordnungsbedarf, der Herausbildung fester asketischer Verhaltensvorschriften und detaillierten Klosterregeln. An die Stelle des Eremiten in der freigewählten Abgeschiedenheit einer Einöde tritt hier der Rekluse **(Abb. 9)**, der in einem Reklusenturm am Rande der Klosteranlage, aber als Mitglied der Gemeinschaft, seiner wohlgeordneten Askese nachgeht.[80]

All diese Entwicklungsschritte begünstigten auch einen zunehmenden Zugriff der organisierten - und das heißt zugleich: städtischen - Kirche. Versuche der Vereinnahmung und Kontrolle der autonom begründeten Autorität der Asketen, die ja auf Charisma und gottbegnadeten Fähigkeiten beruhte, durch Kirchenvertreter, vor allem Bischöfe, sind früh erkennbar.[81] Die Canones des Konzils von Chalkedon 451 n. Chr. regelten schließlich das problematische Verhältnis von Lokalbischof und Asketen, indem sie letztere der Autorität des Amtes unterstellten.[82] Für den weiteren Ausbau und die spirituelle Autonomie der religiösen Landschaft in Nordsyrien blieb diese Maßgabe, wie sich bereits an der baulichen Ausgestaltung der Pilgerheiligtümer von Qalbloze und Qal'at Sim'an erkennen ließ, nicht ohne Folgen. Antiochia, Sitz des Bischofs und zugleich kirchliches Haupt weiter Teile des Orients, beanspruchte zunehmend nicht nur die kirchenpolitische und theologische, sondern auch die spirituelle Führungsrolle in seiner Kirchenprovinz.

Hervorragende Orientierungspunkte der religiösen Landschaft der Antiochene – bekannte Styliten ebenso wie große Klöster - finden sich seit dem ausgehenden 5. und im 6. Jahrhundert daher, kaum zufällig, nun auch in unmittelbarer Nähe der syrischen Metropole bzw. an traditionellen kultischen Bezugspunkten der Stadt, die – anders als etwa Konstantinopel oder Alexandria – keine Klöster in ihren Mauern kannte. Noch im 5. Jahrhundert entstand auf dem Berg Kasios südwestlich Antiochias an der Stelle oder in unmittelbarer Nähe des alten Zeus-Heiligtums das Kloster des Barlaam.[83] Im Jahr 541 n. Chr. bezog der jüngere Symeon, Schüler des Styliten Johannes, eine Säule auf einem Berg 18 km westlich von Antiochia; an dieser Stelle formierte sich in der Folge einer der größten Klosterkomplexe Nordsyriens, der enge Beziehungen zu allen gesellschaftlichen Schichten Antiochias unterhielt.[84] Die Tradition des christlichen Stylitentums,

---

[80] Beispiele für Reklusentürme bei Lassus 1947; Brenk 1993, 69f.

[81] Theodoret: Festugière 1959, 418ff., Canivet 1977, 62f.; Liebeschuetz / Kennedy 1988, 81. Zu Athanasius von Alexandria, der als erster Bischof die Bedeutung enger Beziehungen zu den Asketen seiner Diözese erkannte und sie zugleich zur Verfolgung seiner machtpolitischen Interessen zu nutzen wußte, Martin 1996, 467ff., 486ff. et passim sowie vor allem Brakke 1995, passim.

[82] Bacht 1953.

[83] Peeters 1908; Djobadze 1986, 5ff.

[84] Djobadze 1986, 57ff.; Trombley 1994, 182ff.

Abb. 9
Reklusenturm, Qasr el Banat; heutiger Zustand und Rekonstruktion
(Brenk 1993, 70)

begründet vom älteren Symeon, in Syrien aber von verschiedenen Asketen praktiziert, verband sich nunmehr zunehmend mit Antiochia und seiner Umgebung. Zudem entwickelte sich die Stadt mit ihrer zielstrebigen Akquisition wertvoller Reliquien zu einem spirituellen Anziehungspunkt und Pilgerziel auch eigenen Rechtes.

Eine ganze Reihe von Faktoren führte so dazu, daß Antiochia in jener religiösen christlichen Landschaft Nordsyrien, deren Entstehung im 4. und 5. Jh. sich dem Wirken heiligmäßiger Asketen verdankte und die dann mit der Errichtung von Kirchen, Klöstern und Wallfahrtsorten eine ‚steinerne' Fixierung und Monumentalisierung erfuhr, nunmehr seinen Platz als vorgegebener Mittelpunkt einzunehmen vermochte. Als die Stadt unter Kaiser Justinian in der Mitte des 6. Jahrhunderts den Ehrentitel ‚Theophilos', ‚die Gottliebende', erhielt, war die heidnische religiöse Landschaft mit der syrischen Metropole als Mittelpunkt, die Libanios zwei Jahrhunderte zuvor seinen Zuhörern – mit stattlichen Tempeln und blühenden Götterkulten – noch als lebendig vor Augen geführt hatte, vergangen und durch eine völlig neu strukturierte christliche abgelöst worden: Antiochia allerdings, das städtische Zentrum, hatte in jenem tiefgreifenden Transformationsprozeß seine Dominanz schließlich zu behaupten und zugleich die traditionelle Einheit von politischer Ordnung und kultischer Identität wiederherzustellen verstanden.

Literatur:

Alcock, S. / Osborne, R. (eds.) 1994:
Placing the Gods. Sanctuaries and Sacred Space in Ancient Greece. Cambridge

Ashbrook Harvey, S. 1988:
The Sense of a Stylite. Perspectives on Symeon the Elder. Vigiliae Christianae 42, 376-394

Bacht, H. 1953:
Die Rolle des orientalischen Mönchtums in den kirchenpolitischen Auseinandersetzungen um Chalkedon. In: A. Grillmaier / H. Bacht (eds.), Das Konzil von Chalkedon II. Würzburg, 193-314

Baur, J.Chr. 1929/30:
Der heilige Johannes Chrysostomus und seine Zeit I-II. München

Brakke, D. 1995:
Athanasius and the Politics of Ascetism. Oxford

Brenk, B. 1993:
Frühes Mönchtum in Syrien aus archäologischer Sicht. In: E. Ruprechtsberger (ed.), Syrien. Von den Aposteln zu den Kalifen. Mainz, 66-81

Brock, S.P. 1973:
Early Syrian Ascetism. Numen 20, 1-19

Brown, P. 1971:
The Rise and Function of the Holy Man in Late Antiquity. Journal of Roman Studies 61, 80-101 = P. Brown, Society and the Holy in Late Antiquity. London 1982, 103-152

Brown, P. 1976:
Town, Village and Holy Man: The Case of Syria. In: D.M. Pippidi (ed.), Assimilation et résistance à la culture gréco-romaine dans le monde ancien. Bucarest, 213-220 = P. Brown, Society and the Holy in Late Antiquity. London 182, 153-165.

Brown, P. 1983:
The Cult of the Saints. London

Brown, P. 1988:
The Body and Society. Men, Women and Sexual Renunciation in Early Christianity. Lectures on the History of Religions 13. New York

Callot, O. / Marcillet-Jaubert, J. 1984:
Hauts-Lieux de Syrie du Nord. In: G. Roux (ed.), Temples et sanctuaires. Séminaire de recherche 1981-1983. Travaux de la Maison de l'Orient 7. Lyon / Paris, 185-202

Callu, J.-P. 1997:
Antioche la Grande: la cohérence des chiffres. MEFRA 109, 127-169

Canivet, P. 1977:
Le monachisme syrien selon Théodoret de Cyr. Théologie historique 42. Paris

Canivet, P. 1989:
Le christianisme en Syrie des origines à l'avènement de l'Islam. In: J.-M. Dentzer / W. Orthmann (eds.), Archéologie et histoire de la Syrie II: La Syrie de l'époque achéménide à l'avènement de l'Islam. Saarbrücken, 117-148

Carmichael, D.L. u.a. (eds.) 1994:
Sacred Sites, Sacred Places. London

Christen, J. 1983:
Die Pilgerheiligtümer von Abu Mina und Qal'at Sim'an. In: H. Beck / P.C. Bol (eds.), Spätantike und frühes Christentum. Frankfurt, 211-222

Dagron, G. 1989:
Constantinople. Les sanctuaires et l'organisation de la vie religieuse. In: N. Duval (ed.), Actes du XI congrès international d'archéologie chrétienne, Rome, 1069-1085

Delehaye, H. 1923:
Les saints stylites. Subsidia Hagiographica 14. Bruxelles

Dentzer, J.-M. / Orthmann, W. (eds.) 1989:
Archéologie et histoire de la Syrie II: La Syrie de l'époque achéménide à l'avènement de l'Islam. Schriften zur Vorderasiatischen Archäologie 1. Saarbrücken

Dentzer, J.-M. 1993:
Siedlungen und ihre Kirchen in Südsyrien. In: E.M. Ruprechtsberger (ed.), Syrien von den Aposteln zu den Kalifen. Linz, 82-101

Djobadze, W. 1986:
Archaeological Investigations in the Region West of Antioch on-the-Orontes. Forschungen zur Kunstgeschichte und christlichen Archäologie 13. Wiesbaden

Downey, G. 1939:
The Olympic Games of Antioch in the Fourth Century A.D. Transactions of the American Philological Association 70, 1939, 428-438 = ND in: G. Fatouros / T. Krischer (eds.), Libanios. Wege der Forschung 621. Darmstadt 1983, 173-184

Downey, G. 1959:
Libanius' Oration in Praise of Antioch (Oration XI). Papers of the American Philological Society 103, 652-686

Downey, G. 1961:
History of Antioch in Syria from Seleucus to the Arab Conquest. Princeton

Drijvers, H.J.W. 1982:
The Persistence of Pagan Cults and Practices in Christian Syria. In: N. Garsoïan / Th. Mathews / R. Thompson (eds.), East of Byzantium: Syria and Armenia in the Formative Period. Washington/D.C., 35-43

Elderkin u.a. (eds.) 1934/77:
Antioch on the Orontes I-V. Princeton

Eltester, W. 1937:
Die Kirchen Antiochias im IV. Jh. Zeitschrift für Neutestamentliche Wissenschaft 36, 251-286

Fatouros, G. / T. Krischer (übs., komm.) 1992:
Libanios, Antiochikos (or. XI). Zur heidnischen Renaissance in der Spätantike. Wien / Berlin

Festugière, A.-J. 1959:
Antioche païenne et chrétienne. Libanius, Chrysostome et les moines de Syrie. Bibliothèque des Écoles Françaises d'Athènes et de Rome 194. Paris

Foss, C. 1995:
The Near Eastern Countryside in Late Antiquity: A Review Article. In: J.H. Humphrey (ed.), The Roman and Byzantine Near East. Some Recent Archaeological Research. Journal of Roman Archaeology, Suppl. 14. Ann Arbor, 213-234

Frank, G. 2000:
The Memory of the Eyes. Pilgrims to Living Saints in Christian Late Antiquity. The Transformation of the Classical Heritage 30. Berkeley etc.

Frankfurter, D.T.M. 1990:
Stylites and Phallobates. Pillar Religions in Late Antique Syria. Vigiliae Christianae 44, 168-198

Frankfurter, D. (ed.) 1998:
Pilgrimage and Holy Space in Late Antique Egypt. Religions in the Graeco-Roman World 134. Leiden / Boston / Köln

Fraser, P.M. 1951:
A Syriac Notitia Urbis Alexandrinae. Journal of Egyptian Archaeology 37, 103-108

Frend, W.H.C. 1990:
Monks and the End of Greco-Roman Paganism in Syria and Egypt. Cristianesimo nella storia 11, 469-484

Freyberger, K.S. 1998:
Die frühkaiserzeitlichen Heiligtümer der Karawanenstationen im hellenisierten Osten. Zeugnisse eines kulturellen Konfliktes im Spannungsfeld zweier politischer Formationen. Mainz

Gawlikowski, M. 1989:
Les temples dans la Syrie à l'époque hellénistique et romaine. In: J.-M. Dentzer / W. Orthmann (eds.), Archéologie et histoire de la Syrie II: La Syrie de l'époque achéménide à l'avènement de l'Islam. Saarbrücken, 323-346

Goossens, G. 1943:
Hiérapolis de Syrie, essai de monographie historique. Louvain

Hunt, E.D. 1982:
Holy Land Pilgrimage in the Later Roman Empire A.D. 312-460. Oxford

Jeffreys, E. (ed.) 1990:
Studies in John Malalas. Byzantina Australiensia 6. Sydney

Kennedy, H. 1985:
The Last Century of Byzantine Syria. A Reinterpretation. Byzantinische Forschungen 10, 141-183

Kennedy, H. 1987:
Recent French Archaeological Work in Syria and Jordan. Byzantine and Modern Greek Studies 11, 245-252

Kollwitz, J. 1950:
s.v. Antiochia am Orontes. Reallexikon für Antike und Christentum 1, 461-469

Kötting, B. 1950:
Peregrinatio religiosa. Wallfahrten in der Antike und das Pilgerwesen in der alten Kirche. Forschungen zur Volkskunde 33-35. Regensburg / Münster

Lassus, J. 1947:
Sanctuaires chrétiens de Syrie. La genèse, la forme et l'usage liturgique des édifices du culte chrétien, en Syrie du IIIe siècle à la conquête musulmane. Bibliothèque archéologique et historique 42. Paris

Le Glay, M. 1986:
Villes, temples et sanctuaires de l'Orient romain. Paris

Liebeschuetz, J.H.W.G. / Kennedy, H. 1988:
Antioch and the Villages of Northern Syria in the Fifth and Sixth Centuries A.D.: Trends and Problems. Nottingham Mediaeval Studies 33, 65-90

Liebeschuetz, J.H.W.G. 1972:
Antioch. City and Imperial Administration in the Later Roman Empire. Oxford

Liebeschuetz, J.H.W.G. 1979:
Problems Arising from the Conversion of Syria. In: D. Baker (ed.), The Church in Town and Countryside. Studies in Church History 16. Oxford, 17-24

Lietzmann, H. / Hilgenfeld, H. (eds.) 1908:
Das Leben des heiligen Symeon Stylites. Texte und Untersuchungen zur Geschichte der altchristlichen Literatur, 3. Reihe, Bd. 2, 4. Leipzig

Lieu, S.N.C. (ed.) 1989:
The Emperor Julian. Panegyric and Polemic. Translated Texts for Historians 2. Liverpool [2]

MacCormack, S. 1990:
Loca Sancta: The Organization of Sacred Topography in Late Antiquity. In: R. Ousterhout (ed.), The Blessings of Pilgrimage. Illinois Byzantine Studies 1. Urbana / Chicago, 7-40

Maraval, P. 1985:
Lieux saints et pèlerinages d'Orient. Histoire et géographie. Des origines à la conquête arabe. Paris

Martin, A. 1984:
Les premiers siècles du christianisme à Alexandrie. Essai de topographie religieuse (IIIe-IVe siècles). REAug 30, 211-225

Martin, A. 1996:
Athanase d'Alexandrie et l'Église d'Égypte au IVe siècle (328-373). Collection de l'École Française de Rome 216. Rome

Millar, F. 1971:
Paul of Samosata, Zenobia and Aurelian. The Church, Local Culture and Political Allegiance in Third-Century Syria. Journal of Roman Studies 61, 1-17

Millar, F. 1987:
Empire, Community and Culture in the Roman Near East: Greeks, Syrians, Jews and Arabs. Journal of Jewish Studies 38, 143-164

Millar, F. 1993:
The Roman Near East 31 BC - AD 337. Cambridge,Mass. / London

Pack, E. 1986:
Städte und Steuern in der Politik Julians. Untersuchungen zu den Quellen eines Kaiserbildes. Collection Latomus 194. Bruxelles

Peeters, P. 1908:
S. Barlaam du Mont Casius. Mélanges de l'Université Saint Joseph, Beyrouth, 3, 805-813

Peña, I. u.a. 1975:
Les stylites syriens. Milano

Petit, P. 1955:
Libanius et la vie municipale à Antioche au IVe siècle après Jésus-Christ. Institut français d'archéologie de Beyrouth, bibliothèque d'archéologie et d'histoire 62. Paris

Petit, P. 1955:
Sur la date du Pro Templis de Libanius. Byzantion 21, 285-310 = ND (dt.) in: G. Fatouros / T. Krischer (eds.), Libanios. Wege der Forschung 621. Darmstadt 1983, 43-67

Petit, P. 1983:
Zur Datierung des 'Antiochikos' (or.11) des Libanios. In: G. Fatouros / T. Krischer (eds.), Libanios. Wege der Forschung 621. Darmstadt, 129-149

Ruprechtsberger, E. (ed.) 1993:
Syrien. Von den Aposteln zu den Kalifen. Mainz

Saradi-Mendelovici, H. 1990:
Christian Attitudes towards Pagan Monuments in Late Antiquity and their Legacy in Later Byzantine Centuries. Dumbarton Oaks Papers 44, 47-61

Sartre, M. 1985:
Bostra. Des origines à l'Islam. Paris

Schatkin, M. 1974:
The Maccabean Martyrs. Vigiliae Christianae 28, 97-113

Schiwietz, S. 1938:
Das morgenländische Mönchtum II. Mainz

Segal, J.B. 1970:
Edessa "The Blessed City". Oxford

Shahîd, I. 1989:
Byzantium and the Arabs in the Fifth Century. Washington D.C.

Shahîd, I. 1995:
Byzantium and the Arabs in the Sixth Century. Washington D.C.

Sodini, J.-P. 1989:
Les églises de Syrie du Nord. In: J.-M. Dentzer / W. Orthmann (eds.), Archéologie et histoire de la Syrie II: La Syrie de l'époque achéménide à l'avènement de l'Islam. Saarbrücken, 347-372

Sodini, J.-P. 1993:
Qal'at Sem'an - ein Zentrum des Pilgerwesens. In: E. Ruprechtsberger (ed.), Syrien. Von den Aposteln bis zu den Kalifen, Mainz, 128-143

Strube, Chr. 1996:
Die "Toten Städte". Stadt und Land in Nordsyrien während der Spätantike. Mainz

Tate, G. 1989:
La Syrie à l'époque byzantine: essai de synthèse. In: J.-M. Dentzer / W. Orthmann (eds.), Archéologie et histoire de la Syrie II: La Syrie de l'époque achéménide à l'avènement de l'Islam. Saarbrücken, 97-116

Tate, G. 1992:
Les campagnes de la Syrie du Nord du IIe au VIIe siècle. Paris

Tchalenko, G. 1953/58:
Villages antiques de la Syrie du Nord I-III. Bibliothèque archéologique et historique 50. Paris

Tchalenko, G. 1979/90:
Églises syriennes à Bêma I-III. Paris

Trombley, F.R. 1994:
Hellenic Religion and Christianization c. 370 - 529 A.D. II. Religions in the Graeco-Roman World 115/2. Leiden / New York / Köln

Trombley, F.R. 1995:
   Religious Transition in Sixth-Century Syria. Byzantinische Forschungen 21, 153-195

Vööbus, A. 1958/60:
   History of Asceticism in the Syrian Orient I-II. CSCO 184, Subsidia 14; CSCO 197, Subsidia 17. Louvain

Wilken, R.L. 1983:
   John Chrysostom and the Jews. Rhetoric and Reality in the Late 4th Century. The Transformation of the Classical Heritage 4. Berkeley etc.

Zwischen Kythera und Thebais

Antike in Gartenparadiesen der Neuzeit

Dieter Metzler

Seinem Vortrag zum „Garten Eden", der diese Ringvorlesung über das von mir vorgeschlagene Thema „Religiöse Landschaften" eröffnete, hatte Manfried Dietrich wie leitmotivisch und als bewußt gewählten Zeiten-Sprung ein Bild der toskanischen Neorenaissance-Villa Gamberaia[1] in Settignano vorangesetzt. Es zeigte deren Gartenparterre, dessen beschnittene Hecken ihm den Aufbau einer Basilika mit Bögen in der Halbrundapsis nachzustellen schienen. Emblematisch war damit schon mein Thema angeschlagen: die Antike als mehr oder minder bedeutungsschweres Zitat in neuzeitlichen Ideallandschaften. Als Beispiele dafür mögen hier das aphrodisische Kythera und die asketische Thebais den Bogen vom klassischen zum christlichen Altertum spannen. Mit diesen beiden zum Mythos gewordenen Topoi verweist die jeweils zitierte Antike sowohl auf die Überhöhung des zunächst scheinbar nur ästhetischen Erlebens von gestalteter Natur der Gärten oder Landschaften ins Religiöse, als auch gerade im 18. Jahrhundert auf die bewußte Säkularisierung zur Darstellung aufklärerischer Inhalte. Wie diese zugestandenermaßen vage Formulierung jeweils historisch zu spezifizieren ist, soll im folgenden an charakteristischen Elementen der Garten- und Landschaftsikonographie konkretisiert werden - mehr kann und will weder ein mündlicher Vortrag noch die davon hier vorzulegende weitgehend überarbeitete Schriftfassung nicht leisten.

Zunächst einige Beispiele zur Umschreibung des religiösen Erlebens von Landschaft in der Antike selbst: Der bekannte Satz des Thales vom Anfang griechischen Philosophierens, daß nämlich „alles voll von Göttern" ist, konkretisiert sich als lebendiger Ausdruck für die Göttlichkeit der Natur etwa in der Vorstellung von den Hamadryaden, die als je einzelne Wesen einem je einzelnen Baum so innewohnen, daß sie bei dessen frevelhafter Fällung dem Tode verfallen sind[2], und damit also das mythologische Genus der Baum-

---

[1] Vgl. Visentini 1997, 320. L. Bulazel und H. Hoffmann halfen mir bei der Identifizierung. Ihnen sei gedankt. Mein besonderer Dank gilt meinen Münsteraner Kollegen für wichtige Literaturhinweise. Sie sind jeweils in den Anmerkungen genannt.

[2] Ovid, Metamorph. VIII 771-73.

nymphen ganz spezifisch individualisieren. Wie überhaupt die Alten - so Servius - für jedes Ding und jeden Menschen einen *genius* als *naturalem deum* kannten.[3]

Landschaft als ein Umfassenderes kommt in den Blick, wenn etwa Strabon beispielsweise für das fruchtbare und schöne Hügelland an der Mündung des Alpheios dessen uns staunenswerte Menge von Tempeln, Schreinen und anderen Heiligtümern aufzählt.[4] Solches greifen die mit sakralen Zeichen aller Art durchsetzten anonymen Wandbilder Pompejis[5], ja noch die Landschaften Claude Lorrains oder Nicolas Poussins und ihrer Nachfolger auf. Nach der Durchsetzung des Christentums werden dann in bestimmten Regionen neue Zeichen gesetzt: Einsiedeleien, Anachoreten-Türme und Klöster besetzen etwa die ehemals heidnische Landschaft Syriens[6] - gelegentlich so konkret, daß sie in die zerstörten und geplünderten Tempel der besiegten Religion[7] hineingesetzt werden. Die gleichzeitig aufkommende Gattung der Pilgerberichte zeigt, daß sie - zusammen mit den durch die alttestamentliche Überlieferung geheiligten Plätzen der Juden - von gelegentlich auch weit anreisenden Verehrern besucht werden können. So läßt etwa die durch ihre alttestamentliche Tradition wie durch die Askese ihrer frommen Einsiedler bestimmte Bergeinsamkeit des Sinai mit ihren Mühen der Reise und den erhebenden Gefühlen religiöser Begegnungen die Pilgerin Egeria / Ätheria nicht unbeeindruckt.[8] Verehrung der heiligen Plätze - Topolatrie kennt natürlich auch das pilgernde wie das touristische Heidentum[9] - muß sich so früh im Christentum entfaltet haben, daß schon Hieronymus mahnen zu müssen glaubte, statt die Reise nach (dem jüdischen) Jerusalem zu machen lieber ein Jerusalem im Herzen aufzubauen.[10]

Die nachantike Rezeption umfaßt natürlich beides - heidnische und christliche Tradition, und entsprechend hat die moderne Darstellung von Garten- und Landschaftsgeschichte die Topoi einer Insel der Liebesgöttin - Kythera - und einer Abgeschiedenheit für mönchisches Leben - der ägyptischen Thebais - in der Konzeption bzw. Realisierung von irdischen Paradiesen und deren Surrogaten herausgearbeitet.[11] Hier soll an ausgewählten[12]

---

[3] Servius, ad Georg. I 102.
[4] Strabon VIII 12 (C 343).
[5] Stähler, in diesem Band S. 105-139.
[6] Hahn, in diesem Band S. 141-179.
[7] Metzler 1981, 27-40.
[8] Solzbacher 1989.
[9] Chelini / Branthomme 1987. Vgl. auch Casson 1976; Nicholas 1977.
[10] Hieronymus, Ep. 58,3 nach Frankfurter 1998, 46.
[11] Delumeau 1995; Niedermeier 1995; Schama 1996; Mayer-Tasch 1998.
[12] Hingewiesen sei nur auf die bunte Vielfalt antiker und antikisierender Statuen. „Die allegorischen Programme der Gartenplastik im 17. und 18. Jahrhundert zielen fast alle auf Herstellung einer paradiesischen Gesamtwelt" - so Börsch-Supan 1967, 335 Anm. 7 mit reicher Bibliographie. Ferner: Schedler 1985; Paca 1995 (non vidi).

Gestaltungselementen - Insel, Monopteros, Höhle, Berg und Hain - die Ambivalenz solcher topographischer und architektonischer Symbole nachgezeichnet werden, da sie - zumal im 18. Jahrhundert - sowohl profaniert als auch sakralisiert werden können. Beide Adaptionsweisen leben dabei vorrangig von ihrem Zitat-Charakter, will sagen: Durch die mit humanistischen oder / und theologischen Assoziationen nobilitierende Berufung auf historisch und / oder literarisch erinnerte Zeichen wird der Anspruch auf die Bedeutung und Wirkung der Symbole nicht nur gesteigert, sondern wohl sogar in vieler Hinsicht erst sagbar und erkennbar. Zur Verständigung über den Sinn der Zeichen in ihrem neuen Kontext gehört also - um einen Gemeinplatz zu wiederholen - die Kenntnis ihrer antiken Wertschätzung: „Gärten sind rhetorische Landschaften"[13].

Abb. 1
Watteau, Einschiffung nach Kythera (Berlin)
(nach Postkarte)

In Watteaus bekannten Berliner Gemälden[14] evoziert der Aufbruch heiterer Paare zur Barke das Ziel Kythera, ohne die ersehnte *Insel* zu zeigen: Von der Statue der Liebesgöttin in der Waldlichtung im Vordergrund führen die mit Elementen modischer Pilgertracht ausstaffierten Herren ihre Damen in Trachten aller Stände hinunter zum von Amoretten umschwärmten Schiff, dessen rotes Segel vom strahlenden Hintergrundlicht aufgehellt wird **(Abb. 1)**.

---

[13] Moore 1991, 61.
[14] Börsch-Supan 1983, 20-25; Held 1985.

Allein dieses Licht steht für das Ziel – *„Embarquement pour Cythère"*. Ein Nachahmer Watteaus - Charles Amédée Philippe Vanloo - zitiert allerdings vordergründiger: In seinem Kythera-Bild ragt der Rundtempel deutlich sichtbar über die Bäume der Insel empor.[15] Der historisierenden Nähe ist hier das utopische ferne Leuchten[16] geopfert. Kythera ist in der Antike doppeldeutig: Die rauhe Wirklichkeit der abgelegenen Insel[17] vor der Südspitze der Peloponnes mit ihrem Kult einer Aphrodite Ourania, die als waffentragende archaische Holzstatue (*xóanon*) verehrt wurde[18], und die enthusiastische Anrufung der Aphrodite Kythereia durch die Dichter stehen nebeneinander. In Knidos und in Paphos auf Zypern wurde Aphrodite Kythereia[19] in Gärten verehrt - wohl auch in dem *Kepoi* = Gärten genannten Ort auf der Taman-Halbinsel am Kimmerischen Bosporus.[20] Der Garten von Paphos ist auch archäologisch noch nachweisbar[21], den von Knidos schildert Ps.-Lukians *„Erotes"*:[22] Schöne Bäume aller Art, Zypressen, Platanen und Weinstöcke bilden den heiligen Hain für die aphrodisisch feiernde Festgemeinde bei dem MONOPTEROS mit der allseitig sichtbaren hochberühmten Marmorstatue der unbekleideten Göttin von der Hand des Praxiteles[23], deren Anblick die Besucher

---

[15] Börsch-Supan 1983, 53-58, bes. 56 Abb. 44. - Da die relative Häufigkeit von Kythera-Motiven im Besitz Friedrichs II. bemerkenswert scheint (vgl. auch Sperlich 1983, 50-52), ist es vielleicht nicht uninteressant, auch darauf hinzuweisen, daß der Name seines Gartenschlosses *Sans-souci* = ohne Sorge im antiken *Pausilypon* = Sorgen lösend sein Pendant als Name von Landsitzen hat: Posilippo bei Neapel und die tiberianische Villa einer Metia Hedonium (CIL XI 3316. Friedländer 1922[10], 472 Anm. 6). Und außerdem ist *pausilypos* Epitheton des Zeus (Sophokles frg. 425), der Rebe (Euripides, Bacch. 772) und eines Grabes (IG 14, 2136). Für alle drei Aspekte ist Sanssouci = Ohnsorg der Schauplatz: Herrschersitz, Weinberg und Gartengrab für die Asche des von klassischer Bildung geprägten Königs.

[16] Bloch 1959, 932-934. - Ebenfalls unsichtbar bleibt die Liebesinsel auf der entsprechenden Miniatur des Barthélemy d'Eyck im Codex René d'Anjou, Le Livre du Cœur d'amour épris = Wien, Österr. Nat. bibl. 2597, zwischen 1457 und 1470 entstanden (König 1996, Taf. XV).

[17] Coldstream / Huxley 1972.

[18] Pausanias III 23, 1. Flemberg 1991.

[19] Kythereia ist Beiname der Göttin auch in Paphos und Knidos (Anthol. Pal. XVI 160, Platon).

[20] Ustinova 1999, 29ff., bes. 38.

[21] Karageorghis / Carroll-Spillecke 1992, 141-152, bes. 142ff. Calame 1992. Niedermeier 1995, 31-39. Vgl. eine phönizische Tontafel mit einem Liebespaar zwischen zwei Palmen, wovon nur eine Früchte trägt, bei Dierichs 1992, 75-106, bes. 106 Abb. 6. - Allgemein: Scheid de Cazanove 1993. Krenn 1996, 119-121. - Zum heiligen Hain und Gärten in der antiken Utopie (Panchaia des Euhemeros bei Diodor V 43) und der rhetorischen Ekphrasis Rohde 1960, 545 Anm. 1 mit zahlreichen Quellenangaben.

[22] Lukian, Erotes 12-13.

[23] Plinius, Nat. hist. 36, 21. Vgl. Hinz 1998, 17ff. zu Pseudo-Lukian und 41ff. mit Anm. 51ff. zu - wie mir scheint unberechtigten - Zweifeln an der Identifikation des Rundbaus

Abb. 2
Monopteros mit Aphrodite-Statue (Wandbild aus Pompeji)
(nach Beyen, Wanddekoration, Abb. 100)

mit bewundernder Ergriffenheit (*thámbos*) packt.[24] So wird der Monopteros in der idealen Landschaft der Villa Hadriana in Tivoli[25] rekonstruiert, und so zeigt ihn ein pompejanisches Wandbild im Hause der Julia Felix **(Abb. 2)**.[26]

Wie die Kenntnis vom antiken Kythera-Bild, also von der Insel, dem Rundtempel und dem Garten, zum Autor der „*Hypnerotomachia Polifili*" (1499)[27] gelangte und welche Rolle bei der Konzeptualisierung von dessen Liebesgarten als „*Cythera*" gar der mittelalterliche Rosenroman einschließlich seiner Ergänzungen spielte[28], muß hier ebenso übergangen werden wie die

---

von Knidos.

[24] Lukian, Erotes 13.

[25] Bean 1974, 153. Aurigemma 1961, 44 Taf. II. Der Durchmesser des Rundbaus ist mit ca. 17,30 m derselbe wie in Knidos (Hinz 1998, 42 Anm. 53), beide sind von dorischer Ordnung.

[26] Bean 1974, 152. Neapel, Mus. Naz. Pompei, Regio II 4, 3. Beyen 1938, Abb. 100.

[27] Wimmer 1989, 34-47. Vgl. Stewering 1996. - Für diesen Hinweis danke ich D. Schmidt-Stichel.

[28] Polizzi 1990, 267-288. Vgl. Wimmer 1989, 15-20. - Geoffrey Chaucers Gemälde des Berges Kithairon mit Gärten, „den Venus sich zum Lieblingsplatz erkor" - so in der Erzählung des Ritters in den Canterbury Tales (Pericard-Mea / Pigeaud 1992, 66-75, bes. 70), liegt wohl eine Kontamination aus der Insel Kythera und Ovids Bacchus-Orgien auf dem Kithairon (Metamorph. II 223 und III 702) zugrunde. Das Cythera der Hypnerotomachia sehen die Autoren (72f.) im Garten von Coulommiers in der Isle de

Frage nach dem doch ganz offensichtlichen Einfluß der „*Cythera*" in der Hypnerotomachia auf die „*Cythère*" des 18. Jahrhunderts.[29] In dieser Zeit wurden die mit Cythera verbundenen Assoziationen neben dem hochgestimmten Bilde Watteaus schließlich nicht nur für Vaudeville oder Buchtitel[30] und fiktiven Druckort[31] pornographischer Literatur genutzt; auch Bougainville nannte das von ihm erneut entdeckte Tahiti 1768 nicht zuletzt wegen der liebenswürdigen Natürlichkeit seiner Bewohnerinnen vielversprechend „*Nouvelle Cythère*" - nachdem sein Vorläufer Samuel Wallis sich im Jahr zuvor mit „Neues Arkadien" begnügt hatte. Auch der neue Name verschwand, aber das damit Gemeinte bestimmte die Südseeromantik[32] entscheidend. Der derzeitige Marketing-Slogan „Reif für die Insel" ist davon nur die wehleidigkörperbeschränkte Reduktion der das kleine Glück als Ware verhökernden Tourismuswerbung. Von der antiken Heilserwartung, die den „Inseln der Seligen" entgegengebracht wurde, ist sie noch weiter entfernt als das verspielte 18. Jahrhundert es ohnehin schon war.

Wie sehr ein architektonisches Element, der *MONOPTEROS* der Aphrodite Kythereia von Knidos, schon in der Antike das Ideal einer sakralen Landschaft bestimmte, zeigen sowohl die schon erwähnten Beispiele aus der Villa Hadriana und der pompejanischen Wandmalerei als auch ihre Rezeption in der frühislamischen Paradies-Symbolik der Omayaden-Moschee in Damaskus **(Abb. 3)**.[33] Im 18. Jahrhundert gehören sie gleichsam zum Ausstattungsprogramm der neuen Landschaftsgärten: Ob in Wörlitz und Rheinsberg, am Predigtstuhl bei Wien im Garten der Fürstin Gallitzin oder später in den Englischen Gärten von Eutin und München, schließlich auf Inseln im Trianon von Versailles[34] oder im

---

France verwirklicht - ausgeführt nach 1588 für die Herzogin Catherine de Gonzague et Clèves.

[29] Nerlich 1983, 139-149, bes. 141.

[30] F. Algarotti (Freund und geschätzter Berater Friedrichs II.), Il congresso di Citera 1745, dtsch. 1747: Congress zu Cythera oder Landtag der Liebe, frz. Le congrès de Cythère 1749 - so wie auch die folgenden Titel nach freundlicher Auskunft von B. Korzus in einer westfälischen Adelsbibliothek: La nuit ... de Cythère 1761, La gazette de Cythère, „London" 1774, Journal de l'amour ou: Heure de Cythère, „Gnide" 1776 - Knidos als fiktiver Druckort, vgl. Le temple de Gnide, „Cologne" 1748 und C. L. de Montesquieu, Der Tempel zu Gnidus.

[31] „A Cythère, au temple de la Volupté" (Darnton 1994, 54-59, bes. 55).

[32] Ritz 1983 - dort 74ff. zu einem 1806 mit Militärgewalt in Tübingen verhinderten und mit Festungshaft bestraften Auswanderungswunsch jugendlicher Otaheiti(=Tahiti)-Schwärmer. Bitterli 1989, 65-81, bes. 79f. Südsee-Dekor im Landschaftsgarten: Werner 1992, 289-306, im Unterhaltungsroman: Zachariae 1777 - zehn Jahre vor „Ardinghello und die glückseligen Inseln" 1787 - von W. Heinse, damals noch anonym erschienen.

[33] Brisch 1988, 13-20. Flood 2000, 30-35 und 196 zu vergleichbaren omayadischen Paradies-Mosaiken in der Großen Moschee von Medina.

[34] Niedermeier 1995, 171; vgl. ebd. 142: Rheinsberg, 143: Sanssouci, 176: Wörlitz.

Abb. 3
Zwei Monopteroi in Paradies-Architektur (Damaskus, Omayaden-Moschee)
(nach Postkarte)

Lac Daumesnil bei Vincennes - um nur einige Beispiele zu nennen. So selbstverständlich eingebettet in die Vorstellung einer Ideal-Landschaft ist der Monopteros, daß er auch auf den Tapeten erscheint, durch die sich im 18. Jahrhundert die Innenräume in Landschaften verwandeln.[35]

In einer ganz anderen profanen Verwendung wird er besonders sinnfällig in bedeutendem Kontext genutzt: Für die Bibliothek im Palais des Duc de Picquiany in Paris schuf J. Lajoue 1735-37 neben zwölf weiteren Allegorien

---

Frühestes mir bekanntes Beispiel Ende des 16. Jhds. im Garten von Schloß Ambras bei Innsbruck (Luchner 1958).

[35] Monopteros auf einer Tapete: Börsch-Supan 1967, 307 Abb. 241. - Um 1700 gehört in den Niederlanden das Landschaftszimmer beinahe zur kanonischen Ausstattung großbürgerlichen repräsentativen Wohnens, so daß es auch in entsprechenden Puppenstuben immer an derselben Stelle - links im Mittelgeschoß - zu finden ist. Börsch-Supan 1967, 289 mit Abb. 197 nennt drei Beispiele. 1776/79 spottet Goethe über den Fürsten „von äußerst empfindsamen Nerven", der draußen den Schnupfen und die Ameisen fürchtet: „Seine Zimmer gleichen Lauben, seine Säle Wäldern, seine Kabinette Grotten, so schön und schöner als die Natur; und dabei alle Bequemlichkeit, die Stahlfedern und Ressorts nur geben können" (Der Triumph der Empfindsamkeit = Sophien-Ausgabe WA I 17, 19f.).

Abb. 4
J. Lajoue, Die GeschichtBeschreibung
(nach Kupferstich, Privatbesitz)

von Wissenschaften und Künsten auch eine Darstellung der „*Histoire*"[36], kopiert als Supraporte in einem zeitgenössischen großbürgerlichen Salon und in Deutschland durch Augsburger Kupferstiche unter dem Titel „*Die GeschichtBeschreibung*" verbreitet **(Abb. 4)**. Lajoue, dessen gelegentliche Abhängigkeit von Watteau bekannt ist[37], hat hier ganz offensichtlich die Komposition der „*Einschiffung nach Kythera*" zitiert - die pilgernden Paare durch Putti ersetzend, um im strahlenden Licht des Hintergrundes das Ziel eben mit dem Monopteros zu bezeichnen. Im Aufbau des Bildes steht dieser für das in der Berliner Fassung gleichsam undarstellbar gebliebene Kythera Watteaus. Die Hoffnung der Pilger auf ein im doppelten Sinne verklärtes Ziel wird hier in „*Verzeitlichung*"[38] transformiert: Die Geschichte als Prozeß und als ihre Darstellung zugleich wird in der Allegorie eines Zuges von Kindern - also der Hoffnung auf ein neues Zeitalter - verbildlicht, der sich vom Dunkel einer Epoche mit Sklavenketten und Kanonen durch ein Tal hinauf zum

---

[36] Roland-Michel 1984, 330 mit Abb. 44. Supraporten: Paris, Musée Carnavalet: Salon Brulart de Genlis. Augsburger Kupferstich, signiert von Jacob Wangner und Johann Georg Hertel.

[37] Roland-Michel 1984, 71ff. und 393.

[38] Seifert 1983, 447-477, nach freundlichem Hinweis von W. Pohlkamp.

lichtstrahlenden Tempel bewegt. Dies gibt gleichsam den Inhalt dessen wieder, was einer der Putti mit Blick auf dieses Licht der Aufklärung in das Buch schreibt, das der dienend gebeugte Gott Chronos auf seinem Rücken trägt, während ihm die messende geflügelte Sanduhr im Vordergrund entglitten ist. Nicht fällt hier das antike Licht Gottes auf den Rundtempel hernieder - wie etwa in der Bildsprache der niederländischen Protestanten auf einer Medaille für die Synode von Dordrecht 1619 **(Abb. 5)**[39], sondern der Monopteros selbst ist die Quelle des Lichtes; und nicht Historia als weibliche Personifikation einer inspiratorischen Wissenschaft - wie auf älteren Stichen üblich - schreibt Geschichte, sondern in der Gestalt der Putti, die Wandernde und Schreibende zugleich sind, schreibt sich hier die Geschichte als Prozeß selbst - als Weg zur Aufklärung. Die offensichtliche Verzeitlichung - der Prozeß der Geschichte als Weg der Kinder zum lichtstrahlenden Monopteros - wird durch die vor Chronos verrinnende Sanduhr allerdings aufgehoben: im Utopischen des nach dem Bilde Kytheras geformten Lichtortes, an dem die Geschichte sich zu vollenden hat.

Abb. 5
Zionsberg mit Rundtempel (niederländische Medaille)
(nach Auktionskatalog)

Erscheint das Entstehungsdatum der Geschichtsallegorie von Lajoue - um 1735 - bemerkenswert früh zu sein, so mögen als ikonographiegeschichtliche Verstehenshilfen für die entsprechende Bedeutung des Monopteros einerseits

---

[39] Van Loon 1723, Nr. 105.

Alessandro Alloris „*Historia auf dem Parnaß*" von 1568[40] gelten, wo auf dem Berg im Hintergrund ein allerdings massiver Rundbau den von einer nackten - also nichts verbergenden - Historia geführten Hercules, die Symbolgestalt des tatkräftigen Einzelnen, erwartet. Und andererseits das Bildnis eines Unbekannten, auf dem Caspar Netscher (1639-1684) den so symbolträchtigen Monopteros im Park hinter einem Vorhang noch halb verborgen hält[41], also am Beginn der „*Krise des europäischen Geistes 1680-1715*" wie sie Paul Hazard diagnostizierte. Im Jahr 1776 steht dann in einer oppositionellen englischen Zeichnung von James Barry der Monopteros mit der Aufschrift „*Libertas Americana*" jenseits eines Wassers in einer Parklandschaft als leuchtendes Hoffnungsymbol für die im dunklen Vordergrund klassischer Ruinentradition am Grabe der englischen Freiheit Trauernden.[42] Zur Karikatur verkürzt ist der Monopteros von Th. Th. Heine zwischen an tahitisches „*Nouvelle Cythère*" erinnernden Palmen auf einer Insel, die von Reichspräsident Ebert in schwankendem Kahn gegen widrige Wogen als quasi-utopisches Ziel angesteuert wird[43]; und schließlich zu bitterer anti-aufklärerischer Ironie verfremdet der reale Monopteros des 18. Jahrhunderts im Kasseler Hofgarten als Fluchtpunkt des Blicks durch vier hintereinander plazierte Guillotinen, die Ian Hamilton Finlay 1987 auf der Dokumenta unter dem auch unseren Kontext evozierenden Titel „*A view to the temple*" installierte.

Vom Monopteros als desakralisiertem Kythera-Symbol noch einmal zurück zu Watteaus „*Einschiffung nach Kythera*". Hierauf spielt das Schiff an, das in der Bildpropaganda der Französischen Revolution Kinder unter dem Zeichen der Freiheitsmütze hinüberbringt auf die INSEL von Ermenonville (**Abb. 6**), wo sich Rousseau leibhaftig aus seinem Grabe auferstehend im HAIN der Pappeln unter die in revolutionärer Freiheit spielenden Bürger-Kinder mischt[44] - so auch das Relief von Rousseaus erstem Grabmonument zu politischem Leben erweckend, das utopisch schon 1780 spielende Putti um eine aufgesteckte Freiheitsmütze zeigt.[45]

Wie nicht anders zu erwarten, sind nicht nur der Monopteros, sondern eben auch Insel und Hain Zitate antiker religiöser Sinnträger und in ihrer Rezeptionsgeschichte natürlich hinreichend dargestellt. Die „Insel der

---

[40] Florenz, Uffizien, Inv. Nr. 1544 = Catalogo Generale (1979) I 120 P 24. Fabianski 1990, 95-134, bes. 109 Abb. 19.

[41] Hamburg, Kunsthalle, Katalog der Alten Meister in der Hamburger Kunsthalle, Hamburg 1956[4], Nr. 183.

[42] Honour 1975, Abb. 138.

[43] Karikatur für den „Simplizissimus"; Hölscher 1955.

[44] Die Auferstehung des Jean-Jacques Rousseau. Kupferstich von Geißler 1794. Hansen/ Hansen 1989, 125 Abb. 62; vgl. auch 126 über eine festliche Einschiffung zu einer Flußinsel.

[45] Hirschfeld 1785, 261f. mit Abb. Metzler 1990, 706-730, bes. 710f.

Abb. 6
„Die Auferstehung Rousseaus" im Pappelhain der Insel von Ermenonville (1794)
(nach Hansen / Hansen, Abb. 62)

Seligen"[46], die „Insel Achills"[47] als Ziel seiner Entrückung oder das Ogygia der Kalypso in der Odyssee stehen dafür als bekannte Beispiele. Sakrale Haine bei Germanen und Arabern[48], Griechen und Römern[49] stehen für ein verbreitetes Phänomen numinoser Orte. Im 18. Jahrhundert werden sie - wie angedeutet - für die weitverbreitete profane Ritualisierung des Gedenkens an Rousseau zeichenhaft wiederbelebt[50], aber auch etwa für die symbolische Lokalisierung dichterischer Inspiration, die dem Barden im nordischen Hain als dem Gegenort zum apollinischen Parnaß zuteil wird.

HÖHLE und BERG sind ebenfalls gut untersuchte Motive im Repertoire sakraler Landschaften. Mit den anderen genannten Zeichen stehen sie oft in bedeutungsvollem Kontext. Zunächst die Höhle: Die Vielfalt ihrer

---

[46] Rohde 1961, 67-110. Vgl. Neutsch 1953/54, 62ff.

[47] Hommel 1980, 18-22.

[48] Wellhausen 1927², 105-107. Drijvers 1982, 65-75, bes. 69. - Reallexikon der Germanischen Altertumskunde von J. Hoops, 8, 1994, svv. Fesselhain, Lucus (noch nicht erschienen).

[49] S. oben Anm. 21.

[50] S. oben S. . Vgl. Lakanal [1794], 12: Vorschlag um das Pantheon herum einen Hain von „melancholischen" Pappeln anzulegen, damit „ce spectacle attendrissant rapelle à jamais aux âmes sensibles le souvenir des bocages d'Hermenonville".

symbolischen Bedeutungen in der Antike kann einerseits mit „*Heavenly Caves*" - so der Titel des Buches von Naomi Miller[51], in dem sie 1982 „*Reflections on the Garden Grotto*" vorlegte - umrissen bleiben, erlaubt aber andererseits auch eine Differenzierung: Kosmisch ist dabei, sofern es um die Rezeptionsgeschichte geht, die oberste Bedeutungsebene - in Porphyrios' „*Nymphengrotte*"[52] exemplarisch ausgeführt, Chronos zugeordnet und unter dem Stichwort „Hohlwelten" (Rainer Weissenborn 1998) von den schon von Pherekydes[53] im 6. vorchristlichen Jahrhundert „Alten" Genannten bis in die Moderne weitergeführt. Dabei darf natürlich nicht unerwähnt bleiben, daß nach neuerer Deutung schon in der paläolithischen Höhlenmalerei von Lascaux die Höhle selbst als „Abbild des Kosmos" dargestellt ist[54], die erwähnten „Alten" also sehr weit zurückreichen können. Über Chronos ist die kosmische Höhle auf einer weiteren Ebene etwa auch mit dem iranischen Erlösergott Mithras verbunden. Für Mithras ist die Höhle auf dem Berg zugleich aber auch der Ort seiner Geburt[55] - durchaus in Analogie zu bronzezeitlichen Hügelgräbern im Uterus-Schema als Symbolform für Wiedergeburtsvorstellungen[56], die notwendigerweise anklingen, wenn in Claudians wirkungsmächtiger Beschreibung die „Höhle der Ewigkeit" als „Mutter der Jahre, deren weiter Schoß (*sinus*) die Zeiten darbietet und zurückruft"[57] mit matriarchaler Bildsprache kosmisch ausgedrückt werden soll.

Herkunft aus der Höhle suggeriert im Hellenismus das künstliche, mit Gold und Edelsteinen verzierte *ántron* im dionysischen Symposionsraum mit den Bildnissen der vergöttlichten Ahnen des Königs auf dem Nilschiff[58] des Ptolemaios IV. Philopator. Hier gab es - gleichsam auf einer schwimmenden, künstlichen „Insel der Seligen" - ferner auch einen Rundtempel mit Aphrodite-Statue[59], wie er oben behandelt wurde. Als Symbol für göttliche Abkunft bezeichnet die Grotte - die übrigens etwa auch die türkischen Toba-Kaiser im spätantiken China als Ursprungsort ihrer Ahnen verehren[60] - im Christentum im Gegensatz zur *humilitas* des in der abendländischen Bildtradition geläufigen „Stalls" von Bethlehem, besonders in der Ikonologie der Ostkirche, auch den

---

[51] Miller 1982.
[52] Nauck 1886, 55-81, bes. § 31-32.
[53] Pherekydes 7 B 6 (Diels-Kranz), Proclus, in Tim. 29 A.
[54] Rappenglück 1999.
[55] Merkelbach 1984, 113, 133f.; Miller 1982, 30f. Abb. 20. Vgl. Schütte-Maischatz / Winter 2000, 93-101: Mithras-Reliefs in zwei (Steinbruch-?)Höhlen.
[56] Lüling 1984, 51-121, bes. 55-59.
[57] Claudian, de consulatu Stilichonis 2, 427. annorum mater ... quae tempora vasto (427) suppeditat revocatque sinu.
[58] Athenaios, Deipnosoph. V 205f.
[59] Athenaios Deipnosoph. V 205d.
[60] Liu 1989, 86-107, bes. 96.

Abb. 7
Christi Geburt in der Höhle (Sinai-Ikone, 14. Jh.)
(nach Postkarte)

Ort der Geburt Christi **(Abb. 7)**.[61] Sie gewinnt damit den Aspekt des Kosmischen unter eschatologischer Perspektive als Paradies wieder, denn als solches wird sie von Romanos dem Meloden im Weihnachtslied gepriesen.[62] Im Hintergrund von Giorgiones „Drei Philosophen"[63] öffnet sie sich mystischer Kontemplation. Das Geheimnis einer esoterisch-philosophischen Grottensymbolik läßt sich auch von der Erinnerung an die Grotte in den antiken Mysterium des Dionysos[64] her angehen. In den „*heidnischen Mysterien in der Renaissance*"[65] konnte sie jedenfalls so interpretiert werden, um zugleich - etwa von

---

[61] Kirschbaum 1970, sv. Geburt Christi, bes. 95-103. Vgl. Protevangelium des Jacobus 18-20 = Hennecke-Schneemelcher I 287f. - Vom Stall - Kernstück neuzeitlicher Weihnachtskrippen - ist weder dort noch in den kanonischen Evangelien (Lukas 2, 7) die Rede.

[62] Stichel 1991, 264f.

[63] Klauner 1955, 145-168. Settis 1982, 35-38. Auch Giorgiones „Anbetung der Hirten" (Washington, National Gallery) findet vor einer Höhle statt.

[64] Boyancé 1961, 107-127.

[65] Wind 1981; Vgl. del Bravo 2000, 31-39.

Heinrich Khunrath 1598 mit der Warnung „*Procul hinc abeste profani*"[66] - durch Exklusivität die Zugelassenen zu privilegieren: vergleichbar der privaten Zurückgezogenheit in der „Grotta", als die Isabella d'Este das Studiolo mit ihren Sammlungen bezeichnete, ihre Kunstkammer als symbolischer Kosmos.[67]

Im Jahr 1782 nutzt dann Karl Philipp Moritz seinen Besuch in der Höhle von Castleton zur damals vielbewunderten Schilderung seiner Seelen-Wanderung durch den vom Kerzenlicht belebten Kosmos.[68] Beim Schein von Laternen besuchte man nächtens im 18. Jahrhundert auch den Felsengarten Sanspareil bei Bayreuth[69], auf einer pädagogischen Psychagogie gerade durch Höhlen den Orten der Reise Telemachs folgend. Zwar galt diese romantische Wildnis bei Zwernitz schon 1604 als ein neues „Ithaka"[70], aber nicht Odysseus, sondern sein ihn suchender Sohn Telemach und dessen Mentor sind nach Fénelons Erziehungs- und Staatsroman Wegführer und Erlebnismodelle in Sanspareil, das seit 1749 von der Markgräfin Wilhelmine angelegt wurde. Stationen eines vorbildlichen Lebens werden hier - die Romanhandlung pointiert verkürzend - in moralisierender Absicht empathisch nachempfunden. Fénelons „*Aventures de Télémaque*" erschienen - nicht ohne königliche Restriktionen – im Jahr 1699. Ein Jahrhundert früher stellte Edmund Spenser im 3. Buch seiner „*Faerie Queene*" (1590-96) das Leben als Gang durch den „Garten des Adonis" dar - wohl inspiriert von der im 1. Jahrhundert entstandenen „*Tabula Cebetis*" und beide von W. Kemp als Garten-Pendant zur Höhle Claudians gedeutet.[71]

Flackerndes Licht erhellt auch eine andere Höhle: Im Jahr 1785 gezeichnet von Georges Louis Le Rouge „*Le Désert de Retz*" **(Abb.8)**. Fackeln werfen hier bei Vollmond ihr flackerndes Licht - wie bei Soiréen in den Museen die Zeitgenossen den starren Statuen durch das zuckende Licht der Fackeln den Anschein lebendiger Bewegung geben.[72] Sie werden von (Statuen von) Satyrn

---

[66] Khunrath 1602 = Miller 1982, 123 Abb. 122.

[67] Miller 1982, 44. - Zum Museum als Grotte qua Schatzhöhle und Kosmos führt noch im 19. Jahrhundert der Höhlen-Eingang eines nicht ausgeführten Entwurfes für das Metropolitan Museum in New York vom Park aus (Miller 1982, 120 Abb. 119); vgl. ferner Plinius NH 37, 4 zur Grotte als Musaeum. In New York also ein später Nachfolger jener künstlichen Grotte in einem Musen-Hain in Same auf Kephallonia, wo der Karpokratianer Ephiphanes verehrt wurde (Clemens Alex., Stromateis III 2 § 5. Metzler 1999).

[68] Moritz 1999, 68.

[69] Toussaint 1998, 162.

[70] Bachmann 1989, 6. Zur erbaulichen Wiederbelebung dieses mythischen Topos in derselben Epoche vgl. auch Heinrich 1977, 257-283.

[71] Kemp 1973, 115ff., 120ff.

[72] Miller 1982, 94 Abb. auf dem Rückendeckel. Baltrušaitis 1984, Abb. 111. „Materialien zu Leben und Werk" von Georges Louis Le Rouge - so der korrekte Name - behandelt monographisch B. Korzus (erscheint demnächst). - Zum Museumsbesuch bei Fackellicht: Bätschmann 1998, 325-370.

Abb. 8
Fackellicht im Höhlen-Eingang (Le Rouge, Le Désert de Retz 1785)
(Archiv Korzus)

gehalten – Satyrn, wie sie das antike Theater auf der Bühne oft vor Höhlen posieren ließ.[73] In Retz ist es jedoch nicht eine beliebige Höhle im vielgestaltigen Bildprogramm dieses noch heute nordwestlich von Paris zu besuchenden Landschaftsgartens, sondern dessen Eingang von der Innenseite her gesehen, wodurch also der gesamte Garten für nächtliche Besucher - die brennenden Fackeln der Zeichnung von Le Rouge haben ihren Sinn! - mit seinen architektonischen und natürlichen Dekorationselementen zu einer „Hohlwelt" wird, deren kosmischer Anspruch in der frivolen Erlebniswelt des späten Ancien Régime wohl eher an den Rand gedrängt wurde - genau gegenüber am östlichen Rand des Paris Beckens liegt übrigens Disneyland, leicht durch Gedankensprünge oder Vorortzüge erreichbar. Nicht mehr erreichbar bleibt im alten China „die Welt hinter der Höhle"[74] als utopischer Topos in einer taoistischen Paradiesbeschreibung des 4. Jahrhunderts, denn ihr glücklicher Entdecker konnte nach seiner Rückkehr trotz Merkzeichen den Höhleneingang nicht wiederfinden. Unter dem Stichwort *tung-t'ien* = „Höhlen-

---

[73] Jobst 1970.
[74] Bauer 1971, 248-282.

Himmel"[75] läuft diese Art von Beschreibungen eines Paradieses, das jemand einmal sah, aber keinem anderen zu zeigen vermochte. Und daß in einer dieser Erzählungen die Höhlenwelt auch eine Bibliothek[76] mit Seltenheiten des Altertums besitzt - leider ebenfalls nicht wiederzufinden, weil die entsprechenden Hinweise kaiserlicher Zensur zum Opfer gefallen seien -, ist der Phantasie eines Jorge Luis Borges würdig.

Wie eng die Vorstellungen von der Höhle gerade in der Frühzeit mit denen des *BERGS* verbunden sind, hat G. Lüling[77] nachdrücklich betont. Untersuchungen zu religionsgeschichtlichen Aspekten des Berges sind zahlreich und bekannt.[78] Schon eine nur skizzenhafte Systematik würde den hier gesteckten Rahmen sprengen. Meru, Zion und Parnassos mögen also samt ihren mannigfaltigen miniaturisierten oder kult-topographischen Wiederholungen an anderen Orten nur evokative Reizworte bleiben. Da hier die „Antike in Gartenparadiesen der Neuzeit" angesprochen ist, sei vielmehr nur ein künstlicher Berg aus einem antiken Garten genannt: das Paneion im Palastgarten der Ptolemäer.[79] Er war von Menschenhand aufgeschüttet, und über einen Spiralweg aufwärts spazierend ließ sich von seiner Höhe aus der Blick auf ganz Alexandrien genießen.

Nicht auf die bekannte Komplexität der Vorstellungen, die sich um das in Alexandrien dem Pan geheiligte Bergland und somit als Zitat gebaute Arkadien[80] ranken, sondern nur auf die Künstlichkeit und den spiraligen Aufweg sei hier eingegangen, da sie im 18. Jahrhundert bemerkenswerte Ausprägungen erhalten. Aufwege stehen selbstverständlich als Metaphern für mühevollen oder charakterfesten Lebenswandel - ob Hercules am Scheidewege auf einem Relief von Schadow (1791)[81], der noch unschuldige Knabe, dem das Kinderfräulein in einer Ideallandschaft Hubert Roberts[82] von der Brücke (der Entscheidung) aus den Rundtempel über einer Grotte mit lebensspendender Quelle als fernes Ziel herakliskischer Mühen zeigt, oder die Putti in Lajoues schon erwähnter Allegorie der *„GeschichtBeschreibung"*, ob Zionsberge auf einem katholischen Grabmosaik des 20.[83] oder auf der schon erwähnten niederländischen Medaille des 17. Jahrhunderts - die Wege hinan führen zum Licht

---

[75] Bauer 1971, 269.
[76] Bauer 1971, 272.
[77] S. oben Anm. 56. Ähnlich Dietrich 1982, 1-12, der über Geburts- und Erneuerungssymbolik Aspekte von Auferstehung in den Religionen der Levante und Kretas deutlich werden läßt (10f.).
[78] Clifford 1972. Haas 1982. Munakata 1990. Blondeau / Steinkellner 1996. Metzler 1996, 19-24, bes. 22f.
[79] Strabon XVII 1, 10 (795).
[80] Snell 1945, 26-41. Vgl. natürlich jedoch auch Panofsky 1936, 223-254.
[81] Abgebildet bei Bien 1987, 272-285, bes. 282f. Abb. 82. Arenhövel / Bothe 1991.
[82] Baltrušaitis 1984, Taf. XII bei 118.
[83] Dresden, Alter Katholischer Friedhof, Südmauer.

oder zu einem *MONOPTEROS* empor, Pilgerreisen zu erlösenden Zielen.

Abb. 9
Hain in St. André in Lille (Entwurf von Verlye, 1793)
(nach Hansen / Hansen, Taf. XXII)

Künstlich ist auch ein Typus von Berg, den die Französische Revolution als profanes Symbol nutzt. Aufgeschüttet auf städtischen Plätzen in neu zu errichtenden Tempeln der Vernunft oder im Chor desakralisierter Kirchenräume[84], dient er der naturhaft-monumentalen Erhöhung innerweltlicher Abstraktionen: Natur, Philosophie und „Höchstes Wesen" werden so geehrt, sichtbar etwa auf einem Stich, der im zum Tempel der Vernunft umfunktionierten Münster zu Straßburg[85] die Natur als Herme im Schutze der Freiheitsgöttin auf einer Felsenspitze zeigt, von der die schon früher im Jahrhundert bemühten Putti die Kleriker der verschiedenen Konfessionen in den Sumpf hinab zu Kröten und Schlangen scheuchen oder ebenfalls auf einem Stich der von der Freiheitsgöttin bewachte Rundtempel der Philosophie auf dem Berg in

---

[84] Hansen / Hansen 1989, 127-140 Abb. 63-74.
[85] Hansen / Hansen 1989, Abb. 63.

Notre Dame zu Paris[86] am Tag des Festes der Vernunft. Die Sakralisierung der Natur durch ihre Versetzung in einen Innenraum wird dabei besonders eklatant, wenn wie in der Kirche Saint-André in Lille[87] (1793) der Berg mit der Freiheitsstatue in einen veritablen grünen *HAIN* lebender Bäume versetzt werden soll **(Abb. 9)**. Nach einem Stich des 19. Jahrhunderts begnügte man sich aber ebenfalls in Lille in Saint-Maurice[88] (1795) wohl mit der alles bedeckenden Laubwerk-Übermalung von Säulen, Wänden und Gewölbe, so in Weiterführung spätmittelalterlicher Konzepte die zeitgenössischen Theorien von der Entstehung der Gotik aus der Imitation des Waldes[89] - germanischen Eichenwaldes als Hort der Freiheit, wie Montesquieu meinte - durch Rückkehr zu den Wurzeln sinnfällig werden lassend. Während in Deutschland gegenüber dem nordischen Hain als Ort der Barden der Parnaß Apolls zum Hügel schrumpft - so in Klopstocks Ode „*Der Hügel und der Hain*", 1771 für den Göttinger Hainbund geschrieben -, kann in Frankreich die revolutionäre Bildpropaganda dem Berg den antiken Hain als Ort heroischen Gedenkens an die Helden der Aufklärung hinzufügen.[90]

Ihre Vorstufen hat diese profane Naturverehrung im frühen 18. Jahrhundert etwa im Pietismus eines Barthold Heinrich Brockes, über den Hölty - ebenfalls aus dem Hainbund - schrieb: „Jeder dämmernde Hain ist ihm ein heiliger Tempel, wo ihm sein Gott näher vorüberwallt."[91] Da klingt schon die Wandervereinsreligiosität von der Verehrung „meines Gottes" im Walde an, mit der im 20. Jahrhundert der Spaziergang am Sonntag zum Surrogat für Kirchgang wird - Bild geworden in einem bunten Glaskirchenfenster mit realistischer Walddarstellung, das erst vor einigen Jahren Kevin Atherton im Forest of Dean westlich von Bristol zwischen Bäumen aufhängen ließ **(Abb. 10)**. Deplazierungen nutzen in beiden Fällen das Zitat der Kirchenarchitektur - Innenraum in Lille und Glasfenster im Wald bei Bristol -, um der Natur in der Gestalt des Waldes zu ihrem Recht zu verhelfen, und zwar mit aufklärerisch-radikaler Attitüde in der Phase der Revolution und ironisch-lächelnd, vielleicht auch kirchenkritisch in unseren Tagen zu erleben. Ob sich dann am Ende des 20. Jahrhunderts die wohlmeinenden Landfrauen, die den Chor einer münsterländischen Dorfkirche zum Erntedankfest mit Bäumen und Produkten des Waldes vollstellten, erinnerten, daß zwei Jahrhunderte früher - allerdings nicht

---

[86] Hansen / Hansen 1989, Abb. 67.
[87] Hansen / Hansen 1989, Taf. XXII.
[88] Hansen / Hansen 1989, Abb. 68.
[89] Baltrušaitis 1984, 90-106. Frühe Beispiele für diese Verbindung von Wald und Gotik sind Säle im Castello Sforzesco von Leonardo da Vinci (1498) (Baltrušaitis 1984, 100 Abb. 83) und im böhmischen Schloß Bechin/Bechyne vom Anfang des 16. Jahrhunderts (Börsch-Supan 1967, 175 Abb. 122).
[90] Hansen / Hansen 1989, 133 mit Abb. 80 (Grab für Marat 1793), vgl. Abb. 62 (Rousseau-Insel).
[91] Zitiert nach Flemming 1931, 92.

Abb. 10
Kirchenfenster im Wald (K. Atherton, Forest of Dean)
(nach Prospekt Arnolfini – Forestry Commission)

gerade im Münsterland - mit derselben Dekoration die „*Versöhnung mit der Natur*" sich als Desakralisierung der Kirche manifestierte, muß offenbleiben.

Die oben angesprochenen religiösen Topoi neuzeitlicher Garten- und Landschaftskonstruktion lassen sich als Zitate h e i d n i s c h e r Antike verstehen, beziehen sich also auf das Titelstichwort *KYTHERA*. Sie stellen aber nur eine Auswahl dar: Tempel, Ruinen aller Art und Gräber wären noch zu nennen, um von den allgegenwärtigen Statuen, die natürlich auch schon der antike Garten kannte, seien es Allegorien oder Götterbilder, ganz zu schweigen. Gerade sie machen ja aus profanen Gärten eigentlich religiöse Landschaften - heidnische zwar, aber gerade durch deren Hervorhebung als ideale, kunstvoll gestaltete Natur auch eine vom zeitgenössischen eigenen religiösen Alltag separiert erlebte Welt. Das gilt es aber sogleich - wie im zweiten Titelstichwort THEBAIS angedeutet - zu modifizieren.

Gleichsam als Bindeglied sei hier ein Aspekt des großen Paradies-Themas[92] kurz beleuchtet. Angeregt durch das Titelblatt zu Basilius Beslers „*Hortus Eystettensis*" (1613 und 1713)[93], das als Portalfiguren eines Einblicks in den Paradies-Garten die Könige Kyros und Salomon zeigt, richtet sich unser Interesse auf das Nachleben a c h ä m e n i d i s c h e r Gärten. Denn aus der achämenidischen Gartenkultur stammt ja das jüdisch-christliche Wort für Paradies[94], und dementsprechend entfaltet sich die Spekulation zur Rekonstruktion der aus literarischen Erwähnungen und geringen archäologischen Resten in Pasargadai[95], der Residenz des Kyros, bekannten Geometrie des Gartens. Im Orient wird der Garten des Kyros im 5. Jahrhundert als ausdrückliches Zitat in der ceylonesischen Residenz auf dem Berge von Sigiri[96] nachgebaut, und im Islam kommt er in „*Gardens of Paradiese*" bzw. ihren Surrogaten, den Gartenteppichen, zu neuer Blüte.[97] Im Europa des 17. Jahrhunderts verfaßt Sir Thomas Browne "*The Garden of Cyrus. Artificially, Naturally, and Mystically*".[98] Dessen Quincunx-Schema der Bäume - wie eine Fünf auf dem Würfel angeordnet - schräge und gerade Durchblicke zugleich ergebend, das aus antiken Autoren bekannt war, nahm schon Johann Peschels „*GartenOrdnung*" von 1597[99] als Ideal einer geometrischen Anlage, deren mandala-artige Gestalt als mystisches Abbild der Welt natürlich einen hohen Symbolwert hat. Daß sie wie der Hortus Conclusus, der Garten der *Tabula Cebetis* und der islamische Garten durch eine Mauer - gelegentlich auch mit dem den Kosmos symbolisierenden Zinnenkranz der Mauerkrone[100] versehen - von ungestalteter Natur und profaner Menge getrennt wird, hat sie mit ihrem achämenidischen Vorbild ebenso gemeinsam wie mit dem Paradies der jüdisch-christlichen Tradition.

THEBAIS steht für Landschaften c h r i s t l i c h e n Mönchslebens, meint insbesondere Einöden mit Eremitenbehausungen und hat im abendländischen Sprachgebrauch meist die unmittelbare Beziehung zur Umgebung des oberägyptischen Theben aufgegeben zugunsten einer geographischen

---

[92] Dietrich 1982, in diesem Band S. 1-29.
[93] Keunecke 1989.
[94] Tuplin 1996: Parks and Gardens; Hultgård 2000, 1-43.
[95] Stronach 1978, 163-165. Stronach 1990, 171-180, bes. 174 Abb. 3.
[96] Paranavitana 1972, 22f. und 122f. Bopearachchi 1993, 239-261.
[97] Brookes 1987, 17-23.
[98] Hunt 1976, 13.
[99] Wimmer 1989, 77 mit Abb. 16.
[100] Mauer: Delumeau 1995, 121-127, Zinnenkranz: ebd. 123 Anm. 22. Vgl. Metzler 1994, 76-85, bes. 82.

Erweiterung, die - im Gegensatz zu den Klosterlandschaften des Natron-Tals und der Sketischen Wüste in Unterägypten - die Umgebung des Paulus- und Antonius-Klosters am Roten Meer mit einschließt.[101] Frühes ägyptisches Mönchstum ist im gesamten Christentum so prägend geworden, daß Thebais - wie es das Lexikon für Theologie und Kirche formuliert - „zum Synonym (zeit- und ortlos) authentischer Strenge und Perfektion des Mönchslebens wird". Im spätantiken Gallien etwa wird es auf den beiden Klosterinseln von Lérins durch jene *regula quattuor Patrum* geregelt, deren Sprechernamen - die Unterweisung ist als Abfolge von Reden aufgebaut, um durch die mündliche Authentizität historische Nähe zu suggerieren - ägyptisch sind.[102] An ägyptische Regeln knüpft auch das Mönchstum an den Seidenstraßen an, wie die christlichen Fragmente aus den Grotten von Bulayiq in der Turfan-Oase[103] zeigen. Der meistgelesene Klosterautor, Johannes Cassianus, selbst zehn Jahre Mönch in Ägypten, ist schließlich auch der einflußreichste Vermittler ägyptischer Klosterregeln.[104] Es erstaunt daher nicht, wenn es in karolingischer Zeit bei einer Klosteranlage – Corvey / Nova Corbeia an der Weser - heißt, der Gründer habe einen Ort zum Wohnen ausgewählt, der von Wasserläufen durchflossen ist, „wie wenn er ein kleineres Ägypten (*minor Aegyptus*) und ein anderes Paradies gewesen wäre."[105] Die Natur selbst liefert hier die typologisch vorbildliche Landschaft, so daß es menschlicher Verbesserungen nicht mehr bedarf, da das Kloster seinen ihm adäquaten Platz schon vorfindet. Unausgesprochen dürfte *minor Aegyptus* die Weser in den Rang eines *alter Nilus* erheben, spielt doch der Nil auch in der christlichen Geographie eine bedeutende Rolle.[106] Ohne Zweifel waren nach byzantinischem Verständnis eine *Nea Thivais* an der Nordwestseite des Athos oder eine *Novaja Fivaida* bei Pitzunda am Schwarzen Meer solche heroischen Orte asketischer Einöde, wie sie etwa auch die Liturgie der russisch-orthodoxen Kirche gerade nach der Revolution hervorhebt, wenn es heißt: „Juble, du russische Thebais, schmückt euch, ihr Wüsten und Wälder von Olonec, vom Weißen See und von Vologda ..."[107]

So jedenfalls lassen bildliche Darstellungen im italienischen Mittelalter, die unverkennbar byzantinische Einflüsse zeigen, die Felslandschaft der Thebais - die verehrten vorbildhaften Eremiten vor ihren Einsiedeleien durch einzelne

---

[101] Meinardus 1992², 31-33. Vgl. Frankfurter 1998.
[102] De Vogüé 1982, 180-205 und 68f. zu den vier Namen: Serapion, Pafnutius und die beiden Macarii.
[103] Sims-Williams 1991, 119-125, bes. 123. Leser dieser syrischen Texte in sogdischer Schrift waren Türken (124ff.).
[104] Altaner / Stuiber 1978, 452-454.
[105] Radbert, Vita Adalhardi 67 (Migne PL 120, 1542). Krüger 1990, 110 Anm. 41. Vgl. von der Nahmer 1973, 195-270 nach freundlichem Hinweis von H. Krüger.
[106] Hermann 1959, 30-69.
[107] Gottesdienst zu Ehren Aller Heiligen der Rus', in: Der Christliche Osten (Catholica Unio) 1987, 46 - nach freundlichem Hinweis von R. Stichel.

Bäume getrennt, gelegentlich über einem Nil am unteren Bildrand - erscheinen.

Abb. 11
Thebais (Pisa, Campo Santo, 14. Jh.)
(nach Frojmovi, Abb. 99)

Bedeutende Beispiele stammen von Gherardo Starnina (1354-1413) in den Uffizien[108] oder von einem Anonymus des Quattrocento, das E. Callmann aus verstreuten Einzelteilen, ein Hinweis auf die isolierende Szenenfolge des üblichen Kompositionsschemas, zusammenfügen konnte.[109] Die früheste und grandioseste Ausgestaltung findet sich im weitläufigen Freskenzyklus des Camposanto von Pisa (1330-1345), als dessen Maler allgemein Bonamico Buffalmacco gilt **(Abb. 11)**.[110] Angebracht wurde es zu beiden Seiten des Grabes des zeitgenössischen Büßer-Eremiten Giovanni Cini / Johannes Soldatus († 1332), der also gleichsam in der Thebais, dem Paradies der Büßer, folglich in einem christlichen Garten-Grab[111] bestattet ist; und zwar in doppelt „Heiliger Landschaft", ist doch bekanntlich der Camposanto nach einer Chronik des 14. Jahrhunderts von den Pisanern während der Kreuzzüge mit Schiffsladungen Erde aus dem Heiligen Land, dem *campo santo d'oltremare*, aufgefüllt worden.[112] Die bildliche Vergegenwärtigung der Thebais wendet sich in Pisa an städtische Laien. Sie hatten Zugang zu den *vitae Patrum*, der Erbauungsliteratur über die exemplarische Lebensführung der ägyptischen Begründer mönchischer

---

[108] Micheletti 1983, Nr. 11.
[109] Callmann 1957, 149-155.
[110] Frojmovi 1989, 201-211 - nach freundlichem Hinweis von F. Kämpfer.
[111] Vgl. auch zur späteren Entwicklung von Buttlar 1995, 79-119.
[112] Frojmovi 1989, 201.

Askese, die von dem Dominikanerprediger Cavalca nach 1320 in den pisaner Dialekt übersetzt worden sind.[113]

Solchen Laien-Eremiten, die im 14. Jahrhundert in italienischen Städten ein marginales Leben wählten, lassen sich einige Jahrhunderte später protestantisch-pietistische Gruppen an die Seite stellen, die um 1700 in Deutschland in den Grafschaften Berleburg und Wittgenstein und in Amerika in Pennsylvanien die Wälder in eine „*protestantische Thebais*" verwandelten.[114] Ihr asketisches Frömmigkeitsideal stand in der Nachfolge Makarios' von Alexandrien, dessen Kloster im ägyptischen Wadi Natrun bis heute existiert. Seine Homilien und Apophthegmata waren von G. Arnold, dem pietistischen Verfasser der epochalen „*Unpartheyischen Kirchen- und Ketzerhistorie*", im Jahr 1696 ins Deutsche übersetzt und auch in griechisch-lateinischen Ausgaben damals verbreitet worden.[115] Im Gegensatz zu den in Pisa offensichtlich respektierten Eremiten waren später die protestantischen in den meisten deutschen Territorien hartnäckiger Verfolgung ausgesetzt, sofern sich nicht einzelne Landesherren aus ihrer Protektion Gewinn erhofften. Die Hütten der „Separatisten", wie sie diffamatorisch genannt wurden, bildeten im Wald von „Hüttental" bei Schwarzenau / Berleburg eine lebende Thebais, die nicht nur adlige Besucher, sondern auch Gleichgesinnte von Adel selbst aus dem fernen Frankreich anzog.[116]

Zwei Generationen später wird in England und Deutschland diese Lebensweise in fürstlichen Landschaftsgärten zur Farce: Eremitagen gibt es auch dort, zwar im England des 17. Jahrhunderts[117] als Orte ernsthafter Einkehr und Besinnung prunkvolle Prestigeobjekte ihrer Besitzer, aber allmählich nur noch fassadenhafte Dekoration eines prätentiös „einfachen Lebens" in Rindenhäuschen und künstlichen Grotten mit Moos- und Rasenbänken, auf denen in stellvertretender Askese erst Miet-Eremiten - in England auch per Kleinanzeigen gesucht -, dann Puppen im Büßergewand zu Objekten der Schaulust verkommen.[118] Radikaler als diese verharmlosende Exotisierung gehen die Mitglieder der „*Society of Dilettanti*" in ihrem „*Hell-Fire-Club*" mit dem Thema mönchischer Askese um: Im Park von West Wycombe feierte in unterirdischer Grottenwelt Sir Francis Dashwood im Mönchsgewand eine blasphemische Orgie - so zumindest auf zwei Stichen von Hogarth und Knapton[119], und damit exhibitionistisch realisierend, was böswillige Unterstellungen falscher Zeugen den „Separatisten" vor Gerichten anzuhängen hatten.

---

[113] Frojmovi 1989, 206.
[114] Benz 1963, Nr. 1 - nach freundlichem Hinweis von R. Stichel.
[115] Benz 1963, 28.
[116] Vgl. Bauer 1997, 121-135, bes. 125 - nach freundlichem Hinweis von A. Kneppe.
[117] Hunt 1876, 1-10 et passim.
[118] Von Buttlar 1989, 169. Schama 1996, 545.
[119] Stoneman 1987, 110-135, bes. 120f. Dashwood o.J., 10f.

Das Eremiten-Bild war aber offensichtlich auch so abgegriffen, daß es in der Ikonographie des Landschaftsgartens - etwa im Bagno bei Steinfurt - heidnisch-profan wiederbelebt werden mußte: Diogenes als Bürgerheld zieht mit seiner Tonne in die Grottenlandschaft ein.[120] Thebaische Eremiten sind ihrerseits natürlich auch nicht mehr alleiniger Anlaß, Ägypten zu assoziieren: Um 1780 wird in Unterösterreich donauabwärts von Wien als josephinisches Reformprojekt eine Bewässerungsutopie geplant, die mit dem anspruchsvollen historisierenden Schlagwort „*Kleines Ägypten*" propagiert, aber nie fertiggestellt wurde.[121] Einzig einige schmückende Kunstwerke wie die ägyptische Statue in der Grotte in Voeslau (1777)[122] lassen noch eine Erinnerung daran wach werden.

Religiöse Elemente an sich sind aber damit im 18. Jahrhundert keineswegs aus dem Landschaftsgarten verschwunden. Sicher ist der Bethlehem-Park des Grafen von Sporck bei Kukus in Böhmen[123] aus den 1720er Jahren mit seiner erbaulichen Topographie und Szenerie eines naturverbundenen, einsiedlerischen Urchristentums eine Ausnahme, brachte seinem frommen katholischen Stifter auch von seinen jesuitischen Nachbarn manchen Tadel ein, doch nicht nur die Stellung der Kirche zur Natur änderte sich - die großen naturwissenschaftlichen Leistungen der benediktinischen Aufklärung sind bekanntes Zeugnis dafür -, auch das Verhältnis der Konfessionen zueinander entspannte sich - zumindest in der Fächer-Perspektive von Wörlitz.[124] In diesem Landschaftsgarten hat Fürst Franz von Anhalt-Dessau nach 1769 Blickachsen so auf eine *Memento mori* - Urne zulaufen lassen, daß nicht nur die Dorfkirche und die Synagoge, sondern jenseits des Sees die damals als Muschelsucherin gedeutete Statue einer antiken Knöchelspielerin als Allegorie der Gottsuche in der Natur gleichzeitig sichtbar sind. A. von Buttlar hat diesen, von L. Trauzettel gärtnerisch wieder geöffneten „Fächerblick" **(Abb. 12)** sinnvoll mit der „Allegorie der Religionen" in Shaftesburys auch für Landschaftserlebnis und naturreligiöse Geschichtsdeutung im 18. Jahrhundert so einflußreichen „*Characktericks of Men, Manners, Opinions, Times ...*" verglichen. Dieser Stich zeigt in einer Art *translatio fidei*-Sequenz Kultbauten und Symbolfiguren ägyptischer, römisch-griechischer und christlicher Religion - huldigend einer unter einem Baldachin thronenden gekrönten weiblichen Gestalt.[125]

---

[120] Herding 1989, 163-182: Diogenes als Bürgerheld. Pries 1988, 54 (= G. L. LeRouge 43. XIX).

[121] Hajós 198, 96-116, bes. 103 mit Abb. 8.

[122] Hajós 1987, 101f. Abb. 6. Vgl. ägyptische Statuen in antiken Gartenbildern (Sichtermann 1974, 41-45, bes. 41 Abb. 5 = Pompeji, Regio I, 9, 5).

[123] Bachmann 1951, 203-228, bes. 207-214. Westfälisches Landesmuseum für Kunst und Kulturgeschichte. Das Kunstwerk des Monats. September 1988: Franz Anton Reichsgraf von Sporck (1662-1738).

[124] Trauzettel 1991, 71. Hirsch 1995, 179-207, bes. 205 Abb. 14.

[125] Von Buttlar 1995, 103f., Abb. 8 mit Abb. 9.

Abb. 12
„Toleranzblick" in Wörlitz: Synagoge, Kirche und
Warnungsaltar / „Muschelsammlerin"
(nach Hirsch, Abb. 14)

Behält man diese hohe Interpretationsebene bei, geht die Toleranz in der Schaulust der Landschaftsgärten noch weiter als Shaftesburys Fortschrittsallegorie. Denn schließlich sind - in dieser „Tempellandschaft", wie G. Hajós[126] den englischen Gartentypus in seiner heroischen Phase pointiert bezeichnet - die heidnischen Monumente der griechisch-römischen Antike, die Moscheen und Pagoden trotz gelegentlich frivoler Nutzung als Liebesnest oder Kaffeehaus doch gleichrangige Sakralbauten besiegter oder fremder Religionen - wenngleich auch wohl zu exotischen Curiosa der kolonialistischen Weltöffnung des 18. Jahrhunderts sublimierte und in ihrer eigentlichen Bedeutung schon durch den sie umgebenden verharmlosenden grünen Rasen verfremdete. Ein Rasen, der übrigens auch der damals gerade neu wiederentdeckten eigenen Kirchen-Gotik der Dörfer und Städte nicht erspart bleibt - wenn man so will, ein Triumph der Landschaft über die gelebte Religion, denn das Grün schafft Distanz zum so isolierten und damit historisierten Sakralbau.

Die Interpretationsebene muß aber nicht so hoch liegen. In seiner schon oben[127] bemühten „*dramatische*(n) *Grille. Der Triumph der Empfindsamkeit*"

---

[126] Hajós 1987, 109.
[127] Siehe oben Anm. 35.

hat Goethe 1776-78, während er selbst in Weimar mit der Ausgestaltung von Parkanlagen befaßt war, in heiterer Selbstverspottung[128] Exaltiertheit und vorgeschobenen Tiefsinn der modischen Landschaftsgärtnerei mit dem damaligen Modewort „Empfindsamkeit" - seit 1773 belegbar - aufs Korn genommen. Zur hier interessierenden Sakralisierung von Landschaft durch nobilitierende Antike-Zitate nun daraus zum Abschluß einige Verse:

„Denn, Notabene! in einem Park
muß alles Ideal sein,
und, Salva Venia, jeden Quark
wickeln wir in eine schöne Schal' ein.
So verstecken wir zum Exempel
einen Schweinestall hinter einen
Tempel;
und wieder ein Stall, versteht sich
schon,
wird geradewegs ein Pantheon.
Die Sach' ist, wenn ein Fremder drin
spaziert,
daß alles wohl sich präsentirt;
wenn's dem denn hyperbolisch dünkt,
posaunt er's hyperbolisch weiter aus.
Freilich der Herr vom Haus
weiß meistens wo es stinkt.[129]

Pagoden, Höhlen, Wieschen, Felsen und Klüfte,
eine Menge Reseda und anderes Gedüfte,
Weimuthsfichten, babylonische Weiden, Ruinen,
Einsiedler in Löchern, Schäfer im Grünen,
Moscheen und Thürme mit Kabinetten,
von Moos sehr unbequeme Betten,
Obelisken, Labyrinthe, Triumphbögen, Arkaden,
Fischerhütten, Pavillons zum Baden,
Chinesisch-gothische Grotten, Kiosken, Tings,
Maurische Tempel und Monumente,
Gräber, ob wir gleich niemand begraben,
man muß es alles zum Ganzen haben."[130]

Und die im Zeitalter der frühen Industrialisierung so beliebten Brücken im Park - historische wie technisch allermodernste - ironisiert der Kammerdiener Askalaphus / Goethe dann selbst metaphorisch:

„Denn ernstlich kann kein Park bestehn
ohne sie, wie wir auf jedem Kupfer sehn.
Auch in unsern toleranten Tagen
wird immer mehr drauf angetragen,
auf Communication, wie bekannt,
dem man sich auch gleich stellen muß;
Elysium und Erebus
werden vice versa tolerant."[131]

---

[128] Goethe, Sophienausgabe WA I 17, 314 (M. Roediger).
[129] WA I 17, 37.
[130] WA I 17, 38.
[131] WA I 17, 38.

Literatur:

Altaner, B. / Stuiber, A.
1978 Patrologie, Freiburg.

Arenhövel, W. / Bothe, R. (eds.)
1991 Das Brandenburger Tor 1791-1991, Berlin.

Aurigemma, S.
1961 Villa Adriana, Rom.

Bachmann, E.
1951 Anfänge des Landschaftsgartens in Deutschland, in: Zeitschrift für Kunstwissenschaften 5, 203-228.

1989 Felsengarten Sanspareil, München.

Bätschmann, O.
1998 Belebung durch Bewunderung: Pygmalion als Modell der Kunstrezeption, in: Mayer, M. / Neumann, G. (eds.), Pygmalion, Freiburg, 325-370.

Baltrušaitis, J.
1984 Imaginäre Realitäten. Fiktion und Illusion als produktive Kraft (Paris 1983), Köln.

Bauer, E.
1997 Radikale Pietisten in Wittgenstein, in: Wittgenstein 61, 121-135.

Bauer, W.
1971 China und die Hoffnung auf Glück. Paradiese, Utopien, Idealvorstellungen in der Geistesgeschichte Chinas, München.

Bean, G.
1974 Kleinasien III, Stuttgart.

Benz, E.
1963 Die protestantische Thebais. Zur Nachwirkung Makarios des Ägypters im Protestantismus des 17. und 18. Jahrhunderts in Europa und Amerika, Mainz.

Beyen, H. G.
1938 Die pompeianische Wanddekoration I, Den Haag.

Bien, H. M.
1987 Berlin - Brandenburger Tor. Torheiten, Tortur und Torso, in: Berliner Festspiele GmbH (ed.), Die Reise nach Berlin. Katalog der Ausstellung im Hamburger Bahnhof, Berlin, 272-285.

Bitterli, U.
1989   Die exotische Insel, in: Zeitschrift für historische Forschungen, Beiheft 7, 65-81.

Bloch, E.
1959   Das Prinzip Hoffnung, Frankfurt.

Blondeau, A. M. / Steinkellner, E. (eds.)
1996   Reflections of the Mountain. Essays on the History and Social Meaning of the Mountain Cult in Tibet and the Himalaya, Wien.

Bopearachchi, O.
1993   Jardins de Sigiriya au Sri Lanka, in: Asies II: Aménager l'espace, Paris, 239-261.

Börsch-Supan, E.
1967   Garten-, Landschafts- und Paradiesmotive im Innenraum, Berlin.

Börsch-Supan, H.
1983   Embarquement pour Cythère, in: Freunde der preußischen Schlösser und Gärten e.V. (ed.), Bilder vom irdischen Glück. Katalog zur Ausstellung, Berlin, 20-25, 53-58.

Boyancé, P.
1961   L'antre dans les mystères de Dionysos, in: Rendiconti Accademia Pontificia Archeologia 33, 107-127.

Bravo, C. del
2000   Rocce. Sul significato d'un motivo in Leonardo e nei Leonardeschi, in: artibus et historiae 42 (XXI), 31-39.

Brisch, K.
1988   Obvervations on the Iconography of the Mosaics in the Great Mosque at Damascus, in: Soucek, P. P. (ed.), Content and Context of Visual Arts in the Islamic World, London, 13-20.

Brookes, J.
1987   Gardens of Paradise. The History and Design of the Great Islamic Gardens, London, 17-23.

Buttlar, A. von
1989   Der Landschaftsgarten, Köln.

1995   Das Grab im Garten - Zur naturreligiösen Deutung eines arkadischen Gartenmotivs, in: Wunderlich, H. (ed.), „Landschaft" und Landschaften im 18. Jahrhundert, Heidelberg, 79-119.

Calame, C.
1992 Prairies intouchées et jardins d'Aphrodite: espaces „initiatiques" en Grèce, in: Moreau, A. (ed.), L'Initiation = Actes du Colloque International de Montpellier (1991), Montpellier, 103-118.

Callmann, E.
1957 A Quattrocento Jigsaw Puzzle, in: The Burlington Magazine, May, 149-155.

Casson, L.
1976 Reisen in der Alten Welt (Toronto 1974), München.

Chelini, J./ Branthomme, H.
1987 Histoire des pèlerinages non chrétiens, Paris.

Clifford, R. J.
1972 The Cosmic Mountain in Canaan and the Old Testament, Cambridge, Mass.

Coldstream, J. N. / Huxley, G. L. (eds.)
1972 Kythera, London.

Darnton, R.
1994 Sex ist gut fürs Denken!, in: Lettres International, Winter, 54-59.

Dashwood, Sir Francis
o.J. West Wycombe Caves. The Caves and the Hell-Fire Club, o.O.

Delumeau, J.
1995 History of Paradise. The Garden of Eden in Myth and Tradition, New York (Paris 1992).

Dierichs, A.
1992 Liebeswerbung auf Knidos und frühgriechische Paarbilder, in: FS M. Wegner, Bonn, 75-106.

Dietrich, B. C.
1982 Evidence for Minoan Religous Traditions and their Survival in the Mycenaean and Greek World, in: Historia 31, 1-12.

Drijvers, H. J. W.
1982 Sanctuaries and Social Safety. The Iconography of Divine Peace in Hellenistic Syria, in: Visible Religion 1, 65-75.

Fabianski, M.
1990 Iconography of the Architecture of Ideal *Musaea* in the 15th to 18th Century, in: Journal for the History of Collections 2, 95-134.

Flemberg, J.
1991 Venus Armata. Studien zur bewaffneten Aphrodite in der griechisch-römischen Kunst, Stockholm.

Flemming, W.
1931 Der Wandel des deutschen Naturgefühls vom 15. zum 18. Jahrhundert, Halle.

Flood, F. B.
2000 The Great Mosque of Damascus. Studies in the Makings of an Umayyad Visual Culture, Leiden, 30-35, 196.

Frankfurter, D. (ed.)
1998 Pilgrimage and Holy Space in Late Antique Egypt, Leiden.

Friedländer, I.
1922[10] Darstellungen aus der Sittengeschichte Roms I, Leipzig.

Frojmovi, E.
1989 Die Wüstenväter im Camposanto zu Pisa, in: Belting, H. / Blume, D. (eds.), Malerei und Stadtkultur in der Dante-Zeit, München, 201-211.

Haas, V.
1982 Hethitische Berggötter und hurritische Steindämonen, Mainz.

Hajós, G.
1987 Die neuentdeckte Landschaft der Wiener „Gegenden", in: Kunsthistorisches Jahrbuch Graz 23, 96-116.

Hansen, H.-Chr. / Hansen, E.
1989 Die Versöhnung mit der Natur. Gärten, Freiheitsbäume, republikanische Wälder, heilige Berge und Tugendparks in der Französischen Revolution, Reinbek.

Heinrich, G.
1977 „Nova Ithaca". Fürstliches Landleben und soziale Wirklichkeit im Herzogtum Dannenberg-Hitzacker zwischen 1605 und 1635, in: FS A. Kelletat, Berlin, 257-283.

Held, J.
1985 Antoine Watteau. Einschiffung nach Kythera, Frankfurt.

Herding, K.
1989 Im Zeichen der Aufklärung, Frankfurt.

Hermann, A.
1959 Der Nil und die Christen, in: Jahrbuch für Antike und Christentum 2, 30-69.

Hinz, B.
1998 Aphrodite. Geschichte einer abendländischen Passion, München.

Hirsch, E.
1995 Hortus Oeconomicus: Nutzen, Schönheit, Bildung. Das Dessau-Wörlitzer Gartenreich als Landschaftsgestaltung der europäischen Aufklärung, in: Wunderlich, H. (ed.), „Landschaft" und Landschaften im 18. Jahrhundert, Heidelberg, 179-207.

Hirschfeld, C. C. L.
1785 Theorie der Gartenkunst V, Leipzig.

Hölscher, E.
1955 Der Zeichner Thomas Theodor Heine, Freiburg.

Hommel, H.
1980 Der Gott Achilleus, Heidelberg.

Honour, H.
1975 New Golden Land, New York.

Hultgård, A.
2000 Das Paradies: vom Park des Perserkönigs zum Ort der Seligen, in: Hengel, M. / Mittmann, S. / Schwemer, A. M. (eds.), La Cité de Dieu. Die Stadt Gottes, Tübingen, 1-43.

Hunt, J. D.
1976 The Figure in the Landscape, Baltimore.

Jobst, W.
1970 Die Höhle im griechischen Theater des 5. und 4. Jahrhunderts, Wien.

Karageorghis, V. / Carroll-Spillecke, M.
1992 Die heiligen Haine und Gärten Zyperns, in: Carroll-Spillecke, M. (eds.), Der Garten von der Antike bis zum Mittelalter, Mainz, 141-152.

Kemp, W.
1973 Natura. Ikonographische Studien zur Geschichte und Verbreitung einer Allegorie, Tübingen, Dissertation.

Keunecke, H. O. (ed.)
1989 Hortus Eystettensis. Zur Geschichte eines Gartens und eines Buches, München.

Khunrath, H.
1602 Amphitheatrum sapientiae terrenae, Hannover.

Kirschbaum, E. (ed.)
1970 Lexikon der christlichen Ikonographie II, Freiburg, 95-103.

Klauner, F.
1955 Zur Symbolik von Giorgiones „Drei Philosophen", in: Jahrbuch der Kunsthistorischen Sammlungen 51, Wien, 145-168.

König, E.
1996 Das Liebentbrannte Herz. Der Wiener Codex und der Maler Barthélemy d'Eyck, Graz.

Krüger, H.
1990 Corveyer Gründungsberichte, Münster, Habilitationsschrift (Typoskript).

Lakanal, J.
[1774] Rapport sur J.-J. Rousseau, fait au nom du comité d'Instruction publique, Paris.

Liu, Yingshen
1989 Zur Urheimat und Umsiedlung der Toba, in: Central Asiatic Journal 33, 86-107.

Loon, G. van
1723 Beschryving der Nederlandsche Historipenningen, Den Haag.

Luchner, L.
1958 Denkmal eines Renaissancefürsten. Versuch einer Rekonstruktion des Ambraser Museums von 1583, Wien.

Lüling, G.
1984 Archaische Wörter und Sachen des Wallfahrtswesens am Zionsberg, in: Dielheimer Blätter zum AT 20, 51-121.

Mayer-Tasch, P.C.
1998 Hinter Mauern ein Paradies, Frankfurt.

Meinardus, O. F. A.
1992[2] Monks and Monasteries of the Egyptian Deserts, Kairo.

Merkelbach, R.
1984 Mithras, Königstein.

Metzler, D.
1981 Ökonomische Aspekte des Religionswandels in der Spätantike: Die Enteignung der heidnischen Tempel seit Konstantin, in: Hephaistos 3, 27-40.

1990 Die Freiheitsmütze und ihre antike Vorgeschichte, in: FS K.-E. Jeismann, Münster, 706-730.

1994 Mural Crowns in the Ancient Near East and Greece, in: Matheson, S. B. (ed.), An Obsession with Fortune. Tyche in Greek and Roman Art, New Haven, Conn., 76-85.

1996 Lykien und Kreta im 2. Jahrtausend v. Chr. Zwei ikonographische Vermutungen, in: FS J. Borchhardt I, Wien, 19-24.

1999 Bedeutung und Funktion des phönizischen Toponyms Melite ..., in: Metallinos, G. D. (ed.), Akten des Symposions über die Identifizierung von Melite mit Kephallonia, im Druck.

Micheletti, E.
1983 Die Meisterwerke aus den Uffizien in Florenz, Gemälde I, Stuttgart/ Zürich.

Miller, Naomi
1982 Heavenly Caves. Reflections on the Garden Grotto, New York.

Moore, Ch. W. u.a.
1991 Die Poetik der Gärten, Basel / Berlin / Boston.

Moritz, K. Ph.
1999 Die Reisen eines Deutschen in England im Jahr 1782. In Briefen an Herrn Direktor Gedike (nach B. Erenz), in: Die Zeit 27.5., 68.

Munakata, K.
1990 Sacred Mountains in Chinese Art, Urbana.

Nahmer, D. von der
1973 Über Ideallandschaften und Klostergründungsorte, in: Studien und Mitteilungen des Benediktiner-Ordens 84, 195-270.

Nauck, A. (ed.)
1886 Porphyrius, Opuscula, Leipzig.

Nerlich, M.
1983 „L'embarquement pour Cythère" bei La Fontaine und Watteau, in: Lendemains 29-32, 139-149.

Neutsch, B.
1953/54 Makarōn Nēsoi, in: AM 60/61, 62ff.

Nicholas, J.
1877 Temenos and Topophilia, London.

Niedermeier, M.
1995 Erotik in der Gartenkunst, Leipzig.

Paca, B.
1995 The Use of Statues in the 18th Century English Landscape Garden, Princeton, Dissertation. (non vidi).

Panofsky, E.
1936 Et in Arcadia ego. On the Conception of Transience in Poussin and Watteau, in: FS E. Cassirer, Oxford, 223-254.

Paranavitana, S.
1972 The Story of Sigiri, Colombo, 22f., 122f.

Pericard-Mea, D. / Pigeaud, M.
1992 Liebesgärten, in: Daidalos 11/46, 66-75.

Polizi, G.
1990 Le devenir du jardin medieval? Du verger de la Rose à Cythère, in: Sénéfiance 28, Aix en Provence, 267-288.

Pries, H.-W.
1988 Das Steinfurter Bagno. Alte Beschreibungen und Ansichten, Greven.

Rappenglück, M. A.
1999 Eine Himmelskarte aus der Eiszeit? Bern / Frankfurt.

Ritz, H.
1983 Die Sehnsucht nach der Südsee. Bericht über einen europäischen Mythos, Göttingen.

Rohde, E.
1960 Der griechische Roman und seine Vorläufer, Darmstadt (1914^3).

1961 Psyche. Seelencult und Unsterblichkeitsglaube der Griechen, Darmstadt (1898^2).

Roland-Michel, M.
1984 Lajoue et l'art rocaille, Neuilly.

Schama, S.
1996 Landscape and Memory, New York.

Schedler, U.
1985 Die Statuenzyklen in den Schloßgärten von Schönbrunn und Nymphenburg. Antikenrezeption nach Stichvorlagen, Hildesheim.

Scheid de Cazanove, J./ Krenn, E. (eds.)
1996 Heilige Haine im griechischen Altertum, in: Akten des 6. Österr. Archäologentages (Graz 1994), Wien, 119-121.

Schütte-Maischatz, A. / Winter, E.
2000 Kultstätten der Mithrasmysterien in Doliche, in: Wagner, J. (ed.), Gottkönige am Euphrat. Neue Ausgrabungen und Forschungen in Kommagene, Mainz, 93-101.

Seifert, A.
1983   „Verzeitlichung". Zur Kritik einer neueren Frühneuzeit-Kategorie, in: Zeitschrift für historische Forschung 10, 447-477.

Settis, S.
1982   Giorgiones Gewitter, Berlin.

Sichtermann, H.
1974   Gemalte Gärten in pompejanischen Zimmern, in: Antike Welt 5, 41-45.

Sims-Williams, S.
1991   Die christlich-sogdischen Handschriften von Bulayiq, in: Klengel, H./ Sundermann, W. (eds.), Ägypten Vorderasien Turfan, Berlin, 119-125.

Snell, B.
1945   Arkadien. Die Entdeckung einer geistigen Landschaft, in: Antike und Abendland 1, 26-41.

Solzbacher, R.
1989   Mönche, Pilger und Sarazenen. Studien zum Frühchristentum auf der südlichen Sinai-Halbinsel von den Anfängen bis zum Beginn der islamischen Herrschaft, Altenberge.

Sperlich, M.
1983   Kythera in der Mark, in: Freunde der preußischen Schlösser und Gärten e.V. (ed.), Bilder vom irdischen Glück. Katalog zur Ausstellung, Berlin, 50-52.

Stewering, R.
1996   Architektur und Natur in der „Hypnerotomachia Polifili" (Manutius 1499) und die Zuschreibung des Werkes an Niccolo Lelio Cosmico, Hamburg.

Stichel, R.
1991   Die musizierenden Engel von Bethlehem, in: Hörander, W. / Trapp, E. (eds.), Lexicographica Byzantina, Wien, 264f.

Stoneman, R.
1987   Land of Lost Gods. The Search for Classical Greece, London.

Stronach, D.
1978   Pasargadai: A Report on the Excavations Conducted by the British Institute of Persian Studies from 1961 to 1963, Oxford, 163-165.

1990   The Garden as a Political Statement, in: Bulletin of the Asia Institute 4, 171-180.

Toussaint, I.
1998   Lustgärten um Bayreuth. Eremitage - Sanspareil - Fantaisie in Beschreibungen aus dem 18. und 19. Jahrhundert, Hildesheim, 162.

Trauzettel, L.
1991   Wörlitz. Führer durch die Englischen Anlagen, Berlin / Stuttgart.

Tuplin, Chr.
1996   Achaemenid Studies, Stuttgart.

Ustinova, Y.
1999   The Supreme Gods of the Bosporan Kingdom. Celestical Aphrodite and the Most High God, Leiden.

Visentini, M. A.
1997   Die italienische Villa. Bauten des 15. und 16. Jahrhunderts, Stuttgart (Mailand 1995).

Voguë, A. de
1982   Les règles des Saints Pères I, Paris.

Wellhausen, J.
1927^2 Reste arabischen Heidentums, Berlin / Leipzig.

Werner, B.
1992   Otahitische Hütten und Kabinette, in: Die Gartenkunst 4, 289-306.

Wimmer, C. A.
1989   Geschichte der Gartentheorie, Darmstadt.

Wind, E.
1981   Heidnische Mysterien in der Renaissance (London 1958), Frankfurt.

Zachariae, F. W.
1777   Tayti oder die glückliche Insel, Braunschweig.

Stellenregister

Biblische Schriften

Altes Testament

Genesis
2,7–18	2, 6
2,8–9	1, 8, 22
2,11–13	6
2,14	6
2,15	19
2,23–24	23
3,23–24	1

Jesaja
11,6f.	74, 82

Ezechiel
28,11–19	3

Hosea
9,10	74
13,5	74

Amos
7,10–17	73, 78

Psalmen
23	74

Hiob
1f.	74
42,10ff.	74

Hohelied
4,12–15	4

Kohelet
1,12–2,12	76

Neues Testament

Apostelgeschichte
2, 9–11	90–94, 97

Antike Autoren

Agathemeros
Geographias Hypotyposis
2,7	99

Ammianus Marcellinus
XXII 13	156
XXII 14,4	151
XXII 18,8f.	156

Ampelius
Liber Memorialis 4	100

Antonius Hagiographicus
Vita Symeonis
Stylitis 31f.	165

Anthologia Palatina
XVI 160	184

Appian
Mithr. 66	38, 41

Aristoteles
Meterologica	99

Artemii passio 53   156

Athenaios
Deipn. V 203 b–206 c   119
Deipn. V 205 d   202
Deipn. V 205 f   202
Deipn. V 206 d–209 b   119

Cicero
De orat. I 69   82

Claudian
De consulatu Stilichonis
II 427   192

Clemens Alexandrinus
Protrepticus 5,65   34
Stromateis III 2 § 5   194

Codex Iustinianus
VIII 10,7   151

Curtius Rufus
IV 10,34   38
IV 14,24   38
V 12,3   38
VII 4,1   38

Diodor
II 13,1   36
V 43   184

Euripides
Bacc. 772   184

Evagrius
Hist. eccl. I 13   165

Herodot
I 26   137
I 131   37f.
III 65   38
IV 52   111
V 106   38
VII 34–35   110

Hesiod
Theog. 22–26   78

Hieronymus
Epist. 58,3   182

Homer
h. Apollon. 133–139   111
h. Apollon. 291ff.   109
Il. VIII 555–559   78
Il. XVIII 525–529   78
Od. IV 561ff.   116

Johannes Chrysostomos
De S. Babyla c. Iulian. 76ff.
   (PG 50, 554)   155
De S. Babyla c. Iulian. 91ff.
   (PG 50, 559ff.)   156
Hom. 14 in Ep. I ad Tim.
   (PG 62, 628f.)   157
Hom. 19,1 de stat.
   (PG 49, 188)   148

Julian
Ep. 80   151
Misop. 346B   151f.
Misop. 347C–D   151
Misop. 361B   156

Libanios
Ep. 88   147
Ep. 718   152
Ep. 724   152
Ep. 828   152
Ep. 1364   152
Or. 1,121f.   151
Or. 11,13–41   142
Or. 11,20ff.   142
Or. 11,125   142
Or. 15,52   151
Or. 15,53   147
Or. 15,79   151
Or. 60   156
Or. 60,5   156

Lukian
Erotes 12–13   184f.

Iohannes Malalas
12,38   146
13,3   147
13,4   147

Stellenregister

Manilius
IV 744–817   95

Ovid
Fast. IV 821–826   137
Met. II 223   185
Met. III 702   185
Met. VIII 771–773   181

Palladios
Dial. 5   157

Paulus Alexandrinus
Eisagogika 2   88

Pausanias
I 19,5   111
III 23,1   184

Pherekydes
7 B 6 (Diels-Kranz) 192

Platon
Phaidr. 230 b   110

Plinius
NH XXXVI 21   184

Plutarch
Alex. 30,12   39
Mor. 338 F   38

Ptolemäus
Apotelesmatika   3

Radbert
Vita Adalhardi 67   201

Sappho
98 D   79
5,6 Diehl   112

Servius
Aen.   134
Georg. I 102   182

Sokrates Scholasticus
Hist. eccl. III 18   155
Hist. eccl. III 18,2 156

Hist. eccl. VI 3   157

Sophokles
frg. 425   184

Sozomenos
Hist. eccl. V 9,12   155
Hist. eccl. V 19,16f. 156

Strabon
VIII 12 (C343)   182
XV 3,13   41
XVII 794   126
XVII 795   196

Tertullian
Adversos Iudaeos 7   91

Theodoret
Hist. eccl. V 29   161
Hist. rel. IV 1   149
Hist. rel. IV 28,3   157
Hist. rel. V   166
Hist. rel. IX   166
Hist. rel. IX 5f.   157
Hist. rel. XI   166
Hist. rel. XIII 16ff. 157
Hist. rel. XIV   166
Hist. rel. XVI 4   163
Hist. rel. XXI 4   166
Hist. rel. XXIV 8   167
Hist. rel. XXVI   164
Hist. rel. XXVI 6ff. 166
Hist. rel. XXVI 10   165
Hist. rel. XXVI 11   164
Hist. rel. XXVI 12   166

Theokritos
Eid. 1,15–23   122
Eid. 1,64ff.   80f.
Eid. 24,86f.   82
Pharmakeutriai
  2,38ff.   124

Teukros von Babylon
Sphaera barbarica   89f.

Timosthenes von Rhodos
Peri limenon   99

Varro
Ant. 133

Vergil
Ecl. 71, 81f.
Ecl. 4 82

Vita Symeonis (syr.)
82 164
130f. 165

Altorientalische Quellen und Inschriften

Keilschriftliteratur
Ash. § 57 AsBbE 8b–24 16f.
Enki und Ninma 20f.
Inschrift auf den Stierkolossen
   (Sargon) 13
KAR-4 – Mythos 19, 22
SAA 12, 105 15
Streitgespräch zwischen Dattelpalme
   und Tamariske 11

Akkadisch
Ana ittišu IV II 22–39; III 17–51 74
Gilgamesch-Epos XI 306 74
KAR (Keilschrifttexte aus Assur
   religiösen Inhaltes) 158 VII 35 74

Altpersische Quellen
XPf 32–34 40

Avestische Quellen
Videvdat 19,32 40

Hebräisch
Flascheninschrift von Amman 77

Griechische Inschriften
N (OGIS 383) 27–31 33
N 36–44 39
N 45 36
N 49–53 33
N 72 35
N 93–99 32
N 116 38
N 224f. 38
IG XIV 2136 184

Lateinische Inschriften
CIL XI 3316 184

Namens- und Ortsregister

ACHAIA	35–38	Babylon	92
Achill	191	Bach,	
Afrika	97f.	Johann Sebastian	71
Agathemeros	99	Bagno (Steinfurt)	203
Ägypten	89, 92, 95, 97	Baktrien	100
Albertz, Rainer	73	Barry, James	190
Alexander der Große	13, 34, 38, 89	Bayreuth	204
Alexandria	80, 145	Berg Zion s.a. Zion	189, 196
Allori, Alessandro	190	Berleburg	203
Amos	73	Besler, Basilius	200
Ampelius	101	Bessos	38
Anhalt-Dessau,		Bethlehem	202, 214
Franz von	204	Bethlehem-Park	
Antigonos		s. Kukus	214
Monophthalmos	57	Bisutun	36
Antiochia	141, 152	Borges, Jorge Luis	196
Antiochia,		Brockes,	
Territorium	149	Barthold Heinrich	198
Antiochos I.	31–36, 38f., 41f.	Browne, Sir Thomas	200
Apamea	142	Buffalmacco,	
Aphrodite	192	Bonamico	202
Aphrodite Kythereia	184, 186	Bulayiq	201
Aphrodite Ourania	184		
Apollon	108f., 142	CASSIANUS	201
Apollonheiligtum		Cavalca, Domenico	203
von Daphne	142	China	195
Arabien	89	Claudian	192
Archelaos (Relief)	121	Constantius,	
Arkadien	70, 196	römischer Kaiser	144
Armenien	92	Corvey	
Arnold, Gottfried	203	s.a. Nova Corbeia	201
Arsameia		Coulommiers	185
am Nymphaios	31–33, 39	Cythera s.u. Kythera	
Asien	92, 94, 97f.	Cythère s.u. Kythera	
Athen,			
Boreasheiligtum	111	DAMASKUS	
Athen, Panshöhle	111	Omayaden-Moschee	186
Atherton, Kevin	198	Daphne (bei Antiochia)	142
Ätheria s.a. Egeria	182	Daphnis	80, 82
Äthiopien	89, 100	Dashwood,	
Augustus	95	Sir Francis	203
Auramazdā	37f., 40	David	73
		Deir Sim'an	
BABYLAS	154f.	(Telanissos)	163

Delos	109	Hölderlin, Friedrich	84
Delphi	108f.	Hölty, Ludwig Christoph	
Disneyland (Paris)	195	Heinrich	198
Dordrecht	189		
Dorotheus von Sidon	86–88, 93, 95,	INDIEN	89
	97, 101	Ionien	90
Dūr Šarrukīn	12	Isabella d'Este	194
Dūšarā	61	Italien	94, 97
EDEN	18	JERUSALEM	182
Egeria s.a. Ätheria	182	Johannes Chrysostomos	148, 157
Enki/Ea	17	Josephus, Flavius	56
Ephesos	111	Juden	90
Ephiphanes	194	Julian, römischer Kaiser	147
Eratosthenes	92, 98, 100	Justinian	171
Eridu	20f.		
Ermenonville	190	KALKSTEINMASSIV	
Erythräisches Meer	92, 95, 97	(Nordsyrien)	158
es-Sela	58	Kappadokien	92, 94
Euhemeros	184	Karakus	31
Euphrat	31	Kartir	40
Europa	97	Kasios (Berg südlich	
		Antiochias)	149
FÉNELON, François	194	Kastalische Quelle	
Finlay, Ian Hamilton	190	(Daphne bei Antiochia)	155
Freud, Sigmund	70	Kephallonia	194
Friedrich II.		Khunrath, Heinrich	194
von Preußen	184	Kilikien	90
		Kithairon	185
GALLUS,		Klopstock,	
Halbbruder Julians	155	Friedrich Gottlieb	198
Gibraltar	97	Knidos	184ff.
Gilgameš	23, 74	Koerbecke, Johann	106
Giorgione	193	Kreta	90, 92, 95, 97
Goethe, Johann		Kukus	
Wolfgang von	71, 187, 206	Bethlehem-Park	204
Griechenland	94	Kyrene	90, 94
		Kyrrhos	142
HAFEZ (iran. Dichter)	4	Kythera	181f., 185f.,
Hangzhou	25		190, 199
Hazard, Paul	190		
Hellas	78, 90, 92, 97	LAJOUE, Jacques de	187–189, 196
Hephaestion von Theben	93	Lascaux	192
Hieron II.	119	Lérins	201
Hieronymus von Kardia	57	Le Rouge,	
Histiaios	38	Georges Louis	194f.

Libanios	141
Lille	
Saint-André	198
Saint-Maurice	198
Libyen	90, 92, 94, 97
Lüling, Günter	196
Luther, Martin	71
MAKKABÄER-BRÜDER	156
Malalas, Johannes	146
Manilius	86ff., 90, 93, 95, 97, 101
Maron	160, 163
Mesopotamien	92, 74
Mithras	192
Mithridates I.	31f.
Montesquieu, Charles Louis de Secondat	198
Moritz, Karl Philipp	194
Moses	73
Münsterland	198f.
NABATÄER	49
Natron-Tal s.a. Wadi Natrun	201, 213
Nemrud Daği	31–33, 36–41
Netscher, Caspar	190
Nietzsche, Friedrich	70, 73, 84
Nil	124, 126, 132
Ninive	12–14
Nippur	20
Nordsyrien	141
Notre Dame (Paris)	207
Nova Corbeia s.a. Corvey	211
OLYMP	36f., 41
Olympia	109, 111, 141
Otaheiti s.a. Tahiti	186, 200
PALMYRA	6
Paphos	184
Paris	198
Parther	92
Paulus Alexandrinus	86, 88, 91–95, 97
Pasargadai	200
Pennsylvanien	203
Persien	89, 97
Petra	49ff.
Petrarca, Francesco	106
Philippson, Paula	107
Pisa	203
Camposanto	202
Pompeji	
Haus der Julia Felix	185
Pontus	92, 97
Porphyrios	192
Posilippo	184
Potsdam	
Sanssouci	183
Praxiteles	184
Ptolemaios I.	77
Ptolemaios II.	80
Ptolemaios IV.	119, 192
Ptolemäus	86f.
QAL'AT Sim'an (Pilgerzentrum)	166
Qalbloze (Pilgerkirche)	166
Qurna	7
RAQMU	56
Retz, Désert de	194
Rhodos	98, 100f., 125
Roberts, Hubert	196
Rom	78
Rousseau, Jean Jacques	190f.
SAMOS	31, 109
Sanherib	13
Sanspareil (Bayreuth)	194
Sargon	12f.
Säulen des Herakles	97, 100
Schadow, Johann Gottfried	196
Selamanes	149
Seleukiden	34, 37
Servius	134
Sesönk	31
Settignano	181
Shaftesbury, Anthony Ashley Cooper of	204
Sheikh Barakat	149

Sigiri	200	VANLOO, Charles	
Silpius		Amédée Philippe	184
(Berg vor Antiochia)	157	Vergil	70, 80f.
Sīq, Wādī Mūsā	50, 62	Villa Gamberaia	
Sketische Wüste	201	(Settignano)	181
Skythisches Gebirge	97	Villa Hadriana (Tivoli)	185f.
Snell, Bruno	72, 78	Vitruv	50
Sokrates	110	Voeslau	204
Sophron	81		
Spenser, Edmund	194	WADI Natrun	
Sporck, Franz Anton		s.a. Natron-Tal	201, 203
Graf von	204	Watteau, Antoine	183f., 187
Starnina, Gherardo	202	West Wycombe	203
Steinfurt		Wittgenstein	203
Bagno	213	Wörlitz	204
Stesichoros	80		
Strabon	56f., 62	XERXES	40, 110
Straßburg			
Münster	197	ZENON (römischer Kaiser)	166
Symeon Stylites (der Ältere)	163	Zeus	34, 37f., 146, 149
Symeon Stylites (der Jüngere)	170	Zeus Kasios	150
Syrien	92, 142	Zeus Koryphaios	151
		Zeus Madbachos	149
TAHITI s.a. Otaheiti	186, 190	Zeus Oromasdes	34, 36f., 39, 41
Taman	184		
Taurus	97, 100	Zion s.a. Berg Zion	189, 196
Telanissos (Deir Sim'an)	163		
Tempetal	124		
Teukros von Babylon	90–95, 97		
Thales von Milet	181		
Thebais	200f., 202-204		
Theodoret	158		
Theokrit	80		
Thrakien	94		
Tiberius	95		
Tigris	96		
Timaios	80		
Timosthenes			
von Rhodos	99ff.		
Tivoli	185		
Hadriansvilla	185f.		
Turfan-Oase	201		
Tyche (von Antiochia)	151		
Tyros	96		

Sachregister

ACHÄMENIDISCH 34, 200
Aegyptus minor
   s.a. Kleines Ägypten 204
Akītu-Neujahrsfesthaus 15
Altes Testament 73
Archelaosrelief (London) 121
Askese 161f.
Assur (Gott) 17
Assur (Stadt) 15
Augurium 133

BAALKULT 149
bakchisch-kultische
   Landschaft 116
Berg 191, 196
Bergheiligtümer 110
Betyl 60f.
Bouleuterion 54
Bukolik 78, 81, 83

CHALKEDON, Konzil von
   (451 n. Chr.) 170
Christentum (Antiochia) 152

EDEN 1, 3
Elysion 116
Empfindsamkeit 206
Enki/Ea-Theologie 19f.
Enlil-Theologie 19

FAMILIALRELIGION 73
Fels 113
Fische (Pisces) 88, 97, 100
Formatio-Gnatio-
   Anthropogonie 21
Fortunaheiligtum (Palestrina) 134
Französische Revolution 197

GARTEN (hebr. *gn*) 4, 5
Garten Eden 1, 18
Garten der Hesperiden 116
Gärten
   botanische 13

Gärten (Forts.)
   zoologische 13
Goldenes Zeitalter 120
Götterbilder 60
Gottesgarten 2
Grotte 111, 192f.

HAIN 111, 208
Hamadryaden 181
Hängende Gärten 13
Heidentum (Antiochia) 160
Heilige Landschaften 118
Heilige Orte 107
Heilige Räume 132
Heiligenverehrung 166
Heiliges Land 138
Hiob-Texte 24
Höhle 191–195
Hypnerotomachia
   Polifili 185

INSEL 190
Insel der Seligen 116, 190f.

JUNGFRAU (VIRGO) 94, 100f.

KEPOI 184
Kirche des Babylas (Antiochia) 153
Kirchenbau (Antiochia) 153
Kleines Ägypten
   s.a. Aegyptus minor 201, 204
Klöster (Nordsyrien) 170
Kolonnaden 51
Krebs (Cancer) 92, 97, 100
Kulthöhe 61
Kultverein 63
Kunst 70

LANDBEVÖLKERUNG
   (in Syrien) 148
Landschaft
   geistige, imaginäre 69, 77
   religiöse 49, 157

Landschaftsbilder,
  römische Wandmalerei 127
Landschaftspark 13
Liebeslyrik (Amarnazeit) 76
Löwe (Leo) 94, 97, 100

MÄRTYRERSCHREINE
  (martyria) 153
Mauerkrone 200
Menschenschöpfung 18
Mimos 81
Mönchtum (in Syrien) 156
Moghul-Garten 5
Monopteros 184, 186, 197
mōtab 60
Musaion (Musentempel),
  in Antiochia 147
Mysterien des Dionysos 193

NOMADENNOSTALGIE 73
Nymphäum 51
Nymphen 113
Nymphengrotte 192
Nymphenrelief (Berlin) 114, 116

OLYMPIA
  Zeustempel 112

PALASTGARTEN 2, 10
Panegyrikos (des Libanios) 141
Paneion (Alexandreia) 196
Paradies 70, 200
  biblisches 4
Paradies-Geographie 6
Park 4, 13, 125
Park (hebr. *prds*) 4
Pergamonaltar,
  Telephosfries 120
Pilgerrouten 167
Pilgerwesen 165
primigenius sulcus 137
protestantische Thebais 203
Ptolemäer 77, 196

REKLUSENTURM 170
Reliquien 155
Reliquientranslation 155

Rom
  Ara Pacis 133
  Auguracula 135
  Septimontium 136
  Pomerium 137

SAKRAL-idyllische Landschaft 119
Saturnia terra 130
Schütze (Sagittarius) 94, 97, 100
Selbsterfindung, künstlerische 71
Selbstverwandlung 69, 83
semitisch-arabisches
  Gemeinwesen 56
Shangrila-Vorstellungen 24
Skorpion (Scorpio) 94, 97, 100
Society of Dilettanti 203
Steinbock (Capricornus) 97, 100
Steinbrüche 64
Stier (Taurus) 92, 94, 97, 100
Styliten(tum) 163f., 166
Sündenfall 1, 23

TABULA Cebetis 194
Taihu-Stein 24
Temenostor 54
Tempel 52, 59, 141, 147, 156, 161
Tempelgärten 15
Tempellandschaft 205
Theater 50
Toba-Kaiser 192
Topographie
  christliche 153
  heidnische 144
Topolatrie 182
Travestie 73, 78
  nach oben 75
  nach unten 75
Tyche (von Antiochia) 151

URBILD-ABBILD-DENKEN 9

VASENBILD (Tübingen) 113
Vätererzählung,
  alttestamentliche 73
Verzeitlichung 187
via sacra 56

Vorderer Orient	73	XENODOCHOI	68
Votivnischen	61–64		
		ZELTPLÄTZE	53
WAAGE (Libra)	92, 94, 97, 100	Zurechterzählen	83
		Zurechtinterpretation	83
Wallfahrt	165	Zwillinge (Gemini)	94, 100
Wandgemälde			
Boscotrecase	128		
Oplontis	127		
Pompeji	185		
Wasser	61		
Wassermann (Aquarius)	97, 100		
Weltenberg	126		
Widder (Aries)	88, 92, 94, 97, 100		
Windrose	99, 101		
Wirklichkeitsassimilation	83		
Wohnbebauung	53		
Wunder	157		
Wunschlandschaft	73, 78		

Ugarit-Verlag Münster
Ricarda-Huch-Straße 6, D-48161 Münster (www.ugarit-verlag.de)

Lieferbare Bände der Serien AOAT, AVO, ALASP(M), FARG, Eikon und ELO:

Alter Orient und Altes Testament (AOAT)
Herausgeber: Manfried DIETRICH - Oswald LORETZ

43 Nils P. HEEßEL, *Babylonisch-assyrische Diagnostik*. 2000 (ISBN 3-927120-86-3), XII + 471 S. + 2 Abb., € 98,17.
44 Rykle BORGER, *Zeichenlexikon*. 2002 (ISBN 3-927120-82-0) (i.V.)
245 Francesco POMPONIO - Paolo XELLA, *Les dieux d'Ebla. Étude analytique des divinités éblaïtes à l'époque des archives royales du IIIe millénaire*. 1997 (ISBN 3-927120-46-4), VII + 551 S., € 59,31.
246 Annette ZGOLL, *Der Rechtsfall der En-ḫedu-Ana im Lied nin-me-šara*, 1997 (ISBN 3-927120-50-2), XII + 632 S., € 68,51.
248 *Religion und Gesellschaft. Studien zu ihrer Wechselbeziehung in den Kulturen des Antiken Vorderen Orients. Veröffentlichungen des Arbeitskreises zur Erforschung der Religions- und Kulturgeschichte des Antiken Vorderen Orients (AZERKAVO), Band 1*. 1997 (ISBN 3-927120-54-5), VIII + 220 S., € 43,97.
249 Karin REITER, *Die Metalle im Alten Orient unter besonderer Berücksichtigung altbabylonischer Quellen*. 1997 (ISBN 3-927120-49-9), XLVII + 471 + 160 S. + 1 Taf., € 72,60.
250 Manfried DIETRICH - Ingo KOTTSIEPER, Hrsg., *"Und Mose schrieb dieses Lied auf". Studien zum Alten Testament und zum Alten Orient. Festschrift Oswald Loretz*. 1998 (ISBN 3-927120-60-X), xviii + 955 S., € 112,48.
251 Thomas R. KÄMMERER, *Šimâ milka. Induktion und Reception der mittelbabylonischen Dichtung von Ugarit, Emār und Tell el-'Amārna*. 1998 (ISBN 3-927120-47-2), XXI + 360 S., € 60,33.
252 Joachim MARZAHN - Hans NEUMANN, Hrsg., *Assyriologica et Semitica. Festschrift für Joachim OELSNER anläßlich seines 65. Geburtstages am 18. Februar 1997*. 2000 (ISBN 3-927120-62-6), xii + 635 S. + Abb., € 107,88.
253 Manfried DIETRICH - Oswald LORETZ, Hrsg., *dubsar anta-men. Studien zur Altorientalistik. Festschrift für W.H.Ph. Römer*. 1998 (ISBN 3-927120-63-4), xviii + 512 S., € 72,60.
254 Michael JURSA, *Der Tempelzehnt in Babylonien vom siebenten bis zum dritten Jahrhundert v.Chr*. 1998 (ISBN 3-927120-59-6), VIII + 146 S., € 41,93.
255 Thomas R. KÄMMERER - Dirk SCHWIDERSKI, *Deutsch-Akkadisches Wörterbuch*. 1998 (ISBN 3-927120-66-9), XVIII + 589 S., € 79,76.
256 Hanspeter SCHAUDIG, *Die Inschriften Nabonids von Babylon und Kyros' des Großen*. 2001 (ISBN 3-927120-75-8), XLII + 766 S.. € 103,--.
257 Thomas RICHTER, *Untersuchungen zu den lokalen Panthea Süd- und Mittelbabyloniens in altbabylonischer Zeit*. 1999 (ISBN 3-927120-64-2), XXII + 518 S., € 85,39.
258 Sally A.L. BUTLER, *Mesopotamian Conceptions of Dreams and Dream Rituals*. 1998 (ISBN 3-927120-65-0), XXXIX + 474 S. + 20 Pl., € 75,67.
259 Ralf ROTHENBUSCH, *Die kasuistische Rechtssammlung im Bundesbuch und ihr literarischer Kontext im Licht altorientalischer Parallelen*. 2000 (ISBN 3-927120-67-7), IV + 681 S., € 65,10.
260 Tamar ZEWI, *A Syntactical Study of Verbal Forms Affixed by -n(n) Endings in Classical Arabic, Biblical Hebrew, El-Amarna Akkadian and Ugaritic*. 1999 (ISBN 3-927120-71-5), VI + 211 S., € 48,06.
261 Hans-Günter BUCHHOLZ, *Ugarit, Zypern und Ägäis - Kulturbeziehungen im zweiten Jahrtausend v.Chr*. 1999 (ISBN 3-927120-38-3), XIII + 812 S., 116 Tafeln, € 109,42.
262 Willem H.Ph. RÖMER, *Die Sumerologie. Einführung in die Forschung und Bibliographie in Auswahl* (zweite, erweiterte Auflage). 1999 (ISBN 3-927120-72-3), XII + 250 S., € 61,36.

263 Robert ROLLINGER, *Frühformen historischen Denkens. Geschichtsdenken, Ideologie und Propaganda im alten Mesopotamien am Übergang von der Ur-III zur Isin-Larsa Zeit* (ISBN 3-927120-76-6)(i.V.)

264 Michael P. STRECK, *Die Bildersprache der akkadischen Epik.* 1999 (ISBN 3-927120-77-4), 258 S., € 61,36.

265 Betina I. FAIST, *Der Fernhandel des assyrischen Reichs zwischen dem 14. und 11. Jahrhundert v. Chr.*, 2001 (ISBN 3-927120-79-0), XXII + 322 S. + 5 Tf., € 72,09.

266 Oskar KAELIN, *Ein assyrisches Bildexperiment nach ägyptischem Vorbild. Zu Planung und Ausführung der „Schlacht am Ulai".* 1999 (ISBN 3-927120-80-4), 150 S., Abb., 5 Beilagen, € 49,08.

267 Barbara BÖCK, Eva CANCIK-KIRSCHBAUM, Thomas RICHTER, Hrsg., *Munuscula Mesopotamica. Festschrift für Johannes RENGER.* 1999 (ISBN 3-927120-81-2), XXIX + 704 S., Abb., € 124,76.

268 Yushu GONG, *Die Namen der Keilschriftzeichen.* 2000 (ISBN 3-927120-83-9), VIII + 228 S., € 44,99.

269/1 Manfred DIETRICH - Oswald LORETZ, *Studien zu den ugaritischen Texten I: Mythos und Ritual in KTU 1.12, 1.24, 1.96, 1.100 und 1.114.* 2000 (ISBN 3-927120-84-7), XIV + 554 S., € 89,99.

270 Andreas SCHÜLE, *Die Syntax der althebräischen Inschriften. Ein Beitrag zur historischen Grammatik des Hebräischen.* 2000 (ISBN 3-927120-85-5), IV + 294 S., € 63,40.

271/1 Michael P. STRECK, *Das amurritische Onomastikon der altbabylonischen Zeit I: Die Amurriter, die onomastische Forschung, Orthographie und Phonologie, Nominalmorphologie.* 2000 (ISBN 3-927120-87-1), 414 S., € 75,67.

272 Reinhard DITTMANN - Barthel HROUDA - Ulrike LÖW - Paolo MATTHIAE - Ruth MAYER-OPIFICIUS - Sabine THÜRWÄCHTER, Hrsg., *Variatio Delectat - Iran und der Westen. Gedenkschrift für Peter CALMEYER.* 2001 (ISBN 3-927120-89-8), XVIII + 768 S. + 2 Faltb., € 114,53.

273 Josef TROPPER, *Ugaritische Grammatik.* 2000 (ISBN 3-927120-90-1), XXII + 1056 S., € 100,21.

274 *Festschrift für B. Kienast.* 2001 (ISBN 3-927120-91-X)(i.V.)

275 Petra GESCHE, *Schulunterricht in Babylonien im ersten Jahrtausend v.Chr.* 2001 (ISBN 3-927120-93-6), xxxiv + 820 S. + xiv Tf., € 112,48.

276 Willem H.Ph. RÖMER, *Hymnen und Klagelieder in sumerischer Sprache.* 2001 (ISBN 3-927120-94-4), xi + 275 S., € 66,47.

277 Corinna FRIEDL, *Polygynie in Mesopotamien und Israel. Sozialgeschichtliche Analyse polygamer Beziehungen anhand rechtlicher Texte aus dem 2. und 1. Jahrtausend v.Chr.* 2000 (ISBN 3-927120-95-2), 325 S., € 66,47.

278/1 Alexander MILITAREV - Leonid KOGAN, *Semitic Etymological Dictionary. Vol. I: Anatomy of Man and Animals.* 2000 (ISBN 3-927120-90-1), cliv + 425 S., € 84,87.

279 Kai A. METZLER, *Tempora in altbabylonischen literarischen Texten.* 2002 (ISBN 3-934628-03-6), xvii + 964 S., € 122,--.

280 Beat HUWYLER - Hans-Peter MATHYS - Beat WEBER, Hrsg., *Prophetie und Psalmen. Festschrift für Klaus SEYBOLD zum 65. Geburtstag.* 2001 (ISBN 3-934628-01-X), xi + 315 S., 10 Abb., € 70,56.

281 Oswald LORETZ - Kai METZLER - Hanspeter SCHAUDIG, Hrsg., *Ex Mesopotamia et Syria Lux. Festschrift für Manfried DIETRICH zu seinem 65. Geburtstag.* 2002 (ISBN 3-927120-99-5), XXXV + 950 S. + Abb., € 138,00.

282 Frank T. ZEEB, *Die Palastwirtschaft in Altsyrien nach den spätaltbabylonischen Getreidelieferlisten aus Alalaḫ (Schicht VII).* 2001 (ISBN 3-934628-05-2), XIII + 757 S., € 105,33.

283 Rüdiger SCHMITT, *Bildhafte Herrschaftsrepräsentation im eisenzeitlichen Israel.* 2001 (ISBN 3-934628-06-0), VIII + 231 S., € 63,40.

284/1 David M. CLEMENS, *Sources for Ugaritic Ritual and Sacrifice. Vol. I: Ugaritic and Ugarit Akkadian Texts.* 2001 (ISBN 3-934628-07-9), XXXIX + 1407 S., € 128,85.

285 Rainer ALBERTZ, Hrsg., *Kult, Konflikt und Versöhnung. Beiträge zur kultischen Sühne in religiösen, sozialen und politischen Auseinandersetzungen des antiken Mittelmeerraumes. Veröffentlichungen des AZERKAVO / SFB 493, Band 2.* 2001 (ISBN 3-934628-08-7), VIII + 332 S., € 70,56.

286 Johannes F. DIEHL, *Die Fortführung des Imperativs im Biblischen Hebräisch.* 2002 (ISBN 3-934628-19-2) (i.D.)

287 Otto RÖSSLER, *Gesammelte Schriften zur Semitohamitistik,* Hrsg. Th. Schneider. 2001 (ISBN 3-934628-13-3), 848 S., € 103,--.

288 A. KASSIAN, A. KOROLËV†, A. SIDEL'TSEV, *Hittite Funerary Ritual šalliš waštaiš.* 2002 (ISBN 3-934628-16-8), ix + 973 S., € 118,--.

289 Zipora COCHAVI-RAINEY, *The Alashia Texts from the 14th and 13th Centuries BCE. A Textual and Linguistic Study.* 2002 (ISBN 3-934628-17-6), xi + 132 S. (i.D.)

290 Oswald LORETZ, *Götter – Ahnen – Könige als gerechte Richter. Der "Rechtsfall" des Menschen vor Gott nach altorientalischen und biblischen Texten.* 2002 (ISBN 3-934628-18-4) (i.D.)

291 Rocío Da RIVA, *Der Ebabbar-Tempel von Sippar in frühneubabylonischer Zeit (640-580 v. Chr.),* 2002 (ISBN 3-934628-20-6), xxxi + 486 S. + xxv* Tf., € 86,--.

292 Achim BEHRENS, *Prophetische Visionsschilderungen im Alten Testament. Sprachliche Eigenarten, Funktion und Geschichte einer Gattung.* 2002 (ISBN 3-934628-21-4) (i.D.)

293 Arnulf HAUSLEITER - Susanne KERNER - Bernd MÜLLER-NEUHOF, Hrsg., *Material Culture and Mental Sphere. Rezeption archäologischer Denkrichtungen in der Vorderasiatischen Altertumskunde. Internationales Symposium für Hans J. Nissen, Berlin 23.-24. Juni 2000.* 2002 (ISBN 3-934628-22-2), xii + 391 S., € 88,--.

294 Klaus KIESOW - Thomas MEURER, Hrsg., *„Textarbeit". Studien zu Texten und ihrer Rezeption aus dem Alten Testament und der Umwelt Israels. Festschrift für Peter WEIMAR zur Vollendung seines 60. Lebensjahres.* 2002 (ISBN 3-934628-23-0) (i.D.)

295 Galo W. VERA CHAMAZA, *Die Omnipotenz Aššurs. Entwicklungen in der Aššur-Theologie unter den Sargoniden Sargon II., Sanherib und Asarhaddon.* 2002 (ISBN 3-934628-24-9), 586 S., € 97,--.

296 Michael P. STRECK - Stefan WENINGER, Hrsg., *Altorientalische und semitische Onomastik.* 2002 (ISBN 3-934628-25-7), vii + 241 S., € 68,--.

297 John M. STEELE - Annette IMHAUSEN, Hrsg., *Unter One Sky. Astronomy and Mathematics in the Ancient Near East.* 2002 (ISBN 3-934628-26-5), v + 485 S., Abb.

298 Manfred KREBERNIK - Jürgen VAN OORSCHOT, Hrsg., *Polytheismus und Monotheismus in den Religionen des Vorderen Orients.* 2002 (ISBN 3-934628-27-3), v + 258 S. (i.D.)

300 Karl LÖNING, Hrsg., *Rettendes Wissen. Studien zum Fortgang weisheitlichen Denkens im Frühjudentum und im frühen Christentum. Veröffentlichungen des AZERKAVO / SFB 493, Band 3.* 2002 (ISBN 3-934628-28-1), x + 370 S., € 84,--.

301 Johannes HAHN, Hrsg., *Religiöse Landschaften. Veröffentlichungen des AZERKAVO / SFB 493, Band 4.* 2002 (ISBN 3-934628-31-1), ix + 227 S., Abb. (i.D.).

Elementa Linguarum Orientis (ELO)
Herausgeber: Josef TROPPER - Reinhard G. LEHMANN

1 Josef TROPPER, *Ugaritisch. Kurzgefasste Grammatik mit Übungstexten und Glossar.* 2002 (ISBN 3-934628-17-6), xii + 168 S., € 28,--.

2 Josef TROPPER, *Altäthiopisch. Grammatik des Ge'ez mit Übungstexten und Glossar.* 2002 (ISBN 3-934628-29-X), xii + 309 S. € 42,--.

Altertumskunde des Vorderen Orients (AVO)
Herausgeber: Manfried DIETRICH - Reinhard DITTMANN - Oswald LORETZ

1 Nadja CHOLIDIS, *Möbel in Ton.* 1992 (ISBN 3-927120-10-3), XII + 323 S. + 46 Taf., € 60,84.

2 Ellen REHM, *Der Schmuck der Achämeniden.* 1992 (ISBN 3-927120-11-1), X + 358 S. + 107 Taf., € 63,91.

3 Maria KRAFELD-DAUGHERTY, *Wohnen im Alten Orient.* 1994 (ISBN 3-927120-16-2), x + 404 S. + 41 Taf., € 74,65.

4 Manfried DIETRICH - Oswald LORETZ, Hrsg., *Festschrift für Ruth Mayer-Opificius.* 1994 (ISBN 3-927120-18-9), xviii + 356 S. + 256 Abb., € 59,31.

5 Gunnar LEHMANN, *Untersuchungen zur späten Eisenzeit in Syrien und Libanon. Stratigraphie und Keramikformen zwischen ca. 720 bis 300 v.Chr.* 1996 (ISBN 3-927120-33-2), x + 548 S. + 3 Karten + 113 Tf., € 108,39.

6   Ulrike LÖW, *Figürlich verzierte Metallgefäße aus Nord- und Nordwestiran - eine stilkritische Untersuchung.* 1998 (ISBN 3-927120-34-0), xxxvii + 663 S. + 107 Taf., € 130,89.

7   Ursula MAGEN - Mahmoud RASHAD, Hrsg., *Vom Halys zum Euphrat.* Thomas Beran *zu Ehren.* 1996 (ISBN 3-927120-41-3), XI + 311 S., 123 Abb., € 71,07.

8   Eşref ABAY, *Die Keramik der Frühbronzezeit in Anatolien mit »syrischen Affinitäten«.* 1997 (ISBN 3-927120-58-8), XIV + 461 S., 271 Abb.-Taf., € 116,57.

9   Jürgen SCHREIBER, *Die Siedlungsarchitektur auf der Halbinsel Oman vom 3. bis zur Mitte des 1. Jahrtausends v.Chr.* 1998 (ISBN 3-927120-61-8), XII + 253 S., € 53,17.

10 *Iron Age Pottery in Northern Mesopotamia, Northern Syria and South-Eastern Anatolia.* Ed. Arnulf HAUSLEITER and Andrzej REICHE. 1999 (ISBN 3-927120-78-2), XII + 491 S., € 117,60.

11 Christian GREWE, *Die Entstehung regionaler staatlicher Siedlungsformen im Bereich des prähistorischen Zagros-Gebirges. Eine Analyse von Siedlungsverteilungen in der Susiana und im Kur-Flußbecken.* 2002 (ISBN 3-934628-04-4), x + 580 S. + 1 Faltblatt, € 142,--.

Abhandlungen zur Literatur Alt-Syrien-Palästinas und Mesopotamiens (ALASPM)
Herausgeber: Manfried DIETRICH - Oswald LORETZ

1   Manfried DIETRICH - Oswald LORETZ, *Die Keilalphabete.* 1988 (ISBN 3-927120-00-6), 376 S., € 47,55.

2   Josef TROPPER, *Der ugaritische Kausativstamm und die Kausativbildungen des Semitischen.* 1990 (ISBN 3-927120-06-5), 252 S., € 36,30.

3   Manfried DIETRICH - Oswald LORETZ, *Mantik in Ugarit.* Mit Beiträgen von Hilmar W. Duerbeck - Jan-Waalke Meyer - Waltraut C. Seitter. 1990 (ISBN 3-927120-05-7), 320 S., € 50,11.

5   Fred RENFROE, *Arabic-Ugaritic Lexical Studies.* 1992 (ISBN 3-927120-09-X). 212 S., € 39,37.

6   Josef TROPPER, *Die Inschriften von Zincirli.* 1993 (ISBN 3-927120-14-6). XII + 364 S., € 55,22.

7   UGARIT - *ein ostmediterranes Kulturzentrum im Alten Orient. Ergebnisse und Perspektiven der Forschung.* Vorträge gehalten während des Europäischen Kolloquiums am 11.-12. Februar 1993, hrsg. von Manfried DIETRICH und Oswald LORETZ.
    Bd. I: *Ugarit und seine altorientalische Umwelt.* 1995 (ISBN 3-927120-17-0). XII + 298 S., € 61,36.
    Bd. II: H.-G. BUCHHOLZ, *Ugarit und seine Beziehungen zur Ägäis.* 1999 (ISBN 3-927120-38-3): **AOAT 261**.

8   Manfried DIETRICH - Oswald LORETZ - Joaquín SANMARTÍN, *The Cuneiform Alphabetic Texts from Ugarit, Ras Ibn Hani and Other Places. (KTU: second, enlarged edition).* 1995 (ISBN 3-927120-24-3). XVI + 666 S., € 61,36.

9   Walter MAYER, *Politik und Kriegskunst der Assyrer.* 1995 (ISBN 3-927120-26-X). XVI + 545 S. € 86,92.

10 Giuseppe VISICATO, *The Bureaucracy of Šuruppak. Administrative Centres, Central Offices, Intermediate Structures and Hierarchies in the Economic Documentation of Fara.* 1995 (ISBN 3-927120-35-9). XX + 165 S. € 40,90.

11 Doris PRECHEL, *Die Göttin Išḫara. Ein Beitrag zur altorientalischen Religionsgeschichte.* 1996 (ISBN 3-927120-36-7) — Neuauflage geplant in AOAT.

12 Manfried DIETRICH - Oswald LORETZ, *A Word-List of the Cuneiform Alphabetic Texts from Ugarit, Ras Ibn Hani and Other Places (KTU: second, enlarged edition).* 1996 (ISBN 3-927120-40-5), x + 250 S., € 40,90.

Forschungen zur Anthropologie und Religionsgeschichte
(FARG)
Herausgeber: Manfried DIETRICH - Oswald LORETZ

27 Jehad ABOUD, *Die Rolle des Königs und seiner Familie nach den Texten von Ugarit.* 1994 (ISBN 3-927120-20-0), XI + 217 S., € 19,68.

28 Azad HAMOTO, *Der Affe in der altorientalischen Kunst.* 1995 (ISBN 3-927120-30-8), XII + 147 S. + 25 Tf. mit 155 Abb., € 25,05.

29 *Engel und Dämonen. Theologische, anthropologische und religionsgeschichtliche Aspekte des Guten und Bösen.* Hrsg. von Gregor AHN - Manfried DIETRICH, 1996 (ISBN 3-927120-31-6), XV + 190 S., (vergr.)

30 Matthias B. LAUER, *"Nachhaltige Entwicklung" und Religion. Gesellschaftsvisionen unter Religionsverdacht und die Frage der religiösen Bedingungen ökologischen Handelns.* 1996 (ISBN 3-927120-48-0), VIII + 207 S., € 18,41.

31 Stephan AHN, *Søren Kierkegaards Ontologie der Bewusstseinssphären. Versuch einer multidisziplinären Gegenstandsuntersuchung.* 1997 (ISBN 3-927120-51-0), XXI + 289 S., € 23,52.

32 Mechtilde BOLAND, *Die Wind-Atem-Lehre in den älteren Upaniṣaden.* 1997 (ISBN 3-927120-52-9), XIX + 157 S., € 18,41.

33 *Religionen in einer sich ändernden Welt. Akten des Dritten Gemeinsamen Symposiums der THEOLOGISCHEN FAKULTÄT DER UNIVERSITÄT TARTU und der DEUTSCHEN RELIGIONSGESCHICHTLICHEN STUDIENGESELLSCHAFT am 14. und 15. November 1997.* Hrsg. von Manfried DIETRICH, 1999 (ISBN 3-927120-69-3), X + 163 S., 12 Abb., € 16,87.

34 *Endzeiterwartungen und Endzeitvorstellungen in den verschiedenen Religionen. Akten des Vierten Gemeinsamen Symposiums der THEOLOGISCHEN FAKULTÄT DER UNIVERSITÄT TARTU und der DEUTSCHEN RELIGIONSGESCHICHTLICHEN STUDIENGESELLSCHAFT am 5. und 6. November 1999.* Hrsg. von Manfried DIETRICH, 2001 (ISBN 3-927120-92-8), IX + 223 S., € 16,87.

35 Maria Grazia LANCELLOTTI, *The Naassenes. A Gnostic Identity Among Judaism, Christianity, Classical and Ancient Near Eastern Traditions.* 2000 (ISBN 3-927120-97-9), XII + 416 S., € 36,81.

36 *Die Bedeutung der Religion für Gesellschaften in Vergangenheit und Gegenwart. Akten des Fünften Gemeinsamen Symposiums der THEOLOGISCHEN FAKULTÄT DER UNIVERSITÄT TARTU und der DEUTSCHEN RELIGIONSGESCHICHTLICHEN STUDIENGESELLSCHAFT am 2. und 3. November 2001.* Hrsg. von Manfried DIETRICH, 2001 (ISBN 3-934628-15-X) (i.V.)

Eikon
Beiträge zur antiken Bildersprache
Herausgeber: Klaus STÄHLER

1 Klaus STÄHLER, *Griechische Geschichtsbilder klassischer Zeit.* 1992 (ISBN 3-927120-12-X), X + 120 S. + 8 Taf., € 20,86.

2 Klaus STÄHLER, *Form und Funktion. Kunstwerke als politisches Ausdrucksmittel.* 1993 (ISBN 3-927120-13-8), VIII + 131 S. mit 54 Abb., € 21,99.

3 Klaus STÄHLER, *Zur Bedeutung des Formats.* 1996 (ISBN 3-927120-25-1), ix + 118 S. mit 60 Abb., € 24,54.

4 *Zur graeco-skythischen Kunst. Archäologisches Kolloquium Münster 24.-26. November 1995.* Hrsg.: Klaus STÄHLER, 1997 (ISBN 3-927120-57-X), IX + 216 S. mit Abb., € 35,79.

5 Jochen FORNASIER, *Jagddarstellungen des 6.-4. Jhs. v. Chr. Eine ikonographische und ikonologische Analsyse.* 2001 (ISBN 3-934628-02-8), XI + 372 S. + 106 Abb., € 54,19.

6 Klaus STÄHLER, *Der Herrscher als Pflüger und Säer: Herrschaftsbilder aus der Pflanzenwelt.* 2001 (ISBN 3-934628-09-5), xii + 332 S. mit 168 Abb., € 54,19.

7 Jörg GEBAUER, *Pompe und Thysia. Attische Tieropferdarstellungen auf schwarz- und rotfigurigen Vasen.* 2002 (ISBN 3-934628-30-3)(i.D.)

Auslieferung - Distribution:
BDK Bücherdienst GmbH
Kölner Straße 248
D-51149 Köln

Distributor to North America:
Eisenbrauns, Inc.
Publishers and Booksellers, POB 275
Winona Lake, Ind. 46590, U.S.A.